Isabell Diehm · Argyro Panagiotopoulou (Hrsg.)

Bildungsbedingungen in europäischen
Migrationsgesellschaften

# Kinder, Kindheiten, Kindheitsforschung
## Band 2

Herausgegeben von
Sabine Andresen
Isabell Diehm
Christine Hunner-Kreisel
Klaus Peter Treumann

Die aktuellen Entwicklungen in der Kinder- und Kindheitsforschung sind ungeheuer vielfältig und innovativ. Hier schließt die Buchreihe an, um dem Wissenszuwachs sowie den teilweise kontroversen Ansichten und Diskussionen einen angemessenen Publikationsort zu geben. Ausgehend vom Zentrum für Kindheits- und Jugendforschung an der Fakultät für Erziehungswissenschaft der Universität Bielefeld werden sowohl die aktuelle Kinderforschung mit ihrem stärkeren Akzent auf Perspektiven und Äußerungsformen der Kinder selbst als auch die neuere Kindheitsforschung und ihr Anliegen, historische, soziale und politische Bedingungen des Aufwachsens von Kindern zu beschreiben wie auch Theorien zu Kindheit zu analysieren und zu rekonstruieren, ein breit gefächertes Publikationsforum finden.
Die beteiligten Wissenschaftlerinnen und Wissenschaftler im Zentrum sind mit unterschiedlichen Schwerpunkten in der Kinder- und Kindheitsforschung verankert und tragen zur aktuellen Entwicklung bei. Insofern versteht sich die Reihe auch als ein neues wissenschaftlich anregendes Kommunikationsnetzwerk im nationalen, aber auch im internationalen Zusammenhang. Letzterer wird durch eine größere Forschungsinitiative über Kinder und ihre Vorstellungen vom guten Leben aufgebaut. Daran sind sowohl die Reihenherausgeberinnen und -herausgeber als auch die Vorstandsmitglieder des Zentrums maßgeblich beteiligt.
Entlang der beiden Forschungsperspektiven – Kinder- und Kindheitsforschung – geht es den Herausgeberinnen und dem Herausgeber der Reihe ‚Kinder, Kindheiten, Kinderforschung' darum, aussagekräftigen und innovativen theoretischen, historischen wie empirischen Zugängen aus Sozial- und Erziehungswissenschaften zur Veröffentlichung zu verhelfen. Dabei sollen sich die herausgegebenen Arbeiten durch teildisziplinäre, interdisziplinäre, internationale oder international vergleichende Schwerpunktsetzungen auszeichnen.

Isabell Diehm
Argyro Panagiotopoulou (Hrsg.)

# Bildungsbedingungen in europäischen Migrationsgesellschaften

Ergebnisse qualitativer Studien
in Vor- und Grundschule

**VS VERLAG**

Bibliografische Information der Deutschen Nationalbibliothek
Die Deutsche Nationalbibliothek verzeichnet diese Publikation in der
Deutschen Nationalbibliografie; detaillierte bibliografische Daten sind im Internet über
<http://dnb.d-nb.de> abrufbar.

1. Auflage 2011

Alle Rechte vorbehalten
© VS Verlag für Sozialwissenschaften | Springer Fachmedien Wiesbaden GmbH 2011

Lektorat: Stefanie Laux

VS Verlag für Sozialwissenschaften ist eine Marke von Springer Fachmedien.
Springer Fachmedien ist Teil der Fachverlagsgruppe Springer Science+Business Media.
www.vs-verlag.de

Umschlaggestaltung: KünkelLopka Medienentwicklung, Heidelberg
Gedruckt auf säurefreiem und chlorfrei gebleichtem Papier
Printed in Germany

ISBN 978-3-531-16743-5

# Inhaltsverzeichnis

# Vorwort

Der vorliegende Band soll Einblicke verschaffen in Bedingungen und Kontexte, unter und in denen junge Kinder in Erziehungs- und Bildungseinrichtungen des Elementar- und Primarbereichs in unterschiedlichen europäischen Ländern lernen. Dieser Anspruch ist eng geknüpft an spezifische forschungsmethodische Zugänge, und zwar solche, die strukturelle und curriculare Voraussetzungen im jeweiligen Bildungssystem untersuchen, indem sie mikroanalytische Einblicke in den pädagogischen Alltag ermöglichen. Auf diese Weise wird rekonstruierbar, wie – und dies reflektiert den zentralen Fokus des Buches – in unterschiedlichen europäischen Ländern mit einwanderungsbedingter Heterogenität und Pluralität umgegangen wird. Kindheit und Migration in Bildungsinstitutionen Europas markieren die wesentlichen Bezugsgrößen dieser Publikation. Dabei enthalten sich die Herausgeberinnen vergleichender Betrachtungen, diese bedürften anderer methodologischer Vorkehrungen. Einblicke in pädagogische Alltagspraktiken, und mithin Einblicke in spezifische Bildungsbedingungen mittels qualitativer Forschungsmethoden, allen voran der teilnehmenden Beobachtung, eröffnen den länderspezifischen Blick darauf zunächst einmal für sich genommen und weitgehend frei von relationalen Überlegungen. Lediglich die Standortbezogenheit der Forscherinnen und Forscher fällt ins Gewicht und sorgt für implizite Bezüge.

Ausschnitte institutionalisierten Kinderlebens in europäischen Migrationsgesellschaften sollten auf diesem Weg erschlossen werden und die hiesige Kindheitsforschung um eine internationale Perspektive erweitern.


Für die Herausgeberinnen und den Herausgeber der Buchreihe

Sabine Andresen


Im November 2010

# Einleitung: Einwanderung und Bildungsbeteiligung als Normalität und Herausforderung

*Isabell Diehm & Argyro Panagiotopoulou*

## 1 Einwanderung als gesellschaftliche Normalität?

Mit dem Titel seines berühmt gewordenen Buches „Die verspätete Nation"[1] hat der Philosoph und Soziologe Helmuth Plessner zur Beschreibung Deutschlands einen weithin rezipierten Begriff geprägt. Dieser auf eine historisch völlig andere Situation bezogene Begriff erscheint jedoch, den gesellschaftlichen und politischen Umgang mit Einwanderung in der Bundesrepublik Deutschland der letzten fünf Jahrzehnte ebenfalls ausgesprochen gut zu treffen. Mit Blick auf die Charakterisierung der Verspätung jedenfalls lässt sich festhalten, dass die Bundesrepublik – verglichen mit anderen europäischen Aufnahme- und Einwanderungsgesellschaften – bis vor kurzem eine „politische Semantik der Nichtanerkennung des faktischen Einwanderungs- und Niederlassungsprozesses" (Bommes 2006, S. 10) gepflegt hat. Es gab so gut wie kein Bekenntnis zur realen Einwanderungssituation, dabei restriktive Zugangsbestimmungen, kaum jedoch überzeugende politische, rechtliche und soziale Steuerungsmodalitäten. Darin spiegelt sich die von Bade (2007, S. 34) als „konzeptionslos" bezeichnete deutsche Integrationspolitik. Zwar konzediert Bommes (a.a.O.) für die Bundesrepublik seit Ende der 1990er Jahre „Prozesse der institutionellen Normalisierung" im Hinblick auf Migration und Integration, indem er deren angemessene rechtliche, politische, wissenschaftliche und erzieherische Bearbeitung feststellt. Er spricht gar vom „Elan einer Aufbruchstimmung", die sich etwa im Inkrafttreten des Zuwanderungsgesetzes des Jahres 2005 und einer daran geknüpften „neuen Integrationspolitik" oder der Einrichtung eines neuen Bundesamtes für Migration und Flüchtlinge (BAMF) zeige. Andererseits stehe dem eine „Kommunikation von Migration und Integration als Gefahr gegenüber, die das Scheitern von Integration, Desintegrationspotentiale, kulturelle Überfremdung, Parallelgesell-

---

[1] Die geistesgeschichtliche Studie entstand im Jahr 1934 im niederländischen Exil Plessners. Sie hat die Entwicklung des deutschen Geistes seit dem 16. Jahrhundert zum Inhalt. Sei für das westliche Europa des 17. und 18. Jahrhunderts die Entwicklung zur Demokratie charakteristisch gewesen, habe Deutschland den Anschluss daran hingegen verpasst, woraus Plessner seine Anfälligkeit für Nationalsozialismus und Hitlerismus ableitete (vgl. Plessner 1959/1935).

schaften, Ehrenmorde, religiöser Fundamentalismus und den Kampf der Kulturen akzentuiert." (Ebd., S. 11) Bewegung und Gegenbewegung kennzeichneten die politischen Migrations- und Integrationsverhältnisse in Deutschland als eine „merkwürdige Melange" (ebd., S. 10). Das Neue, die Anerkennung von Migration als gesellschaftliche Normalität, vermochte nicht, die defizitorientierte „alte" Sichtweise auf Migration zu überwinden. Diese erweist sich dann auch als absolute Konstante der inzwischen fünf Jahrzehnte andauernden Einwanderungsgeschichte im deutschen Kontext, sie durchzieht alle relevanten gesellschaftlichen Bereiche: den Arbeitsmarkt, die Sozialsysteme, den Bildungsbereich. Für all diese Bereiche ist symptomatisch, dass im Falle von Einwanderung und Migration Problemzuschreibungen und Befürchtungen Gang und Gäbe sind und auf diese Weise Konstruktionsprozesse, die unter dem Stichwort ,othering' gefasst werden können, eine besondere, nämlich negativ konnotierte Plausibilität erhalten. Die soziale (und politische) Konstruktion von ethnisch codierter Differenz ist im Rückgriff auf Krisen- und Bedrohungsrhetoriken einfacher zu bewerkstelligen, sie verortet Integrationsprobleme auf Seiten der Einwanderer und begründet diese mit ihrer „kulturellen Ferne" zur Mehrheitsgesellschaft.

Die *Verspätung* der deutschen Migrations- und Integrationspolitik tritt insbesondere im internationalen Vergleich zu Tage. Dabei sind die

„Differenzen in der Einschätzung rechtlicher und politischer Behandlungsweisen von Migration und Integration (…) in Europa (…) nationalstaatenspezifisch geprägt. Das gegenwärtig zu beobachtende, wachsende wechselseitige Interesse der einzelnen Länder an Erfahrungen der anderen im Umgang mit Migration und Integration resultiert nicht zuletzt daraus, dass die einzelnen Länder bei vergleichbaren Gegenwarts- und Zukunftsproblemen auf verschiedene Weise mit einer Reihe von unbeabsichtigten Folgen ihrer Migrations- und Integrationspolitiken konfrontiert sehen und deshalb im Vergleich nach Lernchancen, Korrektur- bzw. Steuerungsanregungen suchen. Die sich dabei ergebenden Bewertungen und Fragen und darauf bezogene politische Regulationsformen und Maßnahmen bewegen sich nach wie vor jeweils im Bezugsrahmen der nationalen Modi der Problemperzeptionen und der dadurch bestimmten Konzepte, wie sie in den nationalen Staatsbildungsgeschichten, den damit verbundenen Formen der Wohlfahrtsstaatlichkeit und den historischen Erfahrungen mit und den aktuellen Konstellationen von Migration und Integration verankert sind." (Bade/Bommes 2004, S. 14)

Es sind mithin spezifische Ausprägungen von nationalen Migrations- und Integrationspolitiken, welche sich dann auch im Bildungsbereich niederschlagen. Von Übereinstimmungen innerhalb der europäischen Mitgliedstaaten ist in diesem Zusammenhang lediglich oberflächlich auszugehen – trotz einer zum Teil übereinstimmenden Begrifflichkeiten, etwa dann, wenn von Leistungen im Kontext von Bildungsgerechtigkeit oder Förderung die Rede ist, darunter aber je unterschiedliche Strategien, Vorhaben und Maßnahmen verstanden werden. Einige Länder, so auch die Bundesrepublik Deutschland, haben „nachholende" Inklusionsleistungen zu erbringen (vgl. ebd., S. 22). Das wird seit einigen Jahren besonders deutlich durch die großen internationalen Vergleichsstudien, die die Leistungsfähigkeit der nationalen Bildungssysteme messen und in Konkurrenz zueinander treten lassen. Das deutsche Schulsystem schneidet hier besonders schlecht ab, ihm gelingt es nicht, die Kinder der Einwanderer, auch in der zweiten und dritten Generation, ausreichend für eine vollumfängliche Inklusion in die relevanten Teilsysteme der Gesellschaft zu qualifizieren.

In den EU-Mitgliedsstaaten werden die Akzente zur gesellschaftlichen Inklusion von Zuwanderern durch Bildung ganz unterschiedlich gesetzt. Finnland hat beispielsweise – obschon es kaum Erfahrungen oder tradierte Umgangsweisen mit Einwanderung ausgeprägt hat – mit Blick auf sein Bildungssystem eher Erfolge bei der Qualifizierung zu verzeichnen ebenso die „klassischen" Einwanderungsländer Kanada oder Neuseeland.

Bei aller Verschiedenheit im Umgang mit Migration in den europäischen Einwanderungs- und Migrationsgesellschaften ist mit Blick auf die Teilhabe von Kindern und Jugendlichen mit Einwanderungsgeschichte in die jeweiligen Schulsysteme der europäischen Mitgliedsstaaten festzuhalten: In allen nationalen Schulsystemen ist die Benachteiligung der Kinder und Jugendlichen mit Migrationshintergrund signifikant gegenüber den Autochtonen. Einige Befunde hierzu lassen sich als nationale Grenzen überschreitende *essentials* zusammenfassen (vgl. Heckmann 2008, S. 6).[2] Danach sind Erklärungen für die Bildungsbenachteiligung auf unterschiedlichen Ebenen – der Makro-, der Meso- und der Mikroebene – auszumachen. Auf der Makroebene der nationalen Bildungspolitiken ist das zum Beispiel der Befund, dass die Bildungsbeteiligung dieser Schüler/innengruppe in denjenigen Ländern höher liegt, in denen das Maß an ökonomischer Ungleichheit geringer ausfällt und in denen gut entwickelte Systeme im Bereich der Vorschulerziehung anzutreffen sind, in denen also in frühe Bildung vergleichsweise mehr investiert wird. Ein anderer Befund verweist darauf, dass Gesamtschulsysteme wie in den skandinavischen Ländern, die von früher Selektivität absehen, positive Effekte zeitigen (vgl. ebd.).

Auf der Mesoebene der Einzelschulen wird deutlich, dass sich die verbreitete Nicht-Repräsentanz von Migranten/innen in Curricula, Schulbüchern und weiteren Unterrichtsmaterialien negativ auf das Selbstbild und die Selbsteinschätzung von Kindern und Jugendlichen mit Migrationshintergrund auswirkt und mithin auch deren Chancen im Schulsystem negativ beeinflusst. Auch der

---

2   Bei dieser Publikation handelt es sich um einen Bericht, der im Auftrag der Europäischen Kommission unter dem Titel „Education and Migration – strategies for integrating migrant children in European schools and societies" vom NESSE Network (2008) vorgelegt wurde.

Befund, dass die Qualität der Einzelschule von hoher Bedeutung für die Leistungsfähigkeit der Schüler/innen ist, sei hier angeführt.

Verweigerte Unterstützung wird von Heckmann als Diskriminierung gewertet, die in vielen Fällen der Benachteiligung zugrunde liegt. Er geht davon aus, „that at present ‚denied support discrimination' is the most relevant concept when trying to explain disadvantage of migrant students via discrimination and that is the core of the present discrimination problem in migrant education in most European countries." (ebd., S. 35). Niedrige Erwartungen gegenüber Migrantenkindern/-jugendlichen seitens der Lehrkräfte scheinen ebenso negative Einflüsse auf die Art und Weise zu haben, in der sich Kinder und Jugendliche in ihrer Leistungsfähigkeit darstellen. Auch dieses Lehrer/innen-Schüler/innen-Verhältnis ist in Heckmanns Modell auf der Mesoebene angesiedelt.

Für die Mikroebene der Familie und des Zuhauses lassen sich auf Seiten der Kinder positive Effekte nachweisen, wenn sie in den Genuss unterstützender Programme zum Ausgleich von sozio-ökonomisch bedingter Schlechterstellung gekommen sind.

Angesichts solcher Befunde, die beispielhaft aus dem Forschungsbericht herausgegriffen sind und sich an Entscheidungsträger in der Politik richten, wird deutlich, dass von der in den europäischen Aufnahmegesellschaften viel beschworenen Normalität der einwanderungsbedingten Heterogenität insbesondere dann (noch) nicht die Rede sein kann, wenn es um den Bereich öffentlicher Bildung geht. Kinder und Jugendliche aus Familien mit Migrationsgeschichte erleben in allen Ländern der EU Benachteiligung im Schulsystem, so dass der Abbau von Bildungsbenachteiligung überall eine Herausforderung darstellt, die es zwingend zu meistern gilt.

Notwendige Weichenstellungen auf der curricularen Ebene und die Diskussion von Erklärungsansätzen für die Bildungsbenachteiligung von Kindern und Jugendlichen mit Migrationshintergrund in deutschen Schulen werden daher im nächsten Schritt noch einmal gesondert diskutiert. Herausforderungen im Bereich öffentlicher Bildung und Erziehung lassen sich entsprechend rekonstruieren.

Betont werden muss an dieser Stelle, dass der Standpunkt unserer Argumentation die hiesigen Bedingungen, Problem- und Gemengelagen ist, von hier ausgehend entfalten wir die folgenden Überlegungen, von hier aus blicken wir auf die Bildungs- und Erziehungsbedingungen, die junge Kinder im Elementar- und Primarbereich vorfinden.

## 2  Bildungsbe(nach)teiligung junger Kinder als gemeinsame Herausforderung?

Im Sammelband „Frühpädagogik International" aus dem Jahre 2004 stellt die britische Frühpädagogin Cathy Nutbrown die interessante Hypothese auf, dass frühpädagogische Curricula „verbessert werden können, wenn sie dahingehend überprüft werden, ob (...) die Rechte der Kinder im allgemeinen Berücksichtigung finden" (vgl. Nutbrown 2004, S. 117). Insbesondere *das Recht der Kinder auf Bildung* wird im Artikel 29 der UN-Konvention (UN 1989) anhand verbindlicher Zielsetzungen präzisiert: Die Vertragsstaaten stimmten somit unter anderem darin überein, dass die Bildung des Kindes darauf gerichtet sein muss, *seine Persönlichkeit, seine Begabung und seine geistigen und körperlichen Fähigkeiten voll zur Entfaltung zu bringen*. Für Politiker/innen und Pädagogen/innen sind damit – laut Nutbrown (ebd.) – „weltweit erhebliche Verantwortlichkeiten verbunden", während zugleich viele Pädagoginnen und Pädagogen, die mit jungen Kindern arbeiten, unterstreichen würden, dass die optimale Entfaltung kindlicher Fähigkeiten ohnehin ein primäres Ziel ihrer Praxis sei.

Obwohl ähnliche allgemeine Zielsetzungen in frühpädagogischen Curricula einiger Länder, und so auch in deutschen Erziehungs- und Bildungsempfehlungen, wieder zu finden sind, wird die UN-Konvention über die Rechte der Kinder in der jeweils spezifischen, nationalen Curriculumsdiskussion kaum oder eher selten explizit thematisiert (Neuseeland, Norditalien und Schweden scheinen in diesem Bereich Pionierarbeit zu leisten). Für die meisten europäischen Migrationsgesellschaften bleiben somit die in diesem Kontext von Cathy Nutbrown (ebd., S. 118) gestellten – und nach unserem Verständnis auch empirischen – Fragen besonders virulent: Werden die genannten intellektuellen und körperlichen Potenziale „bei jedem Kind voll zur Entfaltung gebracht?" Und: „Geschieht dies auch bei Kindern in den Grenzbereichen unserer Gesellschaft? Bei Kindern von Asylsuchenden? Bei Kindern aus obdachlosen Familien? Bei Kindern aus arbeitslosen Familien? Bei behinderten Kindern, die sich auf irgendeine Weise von ihren Peers unterscheiden? Bei Kindern, deren kulturelle Herkunft sich von den vielen anderen Mitgliedern in der Gesellschaft, in der sie momentan leben, unterscheidet?"

Erst die Beschäftigung mit diesen Fragen macht deutlich, dass weltweit besondere Anstrengungen, von Politik, Forschung und Praxis, notwendig sind, um das (Bildungs-)Verständnis der UN-Konvention „in nationalen Curricula und individuellen Praktiken zu integrieren" (vgl. ebd., 120). Dieser internationale Blickwinkel, gestützt durch die UN-Konvention, unterstreicht also gemeinsam geteilte Probleme und verdeutlicht dabei insbesondere den ungerechten Umgang mit unterschiedlichen Lebens- und Lernbedingungen junger Kinder sowie mit migrationsbedingter Differenz. Diese menschenrechtliche Betrachtung soll zugleich die Anerkennung und Formulierung gemeinsam geteilter Herausforderungen ermöglichen und zur Vermeidung von Sozial- und Bildungsbenachteiligung sowie zur Gewährleistung von Chancengleichheit beitragen.

Eine ähnliche Zielrichtung scheint einerseits im Kontext europäischer Politikdebatten bedeutsam geworden zu sein, so dass die klassische Integrationspolitik (so wie wir sie auch in Deutschland kennen) als überholt gilt, beispielsweise in Frankreich, wo man sich hauptsächlich mit Fragen der Chancengleichheit, und nicht der Integration, befassen will (vgl. Terkesidis 2010, S. 74f.)[3]. Andererseits scheint das Problem der Bildungsbenachteiligung auch in integrativ ausgerichteten europäischen Bildungssystemen, die aufgrund international vergleichender Leistungsstudien als Vorbilder gelten (sollen), nicht unbekannt zu sein. Beispielsweise wird das als integrativ (oder sogar inklusiv) geltende finnische Bildungssystem erst in den letzten Jahren mit der Herausforderung der Migration und gleichzeitig mit der Problematik der Bildungsbenachteiligung von Kindern und Jugendlichen mit Migrationshintergrund konfrontiert: Kinder aus Migrantenfamilien, die in den Grenzbereichen der finnischen Gesellschaft leben, sind auch dort mit einem Risiko behaftet: „Das Risiko schwache schriftsprachliche Leistungen zu erbringen, ist bei Kindern mit Migrationshintergrund neunmal so hoch" (vgl. Linnakylä 2008, S. 27). Und dies obwohl das *Recht aller Kinder auf Bildung* – bereits vor dem „PISA-Erfolg" – im finnischen Curriculum zur Vorschulerziehung berücksichtigt wurde, wodurch bereits vor und unmittelbar nach der Einschulung Chancengleichheit gewährleistet werden sollte: „Vorschulerziehung soll die Chancengleichheit und das Recht aller Kinder auf Bildung schon im Vorfeld und bei Schuleintritt garantieren." (Kern-Curriculum für die Vorschulerziehung 2000, S. 4).

*Das Recht aller Kinder auf Bildung* im Rahmen des deutschen mehrgliedrigen und selektionsorientierten Schulwesens hat die vereinten Nationen insofern beschäftigt, als der UN-Sonderberichterstatter Vernor Muñoz-Villalobos nach seinem Deutschlandbesuch im Februar 2006 das eindeutige Ergebnis formulierte, dass Kinder, die in Armut leben, Kinder mit Behinderungen sowie Kinder mit Migrationshintergrund systembedingt benachteiligt werden (vgl. Overwien/Prengel 2007, S. 26f.). Die teilweise massiven Reaktionen im (bildungs-)

---

3    Probleme der Sozial- und Bildungsbenachteiligung werden momentan in allen europäischen Ländern beobachtet, besonders charakteristisch waren die europäischen Debatten um die Roma-Abschiebung in Frankreich im Sommer 2010 (siehe unter http://www.migration-info.de/mub_aktuell.php). Darüber hinaus sind ähnliche Probleme auch in Kanada, in dem Land, das im europäischen Kontext oft als ein Einwanderungsland-Modell betrachtet wird, anzutreffen: zur Diskriminierung der „sichtbaren Minderheiten" anhand einer Analyse aus dem Ethnic Diversity Survey (EDS) des kanadischen Statistischen Bundesamtes aus dem Jahr 2002 siehe unter http://www.focus-migration.de/Kanada.1275.0.html.

politischen Kontext auf diese menschenrechtliche Betrachtung des deutschen Bildungssystems hat eine längst bekannte Problematik, einige ihrer Ursachen sowie die Verdrängungsstrategien der deutschen Bildungspolitik erneut verdeutlicht. Bernd Overwien und Annedore Prengel (ebd., S. 32) vermuten, dass diese deutliche, durch den Besuch ausgelöste „Abwehr" einerseits „einer erstaunlichen Unwissenheit über Aufgaben und Arbeitsweisen von UNO-Gremien" und andererseits „einem Mangel an Bewusstheit für längst wirksame globale Verflechtungen geschuldet" ist.

Trotz aller Verdrängungsversuche scheint zumindest oder insbesondere das *Recht der Kinder mit Migrationshintergrund auf sprachliche Bildung* in Deutschland fortlaufend an Bedeutung zu gewinnen. Diverse Sprachtests und Sprachfördermaßnahmen werden in den letzten Jahren flächendeckend eingesetzt; wobei jedoch nicht immer eine konzeptionelle Verbindung zwischen Diagnostik und Förderung beabsichtigt wird. Ohne auf die nicht explizierten testtheoretischen Gütekriterien und teilweise fehlenden linguistischen Grundlagen einiger dieser Instrumente oder auch auf die fragwürdige pädagogische Qualität der Test- und Fördersituationen aus der Perspektive junger Kinder einzugehen, möchten wir im Folgenden die bildungstheoretische und bildungspraktische Dimension dieser problematischen Entwicklung diskutieren.

Im Handbuch Pädagogik der Frühen Kindheit aus dem Jahre 2006 definiert Lilian Fried (2006) den Begriff *Sprachförderung* auf ähnliche Weise wie auch das Recht auf Bildung im Rahmen der UN-Konvention festgelegt wird: als *optimale Entfaltung von kindlichen Fähigkeiten*, in diesem Fall von Sprachfähigkeiten. Sie schreibt: „Wenn Sprachförderung darauf zielt, die Entwicklung von Kindern so anzuregen, dass sich deren Sprache in all ihren Facetten optimal entfaltet, handelt es sich um Spracherziehung bzw. Sprachbildung" (Fried 2006, S. 173). Sprachförderung, die Lilian Fried an dieser Stelle auch als „positive Beeinflussung der Sprachentwicklung von Kindern" charakterisiert (vgl. ebd.) kann also nur dann als „Spracherziehung"[4] oder „Sprachbildung" verstanden werden, wenn sie das kindliche Entwicklungspotential umfassend und optimal zur Entfaltung bringt[5].

Bildungstheoretisch nicht haltbar sind allerdings die weiteren Unterscheidungen, die Lilian Fried in diesem Kontext unternimmt. So unterscheidet sie zwischen Sprachförderung als Erziehung und Bildung auf der einen Seite und

---

4  Der Begriff wurde von Friedrich Fröbel in die Pädagogik der Frühen Kindheit eingeführt, hier wird er mit dem heute weit verbreiteten Begriff Sprachbildung synonym verwendet.

5  Auch im Rahmen des Deutschen Jugendinstituts wird sprachliche Bildung als umfassendes Sprachförderkonzept verstanden (vgl. Jampert u.a. 2005). Dabei wird Sprache als Schlüsselkompetenz und als Bedingung und Bestandteil einer allgemeinen Persönlichkeitsbildung bezeichnet; ein Verständnis das bereits von Humboldt geprägt hat. Vgl. auch Diehm/Magyar-Haas (2010) und Panagiotopoulou/Graf (2008).

Sprachförderung für sogenannte Risiko Kinder – als Prävention und Kompensation „potentiell schädigender Effekte von Entwicklungs- und Sozialisationsrisi-
ken" auf der anderen Seite. Schließlich gäbe es „nur noch" die Möglichkeit einer
„Sprachtherapie", wenn sie „sich bereits Sprachentwicklungsstörungen manifestiert [haben], so dass nur noch sonderpädagogische oder medizinische Interventionen helfen können" (ebd.).

Problematisch an dieser Argumentation ist einerseits, dass diese Begriffe
äußerst unspezifisch bzw. undifferenziert verwendet werden: Prävention ist nicht
mit Kompensation gleichzusetzen und eine pädagogische, sonder- oder sprach-
pädagogische Therapie – die sich auch gezielt mit didaktischen Fragen befasst –
ist nicht mit einer medizinischen Intervention zu verwechseln.

Andererseits ist diese Argumentationsweise bildungstheoretisch nicht zu legitimieren: denn nach diesem Schema werden manche Kinder gebildet, andere
kompensatorisch behandelt und der Rest, wenn sich bei ihnen – bereits im Vor-
schulalter? – Störungen „manifestiert" haben, „nur noch" therapiert. Die Unterscheidung zwischen *Sprachförderung als Bildung versus Sprachförderung als
Kompensation oder Intervention* erinnert an die soziolinguistische Debatte der
siebziger Jahre des vorigen Jahrhunderts und insbesondere an die Defizithypothese nach Basil Bernstein[6]. Damals ging es um die so genannte „Arbeiter-
schicht" und die „Abeiterkinder", während heute angeblich junge Kinder mit
Behinderungen oder mit Migrationshintergrund bzw. Kinder „nichtdeutscher
Muttersprache"[7] die erwarteten Ressourcen nicht mitbringen: „Demzufolge konzentrieren sich die meisten Ansätze auf den Spracherwerb von Kindern, die
Probleme mit der deutschen Sprache haben, weil sie aus anderen Kulturen kommen oder mit Behinderungen zu kämpfen haben" (ebd., S. 175). Es ist nicht
auszuschließen, dass diese Argumentationslinie „aufgewärmt" wird, um den
heutigen Trend *einer schnellen Kompensation* bei Vorschul- und Grundschul-
kindern, die in Grenzbereichen der deutschen Gesellschaft leben, zu legitimieren.
Die spezifischen Förderbedingungen im Kontext der Institutionen frühkindlicher
und schulischer Bildung und Erziehung werden damit weder systematisch erfasst
noch kritisch hinterfragt.

Aus dieser Argumentationslinie resultieren schließlich Erklärungsmuster
sprachlicher Bildungsbe(nach)teiligung, die ausschließlich die betroffenen Kin-

---

6    Die zugrundeliegende Defizithypothese begünstigt und legitimiert an dieser Stelle fragwürdige
     Hierarchien, z.B. zwischen Deutsch- und Nichtdeutschsprachigen bzw. zwischen Kindern
     deutscher und nicht deutscher Muttersprache, (während beispielsweise einer der wichtigsten
     Kritiker Basil Bernsteins, der US-Soziolinguist William Labov sprachliche Unterschiede und
     die Sprachen der Minderheiten als gleichwertig ansah).

7    Lilian Fried sieht Sprachförderung als zentrale Aufgabe von Kindertageseinrichtungen an,
     diese betrifft alle Kinder und insbesondere Kinder „nichtdeutscher Muttersprache" (ebd.,
     S. 175).

der und ihre Lebensbedingungen betreffen. Und so wird konsequenterweise unterstellt, dass Sprachförderung nur dann sinnvoll sei, „wenn Kinder die dafür notwendige Bildungsbereitschaft" sowie spezifische Voraussetzungen bzw. „Sprachlernvoraussetzungen" mitbringen (vgl. Fried ebd., S. 177). Letztere werden den Kindern vermutlich bei Bedarf durch die entsprechenden Instrumente attestiert.

Allgemeiner betrachtet lässt sich in diesem Zusammenhang festhalten, dass je jünger die Kinder sind, desto weniger empirisch gesicherte Befunde vorliegen, die (spätere) Bildungsbenachteiligung dieser Kinder erklären könnten (vgl. Krüger et al. 2010, S. 9). Es existieren deutliche Hinweise darauf, dass ethnische Bildungsungleichheit bereits *vor* der Schulzeit wurzelt (vgl. Becker/Biedinger 2010, S. 49).

Einen ausführlichen Überblick über die derzeit vorliegenden Erklärungen für die signifikante Bildungsbenachteiligung von Kindern und Jugendlichen mit Migrationshintergrund im deutschen Schulsystem gibt Heike Diefenbach (2008). Sie fasst theoretische Argumentationen sowie empirische Befunde zusammen und vermag zu verdeutlichen, dass das Gros dieser Erklärungsansätze die Ursachen für die Schlechterstellung der Migrantenkinder in deren Herkunftskultur sucht, die als defizitär aufgefasst wird. Dies gelte auch für humankapitaltheoretische Ansätze (ebd., S. 100). Ursachen werden also vornehmlich den Betroffenen selbst zugerechnet, wobei mangelnden Sprachkompetenzen in der Zweitsprache Deutsch und Sprachproblemen generell eine Vorrangstellung eingeräumt wird. Aufgrund der vorliegenden Daten aus den verschiedenen Schulleistungsstudien lassen sich Nachteile der Kinder mit Migrationshintergrund gegenüber denjenigen ohne Migrationshintergrund nachweisen. Diese Erklärungen, die auf der Annahme defizitärer herkunftskultureller Ursachen und auf humankapitaltheoretischen Annahmen beruhen, erweisen sich zwar als am besten getestet, empirisch jedoch sind sie nicht oder nur in geringem Maße zu belegen. D.h. der ubiquitär kommunizierte Befund, wonach es herkunftskulturell oder sozioökonomisch bedingte Besonderheiten und Prägungen seien, welche die Passung mit dem deutschen Bildungssystem verhinderten und mithin zu Nachteilen der Kinder führten, ließ sich rechnerisch nicht bestätigen, die Bedeutung solcher Merkmale für die Bildungsbiographien junger MigrantInnen werde eindeutig überschätzt (vgl. ebd., S. 155 und 158)[8].

---

8  Weiterer Analysen bedürfen Diefenbach zufolge Erklärungsmodelle wie die ‚Institutionelle Diskriminierung' (vgl. Gomolla/Radtke 2007), das gleich im Anschluss an die erste PISA-Studie die Ursachen der Benachteiligung an Entscheidungs- bzw. Begründungspraktiken der Professionellen in den Schulen und die dort vorherrschende Organisationslogik der Homogenisierung knüpfte.

## 3    Die Beiträge des Sammelbandes

Mangelnde Erklärungen für die evidente Bildungsbenachteiligung der Kinder aus Einwandererfamilien kennzeichnen bis heute insbesondere die Lage in Deutschland. Diese provoziert die folgenden Fragen: Wie wird in Institutionen frühkindlicher und schulischer Bildung und Erziehung mit migrationsbedingter Differenz in unterschiedlichen Migrationsgesellschaften umgegangen? In welcher Weise lassen sich die dort vorfindbaren strukturellen Gegebenheiten und pädagogischen wie curricularen Arrangements als Bildungsbedingungen für junge Kinder, für Vorschul- und Grundschulkinder aus zugewanderten Familien rekonstruieren? Und was bedeuten diese Bedingungen für die Kinder selbst bzw. für alle Kinder? Diese Fragen zielen auf das je spezifische Unterrichtsgeschehen in Schulklassen, auf den pädagogischen Alltag in Kindergarten- oder Vorschulgruppen – und zwar nicht nur in den hiesigen Einrichtungen des Elementar- und Primarbereiches. Was geschieht im Klassenzimmer und in Kindergruppen auch außerhalb Deutschlands? Dahingehende Einblicke lassen sich nur unter Anwendung qualitativer Forschungsmethoden erreichen. Sie vermögen die Befunde, welche die quantitative Bildungsforschung allererst vorlegt zu ergänzen und zu vertiefen. In dem vorliegenden Band haben wir deshalb Autorinnen und Autoren versammelt, die aus einer jeweils länderspezifischen Perspektive Bildungsbedingungen in Institutionen frühkindlicher und/oder schulischer Bildung und Erziehung mittels qualitativer Forschungszugänge analysieren.

Mit dem vorliegenden Sammelband wagen wir also keine direkten Vergleiche der verschiedenen gesellschaftspolitischen Rahmenbedingungen, der beteiligten Bildungssysteme oder der Bildungsinstitutionen. Vielmehr gelangen wir mit den, im Folgenden kurz dargestellten, Beiträgen zu Einblicken in die Besonderheiten des jeweiligen Bildungssystems, des bildungspolitischen und pädagogischen Umgangs mit migrationsbedingter Differenz ebenso wie zu einem internationalen Überblick darüber.

*Marianna Jäger* geht in ihrem gleichnamigen Beitrag auf die Thematik: *„‚Doing difference‘ in einer Schweizer Primarschulklasse"* ein. Dabei fokussiert sie, wie auch der Untertitel verrät, auf *„[d]as Fremdbild des Erstklässlers Amir aus ethnographischer Perspektive"*. Die Autorin stellt anhand ihrer ausgewählter Daten und Analysen dar, wie der Umgang mit Differenz in einer Schulklasse mit „nur drei Kinder[n] nichtdeutscher Muttersprache" zwar „kein didaktisches Thema" für die Lehrerin war, dennoch eine besondere Bedeutung im Schulalltag gewann. Auf der Grundlage eines lebensweltlichen, mehrperspektivischen ethnographischen Zugangs, mit dem Beobachtungen und Interviews kombiniert werden, verdeutlicht Marianna Jäger, wie das Fremdbild des Schülers Amir in diesem Kontext entstand: als Resultat der „sozial organisierten Klassifikationen" seiner Leistungen und seines Verhaltens.

Im spezifischen Kontext eines Landes, das sich seit etwa zwei Jahrzehnten „von einem Entsende- zu einem Aufnahmeland von Migranten/innen" entwickelte, untersucht *Christos Govaris* in seinem Beitrag „*Interkulturalität in den griechischen Lehrplänen – Eine kritische Betrachtung*" die Bedeutung und die theoretischen Hintergründe der relevant gewordenen „interkulturellen Aspekte". Sein Analyserahmen bezieht sich auf deutschsprachige interkulturell pädagogische Konzepte, auf deren Grundlage der Autor Inhalte und Zielsetzungen der neuen griechischen Lehrpläne kritisch betrachtet. Am Beispiel dieser Analyse wird einerseits der Frage nachgegangen, wie der „pädagogischen Herausforderung der Migration, der Globalisierung und der Europäisierung" auf bildungspolitischer Ebene in Griechenland begegnet wird, während andererseits auf die festgestellte „Dominanz der kulturalistischen Orientierung" des Interkulturellen Programms hingewiesen wird.

Der Beitrag von *Wiebke Hortsch* trägt den provokanten Titel „*Kinder mit Migrationshintergrund in der finnischen Schule?!*", mit dem die erst seit einigen Jahren fortlaufende Zunahme der Zuwanderung nach Finnland sowie eine entsprechende Veränderung der Schulbevölkerung angedeutet werden soll. Die im Untertitel erwähnten Fragestellung „*Ein Bildungssystem im Wandel?*" betrifft einen wichtigen Fokus des vorliegenden Beitrags. Die Autorin beantwortet systematisch die Frage nach dem strukturellen, curricularen sowie pädagogischen Umgang der finnischen Schule mit der migrationsbedingten Heterogenität der Schülerschaft, insbesondere beim Übergang der Kinder vom Elementar- in den Primarbereich. Dafür analysiert sie sowohl relevante Dokumente als auch ihre eigenen ethnographischen Beobachtungsprotokolle aus dem Alltag einer finnischen Anfangsklasse. Sie kommt zu dem Ergebnis, dass die Bildungsbedingungen allgemein, sowie die pädagogisch-didaktischen Alltagspraktiken insbesondere, „Kindern mit Migrationshintergrund vielfältige Unterstützungsmöglichkeiten bieten".

Bildungsbedingungen in Luxemburg, einem mehrsprachigen Land, das auf eine langjährige Migrationsgeschichte zurückblickt, bilden den Schwerpunkt der Ausführungen von *Nadine Christmann* in ihrem Beitrag „*Der Vielfalt (k)eine Chance geben - zur Rolle der Mehrsprachigkeit im pädagogischen Alltag einer luxemburgischen Vor- und Grundschule*". Die Autorin stellt erste Erkenntnisse aus ihren eigenen ethnographischen Feldstudien zum Umgang mit Mehrsprachigkeit im luxemburgischen Bildungswesen vor, dabei legt sie den Schwerpunkt auf „die Sprachpraxis der Kinder im institutionellen Alltag" sowie auf pädagogisch-didaktische Bedingungen im Elementar- und Primarbereich. Anhand ausgewählter Protokollausschnitte zeigt sie zunächst auf, wie in der beobachteten Vorschule „Heterogenität durch alltägliche Sprachpraxis zum Normalfall" wird. Anschließend kontrastiert sie dieses Ergebnis mit ausgewählten Alltagsszenen aus der beobachteten Grundschulklasse, wo „sprachliche Kompetenzen" mehrsprachiger Schüler/innen „nicht gesehen und folglich auch nicht als solche anerkannt werden". Der Beitrag endet mit dem Hinweis, dass dieses zentrale Ergebnis zur „nicht vorhandenen Anschlussfähigkeit der beiden Institutionen" auf mögliche Entstehungsbedingungen im Kontext des luxemburgischen Bildungssystems reflektiert werden muss.

In ihrem Beitrag „,It's all mixed' - Politiken und Praktiken im Umgang mit kultureller und sprachlicher Diversität im englischen Bildungssystem" geht Christina Huf auf Reformen der letzten Jahre und ihre Auswirkungen auf Institutionen frühkindlicher und schulischer Bildung und Erziehung ein. Anhand einer differenzierten Analyse einschlägiger bildungspolitischer Dokumente zeichnen sich wichtige Entwicklungen und zugleich konkrete „Konfliktfelder" ab, denen Erzieherinnen und Lehrerinnen in ihrer Praxis des englischen Bildungssystems begegnen und „die von ihnen gelöst werden müssen". Um die Frage zu beantworten, wie dies im pädagogischen Alltag geschieht, stellt Christina Huf ausgewählte Ergebnisse ihrer eigenen Feldstudie in einer Londoner Grundschule vor, die von den hier diskutierten Rahmenbedingungen „in sehr grundsätzlicher Weise betroffen ist". Es handelt sich um eine Anfangsklasse mit ausschließlich mehrsprachig aufwachsenden Kindern aus Zuwandererfamilien, deren dynamisches Verständnis von sprachlicher und kultureller Identität bereits im Beitragstitel angedeutet und im vorliegenden Beitrag anhand von ethnographischen Beobachtungsprotokollen verdeutlicht wird.

Mikael Luciak lenkt in seinem Beitrag den Blick auf die größte Minderheitengruppe innerhalb der EU, die Roma, die 8 bis 12 Millionen hochgradig marginalisierte Menschen umfasst. Worauf bereits der Titel „Roma mit Migrationshintergrund an österreichischen Volksschulen" hinweist, konzentrieren sich Mikael Luciaks Betrachtungen auf die Roma mit Migrationshintergrund in Österreich und den schulischen Umgang mit ihren Kindern. Er nimmt begriffliche Klärungen und Einordnungen vor, referiert die Datenlage und macht erhellende Aussagen zu spezifischen Problemsituationen dieser Minderheitengruppe, zu kulturalisierenden und essentialisierenden Fremdbeschreibungen, etwa durch Lehrer/innen. Im Ergebnis wird deutlich, dass Romakinder in österreichischen Schulen auf spezifische, auf ihre Vorerfahrungen und Bedürfnisse zugeschnittene Unterstützungs- und Hilfsangebote, welche auch die Eltern einbeziehen, angewiesen sind. Überdies berichtet Mikael Luciak von guten Erfahrungen mit überaus notwendigen einschlägigen Fortbildungsangeboten für Lehrkräfte.

In ihrem Beitrag „Die 10 kennen wir schon vom Kindergarten" – Zur Anschlussfähigkeit von Kindergarten und Grundschule aus der Perspektive von

Kindern mit Deutsch als Zweitsprache" stellt Kerstin Graf ausgewählte Ergebnisse ihrer institutionsübergreifenden ethnographischen Feldforschung vor. Die im Titel zitierte Äußerung einer Erstklässlerin steht exemplarisch für die kindlichen Versuche im Unterrichtsalltag, Anschlüsse zwischen Kindertagesstätte und Grundschule auf der Grundlage ihrer Erfahrungen in den Bildungsinstitutionen herzustellen, obwohl dies nicht der Intention ihrer Lehrerin entsprach. Die in der Fachliteratur „häufig diskutierte Anschlussfähigkeit" zwischen Elementar- und Primarbereich wird in diesem Beitrag aus der Perspektive der Bildungsbiographie ausgewählter Kinder mit Migrationshintergrund erörtert. Zugleich wird auch allgemein für die Bedeutung der Berücksichtigung kindlicher Vorstellungen hinsichtlich einer möglichen Anschlussfähigkeit beim Übergangsprozess plädiert.

Im Rahmen einer ethnographisch angelegten Studie untersucht *Melanie Kuhn* in ihrem Aufsatz *„Vom Tanzen in ‚Russland' und Lächeln in ‚Japan' – Ethnisierende Differenzinszenierungen in elementarpädagogischen Bildungsprozessen"* die Verwendung der Kategorie Ethnizität auf der Mikroebene des elementarpädagogischen Alltags. Wie und wann diese implizit oder explizit zum Anlass und Gegenstand von Erziehungs- und Bildungsprozessen wird, zeigt Melanie Kuhn in der Interpretation einer Beobachtungssequenz. In Erweiterung der zugrunde gelegten sozialkonstruktivistischen und ethnomethodologischen Theorieperspektive um die Dimension der Performativität rekonstruiert sie das Doing ethnicity, sprich: die interaktive Hervorbringung und Relevantsetzung von Ethnizität im Kindergartenalltag, die sie beim Singen und Tanzen um das Kinderlied „Wir fliegen um die ganze Welt" als kollektive Inszenierung und Aufführung analysiert. Melanie Kuhn kann zeigen, wie Wissensproduktion und Gemeinschaftskonstitution über eine Inszenierung ‚ethnisierter' Differenz erreicht werden.

*Claudia Machold* ermöglicht mit ihrem Beitrag *„‚Respecting Difference' – Differenztheoretische Überlegungen am Beispiel eines pädagogischen Programms aus Nordirland"* differenztheoretische und von den Cultural Studies inspirierte Einblicke in eine frühpädagogische Initiative in Nordirland. Programmatisch wird hier mit sogenannten Media Message Cartoons (MMC) gearbeitet, um den sozialen Umgang mit unterschiedlichen relevanten Differenzlinien möglichst frühzeitig in Differenz anerkennende Bahnen zu lenken. Zwei MMC werden von Claudia Machold sorgfältig interpretiert und auf das zugrunde liegende Differenzverständnis ebenso wie das Differenzverständnis, das sie repräsentieren und transportieren, untersucht. Die pädagogisch äußerst relevante Frage, wie Differenz thematisiert wird, wird von Claudia Machold abschließend im Rückgriff auf Mollenhauers Unterscheidung nach Präsentation und Repräsentation theoretisiert. Der Konstruktion von Zugehörigkeitsverhältnissen in einer spezifischen politischen Situation und Gemengelage – der nordirischen – kommt hierbei eine besondere Bedeutung zu.

*Jessica Lösers* Beitrag „*„Celebrate Diversity' – Eine qualitative Studie über Kulturenvielfalt an kanadischen Schulen"* liest sich als ein Plädoyer dafür, die meliorisierenden Effekte international vergleichender Betrachtungen ernst zu nehmen. Am außereuropäischen Beispiel des avancierten Einwanderungslandes Kanada vermag sie zu veranschaulichen, dass eine gesellschafts- und integrationspolitische Grundhaltung, die Vielfalt als Ressource im Sinne eines *Celebrating Cultural Diversity* sieht, im Bereich von Erziehung und Bildung positive Effekte zeitigt – wie die OECD-Vergleichsstudien eindrücklich belegen. Diese Grundhaltung begründet in Kanada die selbstverständliche Institutionalisierung von Unterstützungssystemen im Falle von Einwanderung – etwa die sogenannten *Settlement Worker*, die nachgewiesenermaßen die Inklusion ins Schulsystem befördern.

Wir danken den Autorinnen und Autoren für ihre Beiträge und die Geduld, die sie bis zu ihrem Erscheinen aufbringen mussten. Darüber hinaus sind wir Ulrike Niermann, Christina Dudek und Serpil Polat überaus dankbar, ohne die die Fertigstellung des Manuskripts nicht denkbar gewesen wäre.

## Literatur

Bade, K. (2007): Integration: versäumte Chancen und nachholende Politik. In: Aus Politik und Zeitgeschichte (APuZ) 22-23/2007, S. 32-38.

Bade, K./Bommes, M. (2004): Integrationspotentiale in modernen europäischen Wohlfahrtsstaaten – der Fall Deutschland. In: Migrationsreport 2004. Fakten – Analysen – Perspektiven, hrsg. von Klaus J. Bade, Michael Bommes und Rainer Münz, Frankfurt a.M.: Campus, S. 11-42.

Becker, B./Biedinger, N. P. (2010): Frühe ethnische Bildungsungleichheit: Der Einfluss des Kindergartenbesuchs auf die deutsche Sprachfähigkeit und die allgemeine Entwicklung. In: Becker, B./Reimer, D. (Hrsg.): Vom Kindergarten bis zur Hochschule. Die Generierung von ethnischen und sozialen Disparitäten in der Bildungsbiographie. Wiesbaden: VS Verlag, S. 49-79.

Bommes, M. (2006): Einleitung: Migrations- und Integrationspolitik in Deutschland zwischen institutioneller Anpassung und Abwehr. In: Migrationsreport 2006. Fakten – Analysen – Perspektiven, hrsg. von Michael Bommes und Werner Schiffauer. Frankfurt a.M.: Campus 2006, S. 9-29.

Diefenbach, H. (2008): Kinder und Jugendliche aus Migrantenfamilien im deutschen Schulsystem. Erklärungen und empirische Befunde. 2., aktualisierte Auflage. Wiesbaden: VS Verlag.

Diehm, I./Magyar-Haas, V. (2010): Language Education – For the „Good Life"? In: Andresen, S./Diehm, I./Sander, U./Ziegler, H. (Ed.): Children and the Good Life. New Challenges for Research on Children. Dordrecht: Springer, S. 103-114

Fried, L. (2006): Sprachförderung. In: Fried, L./Roux, S. (Hrsg.): Pädagogik der Frühen Kindheit. Handbuch und Nachschlagewerk. Weinheim und Basel: Beltz, S. 173-178.

Gomolla, M./Radtke, F.-O. (2007): Institutionelle Diskriminierung. Die Herstellung ethnischer Differenz in der Schule. 2., durchgesehene und erweiterte Auflage. Wiesbaden: VS Verlag.

Jampert, K./Best, P./Guadatiello, A./Holler, D./Zehnbauer, A. (2005): Sprachliche Bildung und Förderung: Einführung, Ziele und Inhalte des Leitfadens. In: Jampert, K. u.a. (Hrsg.): Schlüsselkompetenz Sprache. Sprachliche Bildung und Förderung im Kindergarten. Konzepte – Projekte – Maßnahmen. Berlin, S. 11-15.

Kern-Curriculum für die Vorschulerziehung (2000): http://www.brandenburg.de/media/lbm1.a.1231.de/curriculum_vorschule_finnland.pdf (04.10.2008)

Krüger, H.H./Rabe-Kleberg, U./Kramer, R.-T./Budde, J. (2010): Bildungsungleichheit revisited? – eine Einleitung, in: ders. et al. (Hrsg.), Bildungsungleichheit revisited. Bildung und soziale Ungleichheit vom Kindergarten bis zur Hochschule. Wiesbaden: VS Verlag, S. 7-21.

MIGRATION.INFO-DE: Ein Projekt des Netzwerks Migration in Europa, der Bundeszentrale für politische Bildung und des Hamburgischen WeltWirtschaftsInstitut; http://www.migration-info.de/mub_artikel.php?Id=100802

NESSE network of experts (2008): Education and Migration – strategies for integrating migrant children in European schools and societies. A synthesis of research findings for policy-makers. Report submitted to the European Commission. www. nesse.fr/nesse/nesse-top/activities/education-and-migration

Nutbrown, C. (2004): Kinderrechte: ein Grundstein frühpädagogischer Curricula. In: Fthenakis, W.E./ Oberhuemer, P. (Hrsg.): Frühpädagogik International. Bildungsqualität im Blickpunkt. Wiesbaden: VS Verlag, S. 117-127.

Overwien, B./Prengel, A. (2007): Einleitung: Der Besuch des Sonderberichterstatters und das Recht auf Bildung in der gesellschaftlichen Diskussion. In: Overwien, B./Prengel, A. (Hrsg.), S. 21-33.

Overwien, B./Prengel, A. (Hrsg.) (2007): Recht auf Bildung. Zum Besuch des Sonderberichterstatters der Vereinten Nationen in Deutschland. Leverkusen: Verlag Barbara Budrich.

Panagiotopoulou, A./Graf, K. (2008): Umgang mit Heterogenität und Förderung von Literalität im Elementar- und Primarbereich im europäischen Vergleich. In: Hofmann, B./Valtin, R. (Hg.): Checkpoint Literacy. Tagungsband zum 15. Europäischen Lesekongress 2007 in Berlin. Deutsche Gesellschaft für Lesen und Schreiben, Berlin, S. 110-122.

Plessner, H. (1959/1935): Die verspätete Nation. Über die politische Verführbarkeit bürgerlichen Geistes, 2. erw. Auflage, Stuttgart: Kohlhammer

Terkessidis, M. (2010): Interkultur. Berlin: edition suhrkamp.

# ,Doing difference' in einer Schweizer Primarschulklasse. Das Fremdbild des Erstklässlers Amir aus ethnographischer Perspektive

*Marianna Jäger*

## 1 Vorbemerkungen

Die folgenden Ausführungen beziehen sich auf Datenmaterial eines aktuellen ethnographischen Forschungsprojekts. Das Erkenntnisinteresse gilt der Frage nach der Konstituierung und Bedeutung der schulischen Alltagskultur als Sozialisationskontext für Schulanfänger/innen. Es werden zwei erste Klassen mit sozialräumlich kontrastierendem Umfeld verglichen: eine Zürcher Vorortsgemeinde mit Kindern vorwiegend aus privilegierten, bildungsnahen Elternhäusern (Ausländeranteil 15.6%)[1] vs. einem Zürcher Stadtquartier mit Kindern vorwiegend aus bildungsfernen Familien mit Migrationshintergrund (Ausländeranteil 30.9%; kantonaler Schnitt 21.6%).

Ausgegangen wird von einem Begriff der Kultur als „Resultat eines Prozesses des Aushandelns von Bedeutung zwischen kulturell geprägten, aber zur reflexiven Hinterfragung und Innovation fähigen Individuen" (Wimmer 2006, S. 13). Schulkultur bzw. schulische Wirklichkeit wird dann verstanden als symbolische Ordnung von Diskursen, Interaktionen und Praktiken, die durch alle Beteiligten aktiv gestaltet wird (vgl. Helsper 2008).

Gewählt wurde ein mehrperspektivischer und methodenpluraler Zugang im Rahmen der lebensweltlichen Ethnographie. Mit Beginn des Schuljahres im August 2007 erfolgten regelmäßige teilnehmende Beobachtungen in einer ersten Klasse, zwischen November 2007 und März 2008 fokussierte Leitfadeninterviews mit allen Kindern sowie ein Expertinneninterview mit der Lehrperson.

Der aktuelle Stand der Projektarbeit erlaubt noch keine Kontrastierung der beiden Schulklassen. Deshalb beziehe ich mich hier auf meine Daten aus der Vorortsgemeinde, die im Gegensatz zur städtischen Schule nicht an QUIMS[2] beteiligt ist, einem Unterstützungsprogramm des Kantons Zürich für kulturell

---

1  Bildungsstatistik des Kantons Zürich, s. Sozialindex unter www.bista.zh.ch/usi/SI-abs.aspx
2  QUIMS: Qualität in multikulturell gemischten Schulen. Eine Detaillierte Darstellung des Programms findet sich unter http://www.quims.ch. Siehe auch Homepage Volksschulamt Kanton Zürich unter http://www.volksschulamt.ch, Stand vom 17. Mai 2009.

gemischte Schulen. Die Klasse weist nur drei Kinder nichtdeutscher Muttersprache auf. Für die Lehrerin ist soziokulturelle Diversität innerhalb der Schulklasse kein didaktisches Thema. Dass der Umgang mit Differenz gleichwohl Bedeutung hat, ergab sich vielmehr datenbasiert. Es hat sich als aufschlussreich erwiesen, die situative Konstruktion einer Differenz durch eine Schülerin, wie sie in der folgenden Szene dokumentiert wird, als Ausgangspunkt für weitere Fragen an das vorhandene Datenmaterial zu setzen.

## 2    Fragestellung oder: Wie Amir zum Thema wurde

Während mir in den ersten fünf Halbtagen meiner teilnehmenden Beobachtung in der ersten Klasse verschiedene Kinder aufgefallen waren, die sich durch verbale oder performative Auftritte außerhalb des offiziellen Unterrichtsprogramms bemerkbar machten (FN Feldnotizen, S. 1-14), erlebte ich in der zweiten Schulwoche unerwartet eine Szene, mit der ein Junge in den Mittelpunkt meines Interesses trat.

Ich treffe eines Morgens unter der Menge der Kinder vor der Schulhaustüre zufällig auf zwei Kinder ‚meiner‘ Klasse, die auf das Glockenzeichen zum Einlass warten, Luisa und Luca. Wir begrüßen uns und ich erkundige mich, wie es ihnen gehe und was sie denn in der Zwischenzeit (ich war einige Tage nicht in der Klasse) so alles gelernt hätten. Luisa erklärt, dass sie noch die Zahl Zwei gehabt hätten und auch Hausaufgaben auf den heutigen Tag erledigen mussten. Sie ergänzt in ernstem Ton und mit bedeutungsvollem Blick:

> „Und de Amir hät d'Husufgabe nöd; er isch vo dihei cho und hät sie doch nöd gha. Jetzt muess er dopplet so viel mache. Wänn me d'Husufgabe nöd macht, git's immer meh. Und de Amir chunnt au immer z'schpat. Wenn scho alli da sind, chunnt er erscht." Luca wirft ein: „Ja, wänn me ganz döt hine spielt, dänn ..." Ich ergänze: „Ja, dänn ghört me s'Lüüte (das Läuten) nöd." Luisa hat das sehr vorwurfsvoll erzählt; sie ist offensichtlich beeindruckt von der Normverletzung durch Amir. Dann fügt sie bei: „Ich bin immer ganz vorne, da bi de Türe, dänn bin ich zerscht dine." Luca ergänzt: „Ja, ich au." (FN, S. 15)

Luisa berichtet, dass Amir die Hausaufgabe nicht mitgebracht habe und jetzt das Doppelte leisten müsse. Daraus leitet sie eine verallgemeinernde Konsequenz ab: Beim wiederholten Versäumnis der Hausaufgaben kumulieren sich die Pflichten. Dann schreibt sie dem Schüler Amir eine weitere Regelverletzung zu: Er kommt immer zu spät. Sie schiebt einen erläuternden Zusatz nach, indem sie den Jungen als Einzelfall mit Bezug auf das Verhalten der ganzen Klasse darstellt, „wenn scho alli da sind". Darauf setzt Luca mit Verweis auf das weitläufige Schulgelände zu einer sachlichen Begründung für Amirs Verspätung an. Seine Verständnis generierende Aussage wird von mir zu Ende geführt. Man kann die Schulglocke eben von weiter hinten nicht hören. Darauf ergänzt Luisa selbstbewusst, wie sie aus diesen räumlichen Bedingungen persönliche Konsequenzen für ihr Handeln gezogen hat. Indem sie erklärt, immer gleich hinter der Türe zu warten, stellt sie allfällige Peeraktivitäten zugunsten schulaffirmativen Verhaltens zurück. Dieser von ihr konstruierten Idealnorm schließt sich Luca unmittelbar an.

In der zitierten Sequenz ist die Kontextualisierung der Aussage beachtenswert. Die beiden Kinder unterhalten sich mit einer Erwachsenen, die sie erst drei Tage als interessierte Besucherin in ihrer Klasse gesehen haben. Diese fragt nach den Lernfortschritten der Kinder. Sie zielt damit auf die ganze Klasse, Luisa aber verschiebt das Thema auf die individuelle Ebene. Diese Strategie erlaubt es ihr, auf der Folie des Fehlverhaltens eines Schulkameraden ihre Konformität mit den schulischen Regeln zu demonstrieren. Offensichtlich haben Amirs Verstöße gegen die schulischen Vorgaben bei ihr einen nachhaltigen Eindruck hinterlassen.

Die Szene warf für mich Fragen auf: Wie konnte es dazu kommen, dass das Mädchen bereits in der zweiten Schulwoche einen Abweichler definiert hatte und damit Koordinaten für eine soziale Ordnung benannte? War da etwa bereits eine Ethnisierung gegenüber dem Jungen im Gange? (Seine beiden Eltern sind aus Kosovo, er spricht zu Hause Albanisch.) Geschieht das, weil er in dieser Klasse als Kind mit Migrationshintergrund ein Sonderfall ist?

Ich wollte mich der Konstruktion des Fremdbildes von Amir nähern, indem ich Praxen der Unterscheidung im Schulalltag besonders genau dokumentierte. Dabei waren folgende Fragen leitend: Wie und von wem wird soziale Differenz hergestellt? An welchen Kategorien orientiert sie sich? Wer bestimmt diese?

## 3  Theoretischer Ansatz

Aus einer ethnomethodologischen Perspektive soll nun beschrieben werden, wie die schulischen Akteur/innen Abgrenzungsprozesse und Attribuierungen gegenüber dem Schüler Amir vollziehen und damit identitätsrelevante Konstruktionen vornehmen. Dazu werden die über Beobachtungen und Interviews generierten Daten unter dem theoretischen Ansatz des *doing difference* (vgl. Fenstermaker/West 1995) analysiert. Er baut auf dem von West/Zimmerman 1987 entworfenen Konzept des *doing gender* auf, das als interaktiver Prozess der Herstellung von Geschlecht definiert wird, weitet ihn aber noch auf die Kategorien Klasse und Ethnizität aus. *Gender, race/ethnicity, class* werden nicht als reifizierte Strukturkategorien verstanden, sondern als ein theoretischer Rahmen, in dem es um gemeinsame, aufeinander bezogene Handlungen innerhalb spezifischer Situationen geht. *Doing difference* bedeutet die aktive Hervorbringung (accomplishment) von Differenz auf dem Hintergrund von lebensweltlichen Erfahrungen mit Bezug auf institutionelle Setzungen, allgemeine kulturelle Muster und gesellschaftliche Klassifikationen. Im Handeln und Sprechen mittels *doing difference* wird das eigene Verhalten oder dasjenige anderer Personen in Beziehung gesetzt zu den normativen Vorgaben, von denen es sich distanziert. Damit werden in dynamischen Prozessen auf der Mikroebene vielfältige Formen sozialer Ungleichheit, von Über- und Unterordnung erzeugt. Allfällige Wechselwirkungen zwischen den Differenzkategorien sollen hier vor allem auf der Ebene der Identitätskonstruktionen betrachtet werden, während dies bezüglich der symbolischen Repräsentationen und der Strukturebene – was Winker/Degele für die intersektionale Ungleichheitsanalyse fordern – nur andeutungsweise erfolgen kann (vgl. Winker/Degele 2009).

Für die Analyse wird das ethnologische Grundkonzept des *othering*, das als die Konstruktion des Anderen zu verstehen ist, latent mitgedacht (vgl. Berg/Fuchs 1993, S. 72f.). Durch die Thematisierung des Falls wird *othering* auch im Forschungsprozess in den Konstruktionen ‚zweiter Ordnung' (Soeffner/Hitzler 1994, S. 33) vollzogen. Dies ist nicht zu vermeiden, rechtfertigt sich aber mit dem erhofften ethnomethodologischen Erkenntnisgewinn in Bezug auf die interaktive Herstellung sozialer Differenz.

Um das Fremdbild Amirs aus den Perspektiven der verschiedenen Akteure kenntlich zu machen, wird das Datenmaterial getrennt präsentiert: die Sicht der Beobachterin des Schulalltags, die Sicht der Peers aus den Leitfadeninterviews, die Sicht der Lehrerin. In der Zusammenfassung werden dann die verschiedenen Perspektiven in Beziehung gesetzt. Als Anhang folgen aus dem Interview mit Amir einige Angaben zu seinem Herkunftsmilieu und seiner Alltagspraxis; sie dienen als Referenzrahmen für die Deutung der Beobachtungen und der *doing difference*-Prozesse der schulischen Akteur/innen.

## 4   Das Fallbeispiel Amir

### 4.1   Amir im Schulalltag aus der Sicht der Beobachterin

Im Folgenden werden aus den Feldnotizen einzelne Szenen des Schulalltags, in denen der Junge die Aufmerksamkeit der Lehrerin oder seiner Mitschüler/innen auf sich gezogen hat, dargestellt.

Schon verschiedene Kinder sind am zweiten Schultag im individuellen, aber für alle sichtbaren Sanktionssystem (vier an einer Schnur übereinander hängende farbige Smileys) von Grün über Gelb auf Orange gesetzt worden. Auch Amir macht sich immer wieder mit Schwatzen bemerkbar. Jetzt verschiebt die Lehrerin seine Klammer auf den roten Smiley, die oberste Stufe. Laute des Entsetzens gehen durch die Klasse; diese Maßnahme wird als ein starkes Zeichen empfunden. Amir ist der erste Schüler, dem dies widerfährt. Er ist scheinbar unbeeindruckt (FN, S. 9).

Diese Dokumentation des Fehlverhaltens einzelner Kinder visualisiert in der Klassenöffentlichkeit eine rigorose Norm: Wer sich nicht an die Regeln hält, welche die Lehrerin aufgestellt hat, wird bestraft. Damit wird symbolisch eine Differenz hergestellt zwischen angepassten und weniger angepassten Schüler/innen. Zu Beginn jedes Halbtags werden alle Kinder wieder nach unten auf die grüne Scheibe gesetzt; der Sortierungsprozess nach schulischem Wohlverhalten beginnt von neuem, zeigt aber schon bald gewisse Regelmäßigkeiten. Man weiß als Klassenkamerad/in, wer häufig „oben" ist.

Am Anfang der Stunde, zwei Wochen später, ereignet sich folgende Szene:

> Die Lehrerin schlägt auf den Gong. Alle Kinder setzen sich gerade auf, kreuzen die Arme und warten. Einige rufen: „Amir!" weil er noch nicht bereit ist. Die Lehrerin aber korrigiert die Kinder und erklärt: „Halt, wenn jemand noch nicht bereit ist, dann müsst ihr das nicht rufen; dann sage *ich* das." (FN, S. 27)

Die Zwischenrufe der Kinder zeigen, wie sehr sie die Klassenregeln schon verinnerlicht haben; sie überwachen sich gegenseitig und mahnen den Fehlbaren. Mit der Intervention moniert die Lehrerin ihre Autorität im schulischen Diskurs: Sie stellt nicht nur die sozialen Normen auf, sondern beansprucht auch das Monopol über deren Kontrolle. Mit diesem *doing difference* reproduziert sie das institutionelle Machtgefälle und definiert zugleich die Schüler/innen als eine Gruppe gleichwertiger Akteur/innen (*undoing difference*).

Eines Morgens, in der vierten Schulwoche, sollen die Kinder im Kreis ihre mitgebrachten Objekte zum Buchstaben „i" zeigen. Als Amir an die Reihe kommt, stellt sich heraus, dass er die Aufgabe vergessen hat. Die Lehrerin bemerkt ernst: *„Das finde ich aber enttäuschend"* und diskutiert mit der Gruppe ausführlich darüber, was man vorkehre, falls man zu Hause die Aufgabe nicht mehr wisse. Später stellt sich heraus, dass auch Phil und Mara kein Objekt dabei haben. Sie werden aber von der Lehrerin mit keiner Bemerkung mehr bedacht, sondern einfach übersprungen (FN, S. 20). Amir hat nicht als Einziger die Hausaufgabe vergessen; aber er hatte Pech, dass er als Erster an die Reihe kam. Für die übrigen Kinder dürfte sich mit der Szene das Bild des fehlbaren Schülers Amir verfestigt und zudem mit einer weiteren Bedeutung verbunden haben: Er hat die Lehrerin „enttäuscht". Damit wird die Sachebene bei der Sanktionierung mit der Beziehungsebene überlagert, d.h. es wird eine neue „Achse der Ungleichheit" (Klinger/Knapp 2007) im *doing pupil* aufgebaut.

In immer neuen Begebenheiten, vor allem in den informellen Zonen des Unterrichts, erleben die Kinder schulische Sozialisation. Die Kommentare der Lehrerin zu einzelnen Vorkommnissen lassen sehr genau erkennen, was von ihr als erfolgreich, organisationskonform, lernfördernd erachtet wird. Daraus dürften die Kinder ein Repertoire des institutionellen Regelwissens ableiten. An dieses sind zugleich ihre Mitgliedschaftsbedingungen geknüpft, welche aber nicht für alle Akteur/innen gleichermaßen verständlich und erreichbar sein dürften. Das verdeutlicht etwa folgende Szene:

Amir trinkt während den Ausführungen der Lehrerin aus seiner Wasserflasche, die alle Kinder auf der Bank stehen haben. Sie bemerkt es und stellt richtig: *„Amir, trinken ist ganz gesund. Aber, wenn ich am Reden bin, möchte ich das nicht."* (FN, S. 13)

Mit ihrer Bemerkung gewichtet die Lehrerin ihre Redebeiträge höher als diejenigen der Kinder. Diese Unterscheidung dürfte von ihnen mit Bezug auf *doing teacher* oder *doing generation* sehr wohl verstanden werden, könnte aber inhaltlich unterschiedlich rezipiert werden, je nachdem, ob die Kinder aus ihrer familiären Alltagspraxis ableiten können, dass das Ausüben einer Nebenbeschäftigung als Missachtung der Autorität Lehrperson zu verstehen sei.

Die Lehrerin konstruiert also Grenzlinien für das richtige Verhalten nicht nur über explizit deklarierte Regeln, welche die Kinder auch abrufen können, sondern führt über die Bewertung von Alltagshandlungen im Unterricht noch subtilere Unterschiede ein, an welchen sich die Erfüllung von Schüler/innennormen bemisst. Das geschieht, indem sie implizit einen schulischen Verhaltenscode zugrunde legt, der einerseits ihre pädagogischen Erfahrungen und ihr Wissen spiegelt, das sich in Form einer institutionellen Praxis verdichtet hat, der andererseits ihrem eigenen Habitus als Angehörige der Mittelschicht entspricht (z.B. Umgangsformen unter dem Label „Anstand"). Damit werden Kinder wie Amir benachteiligt, deren Herkunftsmilieu nicht anschlussfähig ist (vgl. Anhang).

Mit solchen Kommentaren zu Alltagssituationen werden Muster verinnerlicht, welche nicht nur der schulischen Sozialisation dienen, sondern gesellschaftliche Differenzierungen reproduzieren. Es werden für die Akteur/innen Klassifikationen angestoßen (vgl. Bourdieu 1982, 730ff.), so etwa über den oben erwähnten Verhaltenscode, aber auch über unterschiedliche Erwartungshaltungen der Lehrerin in Bezug auf Leistung. Letzteres zeigt sich in einer Unterrichtssequenz gegen Ende des ersten Schuljahres. Die Lehrerin gibt die Resultate aller Kinder bekannt und kommentiert sie öffentlich. Anwesend ist ebenfalls die Heilpädagogin, welche der Klassenlehrperson für zwei bis drei Halbtage in der Woche zur Seite steht.

> „Die Siegerehrung für den Mathetest, den die Kinder so oft wiederholen dürfen, wie sie wollen, ist im Gange. Nach jeder Bekanntgabe wird von der Klasse applaudiert. Nun kommt Amir an die Reihe. Die Lehrerin erklärt ihm, dass er nun auch genügend Punkte habe, um Bronze zu bekommen. Die Heilpädagogin klatscht bei ihm besonders laut und ruft begeistert in den Raum: „Bravo, Amir!" Der Junge zeigt sich erfreut, zögert aber längere Zeit bei der Antwort auf die Frage, ob er nochmals wiederholen möchte. Die Lehrerin kommt ihm schließlich zu Hilfe und meint: „Ja, Amir, ich denke, du kannst ganz zufrieden sein." Darauf willigt er ein, den Test nicht zu wiederholen. Die Ethnographin – auf dem Hintergrund ihrer Unterrichtsbeobachtungen in den Mathestunden – ist erstaunt und flüstert zur Heilpädagogin, die neben ihr steht, ob Amir denn nicht mehr schaffen könnte. Diese meint, das sei schwierig; am Anfang hätten sie ja gedacht, er schaffe es überhaupt nicht in der ersten Klasse. Die Ethnographin erklärt danach ihre Neugier mit der Bemerkung, dass sie ihn im mündlichen Rechnen jeweils als sehr gut eingeschätzt hätte, da er die Resultate immer rasch gewusst habe. Die Siegerehrung geht zu Ende. Bei der Verabschiedung wendet sich die Lehrerin rechtfertigend zur Ethnographin und zur Heilpädagogin, welche ihr soeben deren Zweifel an Amirs Resultat mitgeteilt hat: „Ja, der Amir, der bekäme im mündlichen Rechnen Silber oder sogar Gold, aber schriftlich halt nicht. Er ist einfach zu langsam im Schreiben." Da meint die Heilpädagogin: „Da müsste man wohl sagen: im Mündlich hat Amir Gold, im Test Bronze." (FN, S. 44, 04.07.2008)

Dass Amir aufgrund seines Schreibtempos schlechter beurteilt wird als es seine mathematischen Fähigkeiten erlauben würden, ist nicht einsichtig. Weshalb traut man ihm wider besseres Wissen keine höhere Leistung zu? Orientiert man sich an seiner schwierigen Einpassung in den Schulkontext, oder schwingt etwa ein kulturalistisches Element bezüglich seiner ethnischen Herkunft mit? Wäre demnach das freudige „Bravo" der Heilpädagogin als positive Diskriminierung zu verstehen, weil er es mit Bezug auf seine Sozialisationsbedingungen nicht besser kann? Nach meiner Einschätzung wäre diese Zuschreibung ungerechtfertigt, denn Amir hat in mehreren Situationen auf der Hinterbühne des Unterrichts ein Flair für mathematische Überlegungen bewiesen.

Während die Beobachtungen im Rahmen des Unterrichts vor allem etwas über institutionelle Sortierungsprozesse aussagen, ergeben sie außerhalb davon Hinweise auf Amirs sozialen Ort unter den Peers, wie eine Pausenszene, sechs Wochen nach Eintritt in die erste Klasse, zeigt:

> Andi, Philipp und Luca stehen in der Pause bei Loris und Jan, die unter sich Pokemonkarten tauschen und dabei intensiv verhandeln. Amir tritt herbei und will den Jungen über die Schulter zuschauen; doch er wird von Luca weggestoßen. Ohne

verbal zu reagieren, wendet er sich danach ab und verlässt die Gruppe. Der spannen-
de Tauschhandel geht noch lange weiter. (...) Plötzlich bemerkt Andi, mit Blick hin-
über zum Sandplatz, abschätzig: „Lueg, de Amir spielt mit de Meitli." Da er nicht
die gewünschte Aufmerksamkeit erhält, wiederholt er seine Feststellung: „Lueg, de
Amir spielt mit de Meitli." Da wenden sich die Jungen um und sehen Amir, wie er
mit einigen Mädchen der Klasse Springseil spielt. Sie lachen kurz. Andi unterstreicht seine Bemerkung, die er in abschätzigem Ton vorgebracht hat, indem er eine
Bewertung nachschiebt: „Sooo blöd!" (FN, S. 38f. 05.10.2007)

Die Szene verdeutlicht, wie Amir in der Pause von seinen Peers gleich doppelt
ausgegrenzt bzw. marginalisiert wird: einmal durch die unbegründete Zurück-
weisung in ihrer Gruppe, dann auch durch die Beurteilung der Unangemessen-
heit seiner Beschäftigung. Andi signalisiert mit seiner wiederholten Feststellung
und dem abwertenden Zusatz, dass er es für einen Jungen als ehrenrührig hält,
sich am Mädchenspiel zu beteiligen, was seine Kameraden mit ihrem Lachen
bestätigen. Mit diesem impliziten *doing gender* betreibt er „Borderwork" (vgl.
Thorne 1993, S. 84ff.) zwischen den Geschlechtern und festigt die für seine
Geschlechtsidentität zentrale Setzung: Man spielt nur unter Jungen. Amir wird
durch die Äußerung diskriminiert, was in Anbetracht der Bedeutung, welche die
Differenzkategorie *gender* für die Peers hat, seinem Fremdbild besonders abträg-
lich sein dürfte.

Der Prozess des *doing difference* der Peers gegenüber Amir wiederholt sich
immer wieder, so etwa bei einer Scherzkommunikation unter Jungen in der Gar-
derobe. Amir verfügt nicht über die nötige Rahmungskompetenz (Rahmen im
Sinne von Goffman 1977 als kulturell geteiltes Kontextwissen zur Einordnung
von Situationen), um den Code zu knacken und reagiert daher falsch. Mit solchen Erlebnissen schließt sich der Teufelskreis: Da er nicht integriert ist in die
Peer Group, kennt er diese Form von Späßen nicht. Und weil er sich in einer
solchen Situation machtlos fühlt, ist dies für die Kameraden wiederum ein Sig-
nal, ihn als nicht zugehörig zu identifizieren.

### 4.2 Amir als Klassenkamerad im Fremdbild seiner Schulkameraden

In den Einzelinterviews zeigt sich, dass von einundzwanzig Kindern neun ihren
Kameraden Amir unaufgefordert erwähnen, um erwünschtes Verhalten ex nega-
tivo zu erläutern. Das geschieht in zwei unterschiedlichen Facetten: Amir in
seiner Rolle als Schüler und in seiner Rolle als Peer.

Die Aussagen können thematisch auf folgende Befunde verdichtet werden:
Amir verstößt allgemein gegen schulische Vorschriften. Er kommt öfter zu spät
zur Schule. Er vergisst häufig die Hausaufgaben, was besonders schwer wiegt,

da sie als große Schüler(ehren)pflicht gelten, welche die Erstklässler gern als Differenzierungsmerkmal gegenüber den Kindergartenkindern einsetzen. Amir bringt im Unterricht andere Kinder mit Scherzen zum Lachen. Er spielt den Clown. Amir ist kein „netter Junge"; er ärgert andere Kinder.

Aus dem reichhaltigen Datenmaterial wird exemplarisch auf das Interview mit Jameel eingegangen. Auf die Frage, was denn zu einem „guten Schüler" gehöre, antwortet er:

> Ja: Guet zuelose, und nicht driischwätze, und nicht blöd tun.
> MJ: Was isch das?
> Ja: Also, de Amir tuet immer blöd. Er sagt mir immer „Jameeltschka".
> MJ: Jameel?
> Ja: Jameeltschka. Sagt mir immer Jameeltschka, ich weiß nöd, was das meint. Ich sag immer „Hör uf!" Und er hört nie uf.
> (...)
> MJ: Ich hab gemeint mal, ihr seid Freunde, der Amir und du?
> Ja: Aso, nur im Kindergarten. Aber jetzt tuet er vil blöd. (Interview, 14.03.2008)

Dem positiven Erfordernis, gut aufzupassen, fügt Jameel zwei Verbote an: Man darf nicht dreinschwatzen und nicht „blöd tun". „Blöd tun" illustriert er mit Amirs Vorliebe der Veränderung seines Vornamens. Was er wohl nicht weiß: Bei „Jameeltschka" dürfte es sich um eine grammatikalische Verkleinerungsform des Namens handeln, wie sie im slawischen Raum für Kinder als Kosenamen verwendet wird. Ob Amir das bewusst einsetzt oder einfach Freude am Wortspiel hat, ist nicht bekannt. Bezüglich seiner Beziehung zu Amir meint er, dass sie nur im Kindergarten befreundet gewesen seien. Er doppelt mit der Begründung nach, *„jetzt tuet er vil blöd"*. Amirs nicht konforme Verhaltensweisen bringt er implizit in Verbindung mit der neuen Institution. Will er damit andeuten, dass sich sein Freund in der Schule verändert hat? Individualisiert er somit das Problem? Oder liegt seiner Aussage die Einschätzung zugrunde, dass die veränderten Anforderungen in der neuen Institution, auf welche sein Freund für ihn spürbar anders reagiert als er, zu einer Veränderung ihrer Beziehung geführt haben?

Später im Interview vermerkt er, dass für ihn kein Freund sein könne, wer in der Pause kämpfe. Er nennt vier Jungen seiner Klasse, die das tun, darunter auch Amir. Sich selbst bezeichnet er ausdrücklich als Zuschauer. Als ich ihn daraufhin frage, ob er denn ein bisschen Angst vor diesen Kämpfen habe, meint er:

Ja: Also, nei, ich will eifach der Besten sein.
MJ: Du willst...?
Ja: Ich will einfach der Besten sein.
MJ: Der Beste sein? Und der Beste, der kämpft eben nicht? Meinst du das so?
Ja: Ja.

Jameel bringt mit seiner Erklärung, einfach der Beste sein zu wollen, ein für mich unerwartetes Argument, an dessen Interpretation ich mich herantasten muss. Er bezieht sich mit seiner Bewertung von Kampfspielen in der Pause nicht auf den Referenzrahmen der Peers, wo ein anderer Maßstab zur Konstituierung einer sozialen Ordnung wirksam sein dürfte, sondern auf die Ebene des korrekten Schülerverhaltens, das er als sehr erstrebenswert betrachtet (*doing pupil*). Das könnte seinen Grund haben. Schon mehrmals hat er erlebt, dass Prügeleien unter Peers als missliebige schulische Elemente nach der Pause in der Klassenöffentlichkeit diskutiert und bereinigt wurden. Dies geschah unter der Vorgabe der Lehrerin, respektvoll miteinander umzugehen. Jameel hat offenbar diese Erfahrungen unter der Devise „kämpfen ist schlecht" gleichwertig mit allen anderen Kriterien in seine Konstruktion des „guten Schülers" integriert. Diese wendet er nun auch für die Beurteilung von Kameraden an. Damit geht er auf Distanz zu Amir, seinem ehemaligen Freund.

In seiner Rolle als Peer wird Amir von verschiedenen Kindern ignoriert oder sogar abgelehnt. Auch die Mädchen verübeln ihm Sprachneckereien wie die Verballhornung ihrer Vornamen, mit denen er das „Cross Gender-Chasing" (vgl. Thorne 1993, S. 63-88) in Gang setzen will. Er spielt damit sehr effektiv auf der Skala des sozialen Managements, erzielt aber nicht den erhofften Erfolg. Denn genau die Absicht der Aufforderung zum Spiel untergräbt der Tipp eines Mädchens, den mir Alena erzählt: Man soll den Jungen einfach stehen lassen. Diese Taktik dürfte von der Lehrerin übernommen worden sein. Sie hatte kürzlich mit Bezug auf einen besonderen Sitzplatz im Klassenzimmer, der für Kinder reserviert ist, die sich missliebig verhalten, statuiert: Wer dort sitzt, wird von der Klasse einfach nicht beachtet. Dass es bisher erst Amir war, dürfte die Anwendung des Segregationsmusters auf ihn außerhalb des Unterrichts noch erleichtern. Die Mädchen blockieren seine Neckereien also mit einer legalisierten Ignorierung.

Die Klassenkamerad/innen konstruieren das Fremdbild von Amir auf der Grundlage der Norm des „richtigen" Schülers, deren Koordinaten von der Lehrperson festgelegt sind und weitgehend über das Sanktionssystem kontrolliert werden. Damit wird der Junge Amir seiner individuellen Merkmale enthoben und einem Typ zugeordnet, dem des unangepassten Schülers, der die Normen des Wohlverhaltens unterläuft. Amir wird typisiert und damit auch diskriminiert. Dieses im Unterrichtskontext erworbene Label wird von den Kindern auch in die

Peer Group übertragen; sie lehnen den Jungen mittels derselben Argumente ab. Mit diesem *doing peer while doing pupil* verdoppelt sich die Diskriminierung des Jungen: Amir ist nicht nur der unangepasste Schüler, sondern auch der ungeliebte Kamerad.

### 4.3 Amir als Schüler aus der Sicht der Lehrperson

Die folgenden Ausführungen beziehen sich auf ein fokussiertes Interview mit der Lehrerin (31) am Ende der zweiten Klasse, wo es darum ging, ihre Einschätzung zum Schüler Amir darzulegen.

„MJ: Kannst du dich noch daran erinnern, wie bei dir so das Bild von Amir zustande gekommen ist?
Lehrerin: (lachend) Jaja, sehr gut kann ich mich erinnern. Also, Amir ist einfach so dagesessen mit einem ganz finsteren Gesichtsausdruck, meistens mit einem gesenkten Blick, und hat einem so finster von unten herauf angesehen. Ich habe das Gefühl, er ist schon von zu Hause oder von der größeren Schwester her mit der Haltung gekommen: ‚In der Schule kann ich nur versagen, oder das ist alles schlecht, alles negativ, und da will ich nicht hin, und das kann ich eh nicht.' (...) Er ist mit dieser Haltung gekommen. Er hat alles verweigert, er hat gestört, wo er nur konnte, also dreingeschwatzt und jegliche Arbeitsanweisung, jeglichen Auftrag verweigert. Das hat schon damit begonnen, dass er das Buch nicht unter der Bank hervorgeholt hat, wenn er das sollte. Also, da ist einfach gar nichts ‚gegangen'. Ich musste mich wirklich neben ihn hinsetzen und das Buch hervorholen und das Buch aufschlagen und mit ihm alles zusammen machen, ihm sogar die Hand führen beim Schreiben. Von sich aus hat er nichts gemacht, nichts, außer gestört. (...)
Und er ist auch in die Clownrolle hineingeschlittert. (...)
Was ich bei ihm einfach gesehen habe; er ist einfach wie emotional in einer kleinkindlichen Phase stecken geblieben. Und die hat er dann im Schnelldurchgang durchgespielt in der ersten Klasse. Das war sehr interessant. Also, auch die Art und Weise, wie er eben keine altersgerechte Kommunikation zustande brachte, oder auch Interaktion mit seinen Kameraden, außer einfach in dieser Clownrolle. Konflikte auch: ständig angezettelt, aber sehr hilflos gewesen, diese zu lösen. (...)
Eigentlich gewendet hat es dann, als ich, als ich – wie soll ich das sagen? – als ich es geschafft habe, an ihm auch Seiten zu sehen, die nicht nur einfach mühsam sind, und habe ihm das auch deutlich gezeigt. Dann hat er, dann hat es angefangen eine emotionale Basis zu geben, auf der ich ihn gern haben konnte, und er mich auch. Und jetzt, ähm, will er auch ein guter Schüler sein, weil er das für mich machen möchte. Wobei, das ist natürlich, ähm, das ist ein zweischneidiges Schwert. Also im Moment leistet er in erster Linie für mich, glaube ich, und das kann natürlich, also, es ist nicht ideal, die intrinsische Motivation fehlt halt. (...)

(Ich erzähle, dass ich kürzlich beim zweiten Interview mit Amir auch Sachinteressen wahrgenommen habe: Er möchte z.b. über verschiedene Tiere Vorträge machen und bestellt Bücher in der Schülerbibliothek. Da erinnert sich die Lehrerin an seinen Vortrag:) Ja, das ist sehr erstaunlich, da hatte er sich auch ein großes Sachwissen angeeignet. Und ich hatte wirklich in den ersten paar Wochen, in denen er sich so verhalten hatte, wie wenn da gar nichts ginge, habe ich mir überlegt (lacht), ob er überhaupt normal bildungsfähig sei. – Und das ist er sicher. Er hat einfach von zu Hause keine adäquate Unterstützung." (Interview, 03.07.2009)

Die Lehrerin hat dem Jungen vom ersten Tag an eine antischulische Haltung zugeschrieben, die sie an seinem „finsteren Blick", seiner Arbeitsverweigerung sowie – was für sie am stärksten wiegen dürfte – der Störung ihres Unterrichts festmacht. Der Junge hat für sie ein Problem dargestellt, da er sich nicht anstandslos in ihren Schulkontext einfügen ließ. Wie ich beobachten konnte, wurde sein Verhalten erst dann als positiv etikettiert, wenn er nicht mehr auffiel (vgl. Gomolla/Radtke 2003, S. 178). Seine ablehnende Haltung gegenüber der Schule begründet die Lehrerin psychologisch mit Versagensängsten, die sie in seinem Herkunftsmilieu verortet; seine Schwester habe eben – wie sie später ausführt – „schon viele Misserfolge aus der Schule ‚heimgefahren'". Mit diesem Argument der sozialen Vererbung der antischulischen Einstellung stellt sie indirekt ein ungeschriebenes Kriterium für eine erfolgreiche Einschulung auf. Als einzige Aktivität attestiert sie Amir die willentliche Behinderung des Unterrichtsablaufs. Dieser erste Eindruck, der sich in keiner Weise mit meinen Beobachtungen deckt, scheint bei ihr so dominierend gewesen zu sein, dass er sie ernsthaft an seiner Bildungsfähigkeit zweifeln ließ, wie sie am Schluss der Sequenz belustigt vermerkt.

Die clownesken Einlagen Amirs wie auch die fehlende soziale Kompetenz des Jungen im Umgang mit seinen Kameraden erklärt sie entwicklungspsychologisch. Damit verweist sie implizit auf familiale Sozialisationsdefizite, blendet dagegen die Ebene der sozialen Interaktion in der Schule aus. Seine Spaßeinlagen könnten durchaus als Versuch verstanden werden, angesichts seiner schlechten Positionierung im sozialen System Schulklasse einmal die positive Aufmerksamkeit der Kinder auf sich zu lenken.

In der Rückschau rekonstruiert die Lehrerin, wie sie von der defizitorientierten Sichtweise gegenüber Amir weggekommen sei und es bei ihm mit positiver Verstärkung geschafft habe, eine tragfähige emotionale Bindung aufzubauen. Das Ergebnis, dass er nun ihretwegen gut arbeite, reflektiert sie wiederum kritisch, diesmal mit Bezug auf einen Mangel an intrinsischer Motivation. Sie sieht im Jungen auch künftig kein leistungsbezogenes Entwicklungspotenzial und macht seinen Erfolg vom rücksichtsvollen Verhalten seiner jeweiligen Lehrpersonen abhängig. Dass der Junge es allein geschafft hat, einen interessanten Vortrag vorzubereiten, dürfte ihre anfänglichen Beurteilungsmuster nicht beeinflusst haben.

Das Fazit der Lehrerin zum Schüler Amir lautet: Der Junge ist schon in Ordnung; für seine schulischen Mängel ist eben sein wenig förderliches Herkunftsmilieu verantwortlich (s. Anhang). Dieses kennt sie allerdings nur skizzenhaft, wie sich im weiteren Verlauf des Interviews herausstellt. Von der Mutter eines andern Schülers hat sie erfahren, dass Amir *„nur wenig Spielzeug, vor allem Kriegsspielzeug, ein paar Playmobilfiguren, ein paar Panzer, eine Playstation und Computerspiele, wenig Lego"* besitzt. Es scheint, dass sie mit diesen Angaben zum Spielzeugbestand – die sich nicht mit Amirs Bericht decken – ein pädagogisches Distinktionsmerkmal zu finden glaubt, um die den Eltern zugeschriebene mangelnde erzieherische Kompetenz zu illustrieren. Entsprechende Vorkommnisse im Unterricht stützen diese Deutung, so etwa, wenn die Lehrerin Amir angesichts seiner Müdigkeit vor der Klasse auffordert, zeitig zu Bett zu gehen. Sie greift damit auf den Privatraum Familie zu, wohl in der Überzeugung, dass die Eltern nicht über das nötige Wissen verfügen, den schulischen Anforderungen der Kinder Rechnung zu tragen. Damit wird ihnen implizit ihre Bildungsferne angelastet. Sie kümmern sich zwar *„auf ihre Art um die Kinder"*; sie *„wissen es aber einfach nicht anders"*.

Die Mutter sei liebevoll und willig, aber unfähig, dem Jungen bei seinen Schularbeiten zu helfen oder die Anliegen der Lehrerin umzusetzen. Sie habe zwar die Schulen in der Schweiz besucht, könne jedoch kaum schreiben und nur sehr mühsam Deutsch lesen. Die Lehrerin ist außerdem überzeugt, dass Amir von seiner Mutter, die zurückgezogen lebe, *„sehr stark überbehütet"* werde. Er dürfe nicht ins Freie und sich auch nicht mit andern Kindern treffen. Überbehütetheit durch die Mutter ist ein Argument, das Migranteneltern öfters angelastet wird (Gomolla/Radtke 2002, S. 173).

Den Vater kenne sie überhaupt nicht, wisse auch nicht, was er für eine Rolle in der Familie spiele. Auf meinen Hinweis, dass er gemäß den Angaben des Sohnes das Elternschlafzimmer, eines der drei Zimmer, für sich allein beanspruche, was wohl eine starke Symbolik sei, bemerkt sie gelassen: *„Ja, gut, das ist in dieser Kultur natürlich nicht außergewöhnlich."* Nur in dieser einen Bemerkung lässt die Lehrerin erkennen, dass sie gewisse Vorstellungen bezüglich des ethnisch-kulturellen Herkunftsmilieus von Amir hat, etwa bezüglich eines patriarchal autoritären Geschlechterverhältnisses, das sie als Common Sense unterstellt. Sie hütet sich aber davor, dieses direkt in Zusammenhang mit Amirs Schulerfolg zu bringen. Sie argumentiert vielmehr auf der Ebene mangelnder bildungsbezogener und sozialer Kompetenzen der Mutter, welche sich auf den Erfolg des Sohnes in der Schule sowie seine Rolle in der Peer Group negativ auswirken würden, eine Begründung, die im Übrigen bezüglich des zweiten Punktes durch Goias Analyse der Einflussfaktoren für die soziale Integration von Kindern bestätigt wird: Je höher die Bildung der Mutter, desto integrierter sind die Kinder in den Freundschaftsnetzwerken (vgl. Goia 2005).

Erstaunlicherweise wird eine objektiv bestehende Differenz nie thematisiert: Amirs Mehrsprachigkeit. Sie wird weder als kulturelles Kapital des Jungen anerkannt und als schulische Ressource genutzt, noch als Begründung für die mangelnden Deutschkenntnisse berücksichtigt, die auf Nachfrage sogar ausdrücklich in Abrede gestellt werden: *„Also, er versteht sehr viel. Also: Er versteht eigentlich alles."*

## 5   Zusammenfassung

In diesem Aufsatz ging es darum, soziale Differenzierungsprozesse rund um Amir aufzudecken, um sich seiner Konstruktion als Schüler in den Augen der andern Akteure/innen zu nähern.

Es hat sich herausgestellt, dass Alltagskultur in dieser ersten Klasse vorwiegend eine normative Realität darstellt. Sie tritt den Kindern täglich handlungssteuernd entgegen in Form von Verhaltenserwartungen ihrer Lehrerin. Vom ersten Tag an werden in der beobachteten Klasse Verstöße einzelner Kinder im öffentlich sichtbaren Sanktionssystem der farbigen Smileys dokumentiert und kommentiert. Winker/Degele verweisen in Anlehnung an J. Butler auf „die Wirkmächtigkeit von Diskursen, insbesondere auf die Kraft von sich ständig wiederholender und zitierender sprachlicher Praxis" (Winker/Degele 2009, S. 54). Das kann ich als Teilnehmerin am Schulalltag nur bestätigen; die immer gleichen formelhaften Kommentare, welche die Sanktionierung begleiten, dringen unweigerlich ins Bewusstsein. Jeder dieser Akte stellt einen *doing difference*-Prozess dar, durch den die Lehrerin kraft ihrer Stellung einen Schüler/eine Schülerin für alle sichtbar als Abweichler/in markiert und damit normative Vorstellungen darüber evoziert, wie sich jemand angemessen aufzuführen habe, um anerkanntes Mitglied der Klasse zu sein. Sie orientiert sich dazu an der Norm des angepassten Schülers, der sich ruhig verhält, gut zuhört, nicht dazwischen schwatzt, nicht herumalbert, seine Aufgaben erfüllt, kurz: das Schülersein angemessen repräsentiert (*doing pupil*). Die Identifikation mit der Schüler/innenrolle, die sehr stark über ein *embodiment of pupil* läuft, hat für die Lehrerin den gewünschten Effekt: Sie garantiert einen reibungslosen Ablauf des Unterrichts.

Diskussionen unter Kindern zeigen, dass sie das Sanktionssystem als ein symbolisches Raster verstehen, auf dem sie täglich von neuem gemäß ihrem individuellen Verhalten einen mehr oder weniger guten Platz einnehmen können.

Es wird damit zum Maßstab für die Konstruktion einer sozialen Ordnung innerhalb der Schulklasse; es erzeugt soziale Ungleichheit.

Amirs Verhalten dient im Unterricht immer wieder als Exempel, an dem erläutert wird, was man zu tun und zu lassen habe. So erstaunt es auch nicht, dass die Kamerad/innen in ihren Konstruktionen des idealen Schülers *doing difference* gegenüber dem fehlbaren Jungen vollziehen, während sie sich selbst auf dem sicheren Terrain des richtigen Verhaltens sehen. Was für Amir noch schwerer wiegt: Das an ihm beanstandete Verhalten in der Rolle als Schüler – von den Kindern häufig gefasst unter dem Motto „blöd tun" – dient zugleich als Vorwand für seine Ablehnung als Spielkamerad und Freund. Damit wird die soziale Ordnung der Schulklasse in den Peer-Aktivitäten reproduziert.

Das Bild Amirs, das die Lehrerin hat, ist ebenfalls das Produkt kategorialer Zuschreibungen. Diese treten allerdings nicht so drastisch zutage wie in der Studie von Weber, in der u.a. die ethnischen Stereotypen einer Englischlehrerin gegenüber türkischen Jungen auf der Basis des Intersektionalitätskonzepts analysiert werden(vgl. Weber 2009). Sie sind subtiler und stützen sich auf scheinbar neutral beobachtbare Tatsachen. Leitendes Kriterium für die Einschätzung Amirs ist seine mangelnde Anpassungsbereitschaft an den Unterrichtsalltag *(„Er hat gestört, wo er nur konnte")*. Hier wäre aber unter Umständen nach Erklärungen in Anlehnung an die Befunde von Gomolla/Radtke zu suchen, die aufgrund ihrer Argumentationsanalysen zeigen konnten, dass bei Lehrpersonen „eine enge Verzahnung von kulturbezogenen Attribuierungen in Bezug auf das Kind und Erwägungen in Bezug auf den ungestörten Ablauf des Unterrichts" (Gomolla/Radtke 2002, S. 169) bestehen. Angesichts der sensiblen, nicht diskriminierenden Ausdrucksweise der Lehrerin sind allerdings kulturbezogene Attribuierungen nicht direkt ablesbar. Sie treten jedoch unter entwicklungspsychologischen Argumentationen, die auf dem Hintergrund des familiären Sozialisationsfeldes bzw. der vermuteten Bildungsferne der Eltern platziert werden, gleichwohl in Erscheinung. Den erklärten Defiziten des Schülers, die vor allem in seiner antischulischen Haltung gesehen werden, wird damit sehr diskret eine fehlende Passung zwischen dem Bildungsort Familie und der Institution Schule unterstellt: *„Er hat einfach von zu Hause keine adäquate Unterstützung."* (vgl. kulturelle Passungsthese, Gomolla/Radtke 2002, S. 228f.). Die Lehrerin dürfte sich in der Alltagspraxis nur sehr vage auf ein bruchstückhaftes Wissen über Amirs soziale und ethnisch-kulturelle Herkunft stützen, während sie eine Thematisierung bewusst vermeidet. Die Ausblendung der Strukturkategorie *class* – nicht im Sinne einer reifizierten Herkunftskategorie, sondern mit Bezug auf ein differenziertes Wissen über die außerschulische Alltagspraxis der Kinder unter den betreffenden sozialen Bedingungen – birgt eine gewisse Gefahr, wie die Befunde zeigen: Empirisch nachweisbare Differenzen bezüglich der sozialen Milieus, in denen

Kinder aufwachsen, werden leicht unterschätzt. Diese können aber bei der Rezeption normativer schulischer Setzungen zu neuen Ungleichheiten führen, zumal, wenn sie Bereiche alltäglicher Lebensführung berühren. So ist der Lehrerin nicht bewusst, dass sie durch den an Mittelschichtnormen orientierten impliziten Verhaltenscode, Schüler wie Amir benachteiligt und in der Folge seine Akzeptanz in der Peer Group erschwert. Indem die Kameraden ihn damit als den „Anderen" wahrnehmen, verstärkt sie die Wirkung seiner familiären Bedingungen, die ihm den Aufbau und die Gestaltung von Beziehungen unter Peers verunmöglichen. Die herkunftsbedingte soziale Ungleichheit beim schulischen Lernen repliziert sich in einer herkunfts- und schulbedingten Ungleichheit bei den außerschulischen Aktivitäten. Man könnte von einer ungleichheitsrelevanten Wechselwirkung zwischen Schulkultur und Peerkultur sprechen.

Mit Bezug auf die Eingangsfrage lässt sich festhalten: Luisas *doing difference* gegenüber Amir in der Schlüsselszene ist nicht die Folge einer Ethnisierung des Jungen und steht auch in keinem Zusammenhang mit seiner ethnischen Herkunft. Das Mädchen benutzt den schon oft als fehlbar markierten Kameraden vor allem, um seine eigene Kompetenz vorzuführen. Indem es sich an den normativen Erwartungen des Schülerseins ausrichtet (accountability), produziert es soziale Ungleichheit, bzw. eine Hierarchisierung zwischen jenen, welche die Norm erfüllen und den ‚anderen'. Dass Amir von der Lehrerin auch über kuturalisierende Zuschreibungen – wenngleich verdeckt und nicht in ihrer Absicht – beurteilt wird, ist für die Kinder nicht durchschaubar.

Aus ethnomethodologischer Sicht ist das Fremdbild, das Amir als Schüler in den Augen seiner Lehrerin und seiner Kamerad/innen hat, weniger das Resultat seiner Leistungen und seines Verhaltens als vor allem das Resultat von deren sozial organisierten Klassifikationen. Dieser Befund stützt sich auf eine ethnographische Herangehensweise in der Kombination von Beobachtung und Interview. Unter dem Fokus des *doing difference* wurde versucht, die situative Verwendung von Differenzkategorien auf der Ebene der Interaktionen und der Argumentationen zu erfassen, um damit „das subtile und dynamische Zusammenspiel bei der Hervorbringung der unterschiedlichen kategorialen Identitäten" (Fenstermaker/West 2001, S. 246) nachzuzeichnen. Amir unterliegt als Schüler, als Junge, als Kamerad oder als Kind aus einem bestimmten sozialen Milieu einem mehrschichtigen Normierungsprozess, wobei sich zeigte, dass die Relevanz der Ordnungsmuster je nach Handlungskontext und beteiligten Akteuren variiert. Während im offiziellen Schuldiskurs dieser ersten Klasse die Differenzkategorien *gender, class* und *ethnicity* irrelevant bleiben, ist *gender* auf der Hinterbühne des Unterrichts wie auch in den Peeraktivitäten als Ordnungskriterium sehr präsent. Um den Einfluss aller soziokulturell bedingten Klassifikationen im Schulalltag zu berücksichtigen, wären weitere Sortierungsmaßstäbe denkbar, welche über *doing difference*-Prozesse den sozialen Ort des einzelnen Schülers im Schulfeld bestimmen, so etwa nach Leistungsorientierung oder Beliebtheit in der Peer Group. Gegenstandsbezogen wurde aber hier eine andere Kategorie entdeckt, welche in der Alltagskultur der Schulklasse alle andern überlagert: die durch die Lehrerin machtvoll inszenierte und allen Kindern reflexiv verfügbare Ungleichheitskategorie *pupil*. Sie ist in der interaktiven Praxis der Unterscheidung leitend und wird auf verschiedenen Ebenen symbolisch repräsentiert (über die Sprache, die Orientierung an zeitlichen und räumlichen Vorgaben, in Körpertechniken). Sie generiert so etwas wie eine *community of practice*, welche alle Akteur/innen verbindet. Sich in den alltäglichen Interaktionen performativ als Schüler/in darstellen zu können, gilt wohl für Erstklässler/innen als Beweis dafür, anerkanntes Mitglied der Schulklasse zu sein. Es dürfte für ihre Identitätskonstruktionen bedeutsam sein. Auf diesem Hintergrund ist es auch verständlich, dass Kameraden über *doing peer while doing pupil* beurteilt bzw. im Fall von Amir diskriminiert werden.

Mit der Kategorie *pupil* wird in den sozialen Praxen eine binäre Logik verfolgt: die Unterscheidung „Lehrer - Schüler" wie auch die Unterscheidung „konformer Schüler - nicht-konformer Schüler"; erstere dient der Reproduktion der institutionellen Struktur, letztere ist funktional für die schulische Sozialisation bzw. die Identitätskonstruktionen der Kinder. Im Gegensatz zu andern „Achsen der Ungleichheit" wie *class* oder *ethnicity*, die stärker der Gesellschaft zugerechnet werden, wird *doing pupil* viel eher der individuellen Verantwortung des einzelnen Akteurs angelastet. Im Fallbeispiel Amir scheint es deshalb müßig, über eine allfällige Ethnisierung zu spekulieren, dürfte eine Klassifikation auf dem Hintergrund der Leitdifferenz *pupil* für ihn doch mindestens so belastend und für seine Bildungslaufbahn wohl kaum weniger folgenschwer sein.

## Literatur

Berg, E./Fuchs, M. (Hg.) (1993): Phänomenologie der Differenz. Reflexionsstufen ethnographischer Repräsentation. In: Dies.: Kultur, soziale Praxis, Text. Die Krise der ethnographischen Repräsentation. Frankfurt a.M. S. 11-108.

Fenstermaker, S./West, C. (2001): „Doing difference" revisited. In: Heintz, B. (Hg.): Geschlechtersoziologie. Wiesbaden, S. 236-249.

Fenstermaker, S./West, C. (1995): Doing difference. Gender and Society, 9(1), S. 8-37.

Goffman, E. (1977): Rahmen-Analyse. Frankfurt a.M.

Goia, S. (2005): Gebildete Eltern – aufgeschlossene Kinder? In: Alt, C. (Hg.): Kinderleben – Aufwachsen zwischen Familie, Freunden und Institutionen. Bd. 1. Aufwachsen in Familien. Wiesbaden, S. 99-122.

Gomolla, M./Radtke, F.-O. (2002): Institutionelle Diskriminierung. Die Herstellung ethnischer Differenz in der Schule. Opladen.

Helsper, W. (2008): Schulkulturen – die Schule als symbolische Sinnordnung. In: Zeitschrift für Pädagogik, 54.Jg., Heft 1, S. 63-80.

Klinger, C./Knapp, G.-A./ Sauer, B. (Hg.) (2006): Achsen der Ungleichheit. Zum Verhältnis von Klasse, Geschlecht und Ethnizität. Frankfurt a.m.

Soeffner, H.-G./Hitzler, R. (1994): Hermeneutik als Haltung und Handlung. Über methodisch kontrolliertes Verstehen. In: Schröer, N. (Hg.): Interpretative Sozialforschung. Auf dem Wege zu einer hermeneutischen Wissenssoziologie. Opladen, S. 28-54.

Thorne, B. (1993): Gender Play. Girls and Boys in School. Buckingham.

Weber, M. (2009): Das Konzept „Intersektionalität" zur Untersuchung von Hierarchisierungsprozessen in schulischen Interaktionen. In: Budde, J., Willems, K. (Hg.): Bildung als sozialer Prozess. Heterogenitäten, Interaktionen, Ungleichheiten. Weinheim und München, S. 73-91.

West, C./Zimmerman, D. (1987): Doing Gender. In: Gender and Society, Nr. 1, S. 125-151.

Wimmer, A. (2005): Kultur als Prozess. Zur Dynamik des Aushandelns von Bedeutungen. Wiesbaden.

Winker, G./Degele, N. (2009): Intersektionalität. Zur Analyse sozialer Ungleichheiten. Bielefeld.

## Anhang: Amir und seine Familie (Interview, 10.03.2008)

Das Interview mit Amir fand sieben Monate nach seinem Eintritt in die erste Klasse statt. Er drückte sich inhaltlich leidlich aus, hatte aber Verständnisprobleme und verwechselte dauernd die Pronomen für die beiden Geschlechter.

Amir (7), lebt zusammen mit seiner Schwester (10), seinem Bruder (5 Monate) und seinen Eltern in einer 3-Zimmer-Wohnung im Dorfkern, während seine Klassenkameraden überwiegend in Quartieren an der Peripherie ansässig sind (16 von den 23 Kindern leben in einem Einfamilienhaus). Seine Eltern sind aus Kosovo. Mit ihnen spricht er Albanisch, mit seiner Schwester Schweizerdeutsch. Der Vater ist Magaziner in einem Lebensmittelkonzern, die Mutter nicht berufstätig. Die drei Kinder teilen sich das Schlafzimmer, in dem sie auch spielen. Den Balkon darf Amir als Abstellplatz für seine Fahrzeuge benutzen, einen kleinen Bus, einen Traktor. Er beschäftigt sich meistens allein in der Wohnung. Er geht weder zu Schulkameraden zum Spielen noch kommen welche zu ihm nach Hause. Nur ein 6-jähriger Junge im selben Block, dessen Eltern ebenfalls aus Kosovo sind, ist sein gelegentlicher Spielkamerad. Er bezeichnet ihn als seinen Freund. Einmal hat ihm die Mutter erlaubt, nach draußen zu gehen mit der Ermahnung: *„Ja, aber schön vorsichtig sein. Nur ich und mein Freund."* Amir spielt gerne mit Lego und erklärt mir ausführlich, wie er den Bau einer Garage für seine Autos bewerkstellige, was es da alles zu bedenken gebe. Fasziniert erzählt er auch vom neuen Familienauto, das silbern sei und keinen einzigen Kratzer habe. Er ist stolz auf diese familiäre Errungenschaft. Er durfte dem Vater zusehen, als er die Occasion im Internet gesuchte hatte. Er freut sich darauf, später einmal selber Autofahren zu können wie sein Vater.

Wenn Amir jeweils heimkommt, schaut er zuerst *„ein bisschen Fernseh"*. Während seine Mutter die Mahlzeit zubereitet, legt sich der Vater noch etwas hin. Lustvoll erzählt er eine kürzliche Begebenheit vor der Mahlzeit: *„Und mein Mam hat mir gesagt: ‚Schatz, kannst du Daddy aufwecken?'. Dann hab ich gesagt: ‚Ja, ich tu das'."* Darauf hat der Junge leise die Türe zum Zimmer des Vaters geöffnet, eine Papiertüte aufgeblasen und zerplatzt. Der Vater erschrickt. Aber meine Vermutung, dass er sich darüber geärgert habe, weist der Junge zurück und meint, er hätte gelacht, sein Vater zuerst, danach auch seine Mutter.

Seine Hausaufgaben erledigen Amir und seine Schwester manchmal am Computertisch „in Papis Zimmer" (was sich als das Elternschlafzimmer herausstellt, das aber nur vom Vater genutzt wird, da die Mutter im Wohnzimmer auf einer Matratze schläft, die sie tagsüber im Kinderzimmer deponiert). Sonst setzt er sich auf einen Stuhl im Wohnzimmer, legt sein Schulheft aufs Sofa und schreibt so seine Aufgaben. Die Frage, ob die Mutter bei den Hausaufgaben behilflich sei, beantwortet er zögerlich: *„Ich ... glaub, nein."* (Es stellt sich später heraus, dass die Mutter nur mangelhaft Deutsch kann). Angesprochen, ob zuweilen auch der Vater nachschaue, meint er in vorwurfsvollem Ton:

> „Er fragt nicht, wenn ich die Hausaufgaben richtig mache. Dann hab ich gesagt (mit erhobener Stimme): „Hei, du sollst mal fragen!" Und dann, und dann sage ich, hat sie (er, der Vater) gesagt (betont laut): „Ich bin der Chef!" – (Amir erwidert in seinem selbst gespielten Dialog in aufgebrachtem Ton) „Du bist nicht immer der Chef. Einmal ich, einmal mein Mam, einmal mein Bruder, einmal mein Schwester, nicht nur du, Daddy!"

Die Chefposition seines Vaters erfährt Amir auch darin, dass er ihm, wenn er einmal Fernseh gucke, die Fernbedienung aus der Hand nehme, worauf er zu ihm sage: *„Hei, du sollst mal fragen!"* Das wiederhole er immer und doch höre der Vater nie darauf. Der Vater schalte dann den Fernseher auf die Nummer Eins ein. Er dagegen gehe ins Zimmer von Daddy und spiele dort ein *„bisschen Computer"*. Einmal hat die Mama auch mitgespielt, Bälle zu versenken wie seine Schwester und er. Das hat ihm gefallen.

Über die schulischen Verhaltensregeln weiß er Bescheid: *„Wenn es läutet, dann gehen wir rein. Und wenn sie den Gong geschlagen hat, dann müssen wir Ärm verschränken und zuelose."* Angesprochen auf die Sanktionssysteme der Lehrerin, erwähnt er nur die Liste der Klassensmileys, bei denen es um die Gesamtleistung der Klasse im ruhigen Arbeiten geht. Er freut sich darauf, dass sie die Liste bald voll bekommen; für die Erreichung dieses gemeinsamen Ziels wird nämlich ein Ausflug mit der Klasse in den Zoo oder zum Skifahren in Aussicht gestellt. *„Aber ich hab kein Ski oder kein Snowboard."* Er weiß genau, dass er das auch nicht erhalten wird, malt sich aber aus, wie er über die Piste fliegen würde. Zu den individuellen Smileys will er sich nicht äußern; er scheint von diesen Sanktionen in keiner Weise berührt zu sein.

Zusammenfassend lässt sich festhalten, dass Amirs Alltagspraxis außerhalb der Schule familienzentriert verläuft; sie ist von hierarchischen Strukturen geprägt. Angesichts seiner Darstellung des Vaters ist man geneigt, von einem klassischen Befehlshaushalt zu sprechen, in dem die Wünsche des Sohnes nach demokratischer Mitbestimmung kläglich scheitern müssen. Muster des gemeinsamen Aushandelns werden nicht praktiziert. Interesse oder Unterstützung für schulische Leistungen kann Amir nicht erwarten. Angesichts der geringen Sozialkontakte – er hat keine Schulfreunde und besucht auch keine Freizeitinstitution – steht er nie vor der Herausforderung, seine Aktivitäten und Interessen mit denen der Peers abzustimmen. Sowohl die Möglichkeiten zur Aneignung kulturellen wie auch sozialen Kapitals im Hinblick auf schulische Anforderungen sind beschränkt.

# Interkulturalität in den griechischen Lehrplänen – Eine kritische Betrachtung

*Christos Govaris*

## 1 Problemkontext

Griechenland wandelte sich in den 1990er Jahren, aufgrund der damaligen politischen Ereignisse in Osteuropa, von einem Entsende- zu einem Aufnahmeland von Migranten/innen. Heute leben im Land über 1.000.000 Migranten/innen und ca. 11% der Gesamtschülerpopulation stammen aus Migrantenfamilien. So steht auch das griechische Erziehungssystem seit zwei Jahrzehnten vor der pädagogischen Herausforderung der Pluralisierung der Lernvoraussetzungen seiner Schülerschaft. Es wäre sicherlich verfehlt zu behaupten, dass diese Herausforderung nicht vor der Einwanderungswelle der 1990er Jahre existierte. In Griechenland leben autochthone Minderheiten sowie Remigrantengruppen, die das multikulturelle Profil des Landes mitprägen. Im Zusammenhang mit der Integrationsproblematik der Remigrantenkinder tauchte Anfang der 1980er Jahre der Begriff „Interkulturelle Erziehung" in der wissenschaftlichen Literatur des Landes auf. Gefordert wurden damals der Entwurf und die Realisierung einer Erziehungskonzeption auf der Basis der besonderen sprachlichen Lernvoraussetzungen dieser Gruppe. Erst später, mit der Verabschiedung des Gesetzes zur *„Interkulturellen Erziehung und zur Erziehung der im Ausland lebenden Griechen"* im Jahre 1996, erfolgte im institutionellen Diskurs die Einführung des Begriffs der „Interkulturellen Erziehung". Erklärtes Ziel dieses Gesetzes ist die Gestaltung des schulischen Integrationsprozesses von Migrantenkindern gemäß der Prinzipien der „Interkulturellen Erziehung". Betrachtet man allerdings näher und in kritischer Absicht, was unter dem Begriff „Interkulturelle Erziehung" gemeint ist bzw. unter welchen Voraussetzungen und Bedingungen Interkulturelle Erziehung in der alltäglichen Erziehungspraxis zu realisieren ist, so sind folgende Kritikpunkte hervorzuheben: a) Das Gesetz geht von einem statischen Begriff der „ethnokulturellen Differenzen" aus und schlägt eine Reihe von kulturalistisch orientierten Bildungsmaßnahmen vor, die eher zu einer ideologisch aufgeladenen Reproduktion und Verfestigung anstatt zur Überwindung der in der griechischen Gesellschaft existierenden ethnokulturellen Dichotomisierungen führen würden (vgl. auch Damanakis 1997), b) Interkulturelle Erziehung wird eher als Bildungsangelegenheit von privaten Bildungsträgern definiert, z.B. von Kirchen oder von Minderheitenvereinen, und c) das Gesetz geht davon aus, dass interkulturelle Erziehung ohne Veränderungen im Schulsystem, z.b. auf der Ebene der Lehrpläne oder der Schulbücher, eingeführt werden kann. Insgesamt bieten die Vorgaben des Gesetzes keine ausreichende Grundlage für die Realisierung einer interkulturellen Erziehungskonzeption, die sich gegen die Reproduktion von stereotypen Sichtweisen der Anderen wendet, die soziale Machtasymmetrien reflektiert und die auf die Bedeutung der sich dynamisch entwickelten Pluralität der Sprachen und der Kulturen für die je eigene Identitätsentwicklung der Subjekte eine besondere Rücksicht nimmt.

Die Einführung der neuen fachbezogenen und fachübergreifenden Lehrpläne für die Primar- und Sekundarstufe im Jahre 2003 stellt eine interessante Reaktion des griechischen Erziehungssystems auf die Multikulturalität der Schülerschaft dar. Die neuen Lehrpläne leugnen nicht – wie es der Fall bei den alten Lehrplänen war – die Existenz sprachlicher, kultureller und religiöser Pluralität. Im Gegenteil sie werden charakterisiert durch die Öffnung hin zu den pädagogisch relevanten Entwicklungen in den Bereichen des europäischen Einigungsprozesses, der globalen Migration und der Globalisierung der Kultur. Es handelt sich um Entwicklungsprozesse, die im interkulturellen Diskurs ausdrücklich zur Begründung der Notwendigkeit einer interkulturellen Orientierung bzw. Umorientierung schulischen Lernens herangezogen werden. Für die Schulpraxis ist sicherlich von besonderer Bedeutung, wie die festgestellte Öffnung zur pädagogischen Herausforderung der Multikulturalität in Form von konkreten interkulturellen Lernmöglichkeiten in den Lehrplänen spezifiziert wird.

Im Mittelpunkt dieses Aufsatzes steht die Frage nach den interkulturellen Aspekten und den Lernmöglichkeiten, welche die neuen Lehrpläne bieten. Es werden zentrale interkulturelle Aspekte herausgearbeitet, die zeigen, wie das griechische Erziehungssystem die pädagogische Herausforderung der Migration, der Globalisierung und der Europäisierung behandelt, und welche Erziehungsziele dem pädagogischen Programm der interkulturellen Erziehung zugeschrieben werden.

## 2    Analyserahmen der Untersuchung

Lehrpläne verkörpern „das Bemühen, auf einen Nenner zu bringen, was eine Hochkultur für ihren Kernbestand hält. Lehrpläne sind als Niederschlag der gesellschaftlichen Traditionskultur, als Konstruktion eines gemeinsamen kulturellen Erbes" zu verstehen (Fend 2008, S. 40-41). Nimmt man zur Kenntnis, dass die Erziehungssysteme im Sinne nationalstaatlicher Sozialisationsagenturen organisiert sind, so haben Lehrpläne auch eine politisch-ideologische Funktion zu erfüllen. Lehrpläne sind also als Konstruktionen staatlicher Bildungsvorstellungen und staatlicher Identitätspolitik aufzufassen und zu analysieren. So ist aus interkultureller Sichtweise von Interesse, danach zu fragen, welche kulturellen, sprachlichen oder religiösen Differenzlinien die Lehrpläne als relevant für die Reproduktion der je eigenen nationalen und kulturellen Identität definieren.

Für die Herausarbeitung und Systematisierung der interkulturellen Aspekte in den Lehrplänen dient uns ein Analyserahmen, der sich auf die Vorschläge von Hohmann (1987 und 2005) und Auernheimer (2006) zur Kategorisierung der Ansätze interkultureller Erziehung beruft. Hohmann unterscheidet zwischen begegnungs- und konfliktpädagogischen Ansätzen. In den begegnungspädagogischen Ansätzen geht es darum, die fremde Kultur in einer harmonischen Atmosphäre kennen zu lernen, was zu einer Bereicherung und Erweiterung der eigenen Sichtweisen führen kann (vgl. Hohmann 1987, S. 103). Im Gegensatz dazu betonen konfliktpädagogische Ansätze die Notwendigkeit der Beseitigung von Barrieren, die der Entwicklung einer multikulturellen Gesellschaft im Wege stehen. Konkreter geht es um die Bekämpfung von Vorurteilen, Diskriminierung und Rassismus, den Abbau von sozialen Machtasymmetrien und die Herstellung von Chancengleichheit (Hohmann 2005, S. 34).

Nach Auernheimer (2006, S. 35) ist innerhalb des Diskurses „Interkulturelle Pädagogik" nach Intentionalität und Thematik zwischen mehreren Ansätzen zu unterscheiden. Er fokussiert sich nur auf jene, für die die Begriffe der Anerkennung und der Gleichheit eine unterschiedlich gewichtete Rolle spielen. Er differenziert zwischen (a) dem Ansatz der multiperspektivischen Allgemeinbildung, (b) dem Ansatz der antirassistischen Pädagogik und (c) dem Ansatz der Förderung interkultureller Kompetenz. Sowohl im ersten wie im dritten Ansatz kommt dem Begriff der Begegnung eine wichtige Rolle zu. Sein Inhalt jedoch wird aus einer kritischen Perspektive bestimmt, die insbesondere auf den Machtaspekt bzw. auf die Asymmetrie der sozialen Beziehungen in den multikulturellen Gesellschaften Rücksicht nimmt. Der antirassistische Ansatz ist inhaltlich dem Konfliktansatz ähnlich.

Anhand der Ausführungen von Auernheimer kann man im Begegnungsansatz zwischen folgenden, in sich entgegengesetzten Hauptrichtungen unterscheiden: Begegnung kulturalistischer Prägung vs. Begegnung kritisch-reflektiver Prägung. Begegnungsansätze kulturalistischer Prägung betonen das Moment der Bereicherung der eigenen Kultur durch das Aufgreifen „attraktiver Elemente der Fremdkultur" (Auernheimer 2006, S. 36). Der kulturalistisch geprägte Begegnungsansatz beruht auf einer Auffassung von Kultur im Sinne eines statischen Gebildes sowie auf einem dichotomisierenden *Wir-Sie-Denken*. Im kritisch-reflektiven Begegnungsansatz spielt der Gedanke der Bereicherung durch interkulturelle Begegnung gar keine Rolle. Begegnung bedeutet „Bewusstseinsbildung durch Wissensvermittlung und Konfrontation mit anderen Kollektivgeschichten, Weltbildern, Lebensweisen oder Sprachen" (ebd., S. 35). Begegnung mit dem Anderen ist als Prozess der Dezentrierung unserer Weltsicht, der Konfrontation mit dem Konstruktionscharakter unserer Bilder über die Anderen und der Entwicklung von Empathie für den Anderen aufzufassen (ebd., S 36).

Unsere anfangs gestellte Forschungsfrage kann auf der Grundlage dieses Analyserahmens wie folgt formuliert werden: Inwieweit sind die interkulturellen Aspekte der Lehrpläne dem kulturalistischen Begegnungsansatz oder dem kritisch-reflektiven bzw. antirassistischen Ansatz zuzuordnen?

Im Rahmen dieser Untersuchung wird nur der allgemeine Teil der Lehrpläne analysiert. Darin wird der allgemeine Bildungsauftrag der Schule unter dem Aspekt gegenwärtiger Entwicklungen im nationalen wie im internationalen Kontext beschrieben und begründet – sowie die Lernziele des Fachlehrplans „Griechische Sprache" in der Volksschule.

## 3 Die interkulturelle Orientierung in den Lehrplänen – Eine erste Annäherung

In den alten Lehrplänen stellte ausschließlich der nationale Kontext den einzigen Bezugsrahmen für die Formulierung und Begründung des Bildungsauftrags der Schule. In den neuen Lehrplänen wird zusätzlich auch Bezug auf die aktuellen Entwicklungen im internationalen Kontext genommen. Durch die Öffnung hin zu den internationalen Entwicklungen wird der Versuch deutlich, den Bildungsauftrag des Bildungssystems im Zusammenhang mit den globalen Verhältnissen und Entwicklungen neu zu definieren. In der Beschreibung und Begründung des Bildungsauftrags der Schule werden verschiedene Prozesse – wie *Internationalisierung der Kultur und der Globalisierung der Ökonomie* – explizit und bezüglich ihrer Relevanz für den Erziehungsprozess thematisiert und zwar im Sinne von Entwicklungen, auf die sich der Erziehungsprozess beziehen muss, um seine Effizienz und Qualität zu steigern. *Multikulturalität* wird nicht nur als ein neues Merkmal des sozialen Umfeldes der Schule beschrieben. Ebenfalls wird die pädagogische Bedeutung von Multikulturalität anerkannt: Sich gegen Phänomene von Xenophobie, Rassismus und die Durchsetzung von Monokulturalität zu wehren, werden explizit als zentrale Erziehungsziele programmatisch genannt. Allerdings „provoziert" diese Zielformulierung – sich gegen Monokulturalität zu wehren – eine Frage, die für die Bestimmung der interkulturellen Aspekte in der weiteren Diskussion von Bedeutung ist: Was bedeutet genau „sich gegen die Durchsetzung von Monokulturalität" zu wehren? Bedeutet es etwa, sich gegen

Entwicklungen zu stellen, die die globale Vorherrschaft eines einzigen Kultur-modells vorantreiben sowie gegen Entwicklungen, die innerhalb des eigenen Landes die kulturelle Assimilation der Migranten forcieren? Wird damit also der Anspruch formuliert, dass Schule von der dominanten Assimilationsorientierung Abschied nehmen soll?

Im Unterkapitel „Allgemeine Grundsätze der Erziehung" wird der Bil-dungsauftrag der Schule in der multikulturellen Gesellschaft genauer spezifiziert. Der Erziehungsgrundsatz „Förderung der kulturellen und sprachlichen Identität in der multikulturellen Gesellschaft" wird wie folgt beschrieben:

> „Die Zusammensetzung der griechischen Gesellschaft befindet sich in einem perma-nenten Wandel; sie wird pluralistischer durch die Präsenz von Individuen und Trä-gern differenter Sprachen und Kulturtraditionen. (...) Diese Situation kann als posi-tiv bewertet werden im Sinne der Revitalisierung der herrschenden Kulturtraditio-nen. (...) Eine problemlose soziale Integration eines jeden Individuums setzt die Entwicklung der Kommunikationsfähigkeit mit der sozialen Umwelt voraus, nicht nur in der Muttersprache, sondern auch in anderen Sprachen sowie den Erwerb von Wissen über die Geschichte und die Kulturtradition sowohl der eigenen als auch der anderen ethnischen, religiösen und kulturellen Gruppen. (...) Gleichzeitig muss aber das Individuum seine eigene nationale und kulturelle Identität bewahren auf der Grundlage einer nationalen, kulturellen, sprachlichen und religiösen Erziehung. Es gehört zu den erklärten Hauptzielen der Europäischen Union den besonderen Cha-rakter eines jeden nationalen Erziehungssystems zu schützten und Pluralität der Na-tionen zu akzeptieren". (Ministerium für nationale Bildung und Religionen 2003)

In diesem Textteil sind folgende Punkte von Bedeutung:

▪ Die Anerkennung der Multikulturalität als eine bedeutende Entwicklung der europäischen Gesellschaften und die positive Akzentuierung der sprachli-chen und kulturellen Pluralität untermauern die bildungspolitische Absicht, interkulturelles Lernen im Schulwesen einzuführen und zu etablieren. Gleichzeitig ist aber anzumerken, dass die Begriffe „Interkulturelle Erzie-hung" und „Interkulturelles Lernen" explizit nicht erwähnt werden. Das Feld interkulturelles Lernen wird also indirekt thematisiert. Seine Inhalte werden vorwiegend durch die Begriffe „Akzeptanz der" und „Respekt vor" den Anderen bestimmt. Halten wir also folgendes fest: Die neuen Lehrpläne scheinen, wenn auch in einer sehr allgemeinen Weise, der Forderung einer interkulturellen Orientierung der Bildung und Erziehung nachzukommen.

▪ Kulturelle Pluralität wird als eine positive Entwicklung gewertet, weil sie zur Revitalisierung der eigenen Kulturtraditionen beitragen kann. Es spie-gelt sich hier die Hauptthese des Begegnungsansatzes kulturalistischer Prä-gung wider, wonach der kulturelle Austausch zur Bereicherung der eigenen

Kultur führen kann. Gleichzeitig wird Multikulturalismus als Ethnopluralismus verstanden und unterschwellig die dichotomisierende *Wir-Sie-Denkweise* adaptiert.

- Als Hauptziele interkulturellen Lernens werden die „Entwicklung der Kommunikationsfähigkeit" in der Muttersprache sowie in anderen Sprachen und der Erwerb von Kenntnissen über die anderen ethnischen, religiösen und kulturellen Gruppen genannt. Diese Sichtweise interkulturellen Lernens ist auch dem kulturalistischen Ansatz zuzuordnen. Die Essentialisierung kultureller Differenzen zwischen der eigenen und der fremden Welt führt zur Konstruktion einer Realität, in der die Lebenspraxis der Migranten/innen als eine abhängige Variable ihrer kulturellen Vergangenheit erscheint. Indem aber die Bindung der individuellen Lebenspraxis an die gesellschaftliche Gegenwart ignoriert wird, gerät der subjektive Sinn interkultureller Kommunikation und interkulturellen Lernens völlig aus dem Blick. Die Fixierung interkulturellen Lernens auf eine statisch verstandene Andersartigkeit der Anderen – interkulturelles Lernen wird als Erwerbprozess von Kenntnissen über die Anderen definiert – blendet die Realität der Machtasymmetrien in den sozialen Verhältnissen der multikulturellen Gesellschaft aus und verschweigt damit die Eingebundenheit interkulturellen Lernens in die sozialen Voraussetzungen der interkulturellen Begegnungen. Wir begegnen den Anderen nicht unvermittelt, sondern immer auf der Grundlage vorhandener, meist geschichtlich überlieferter Erzählungen über ihn.

- Unter Berücksichtigung des europäischen Einigungsprozesses wird als weiteres Ziel die Förderung des Bewusstseins des europäischen Bürgers genannt, im Sinne der Vorbereitung auf das Zusammenleben im multikulturellen Raum Europas. Es wird zugleich aber das Ziel der Förderung und Bewahrung der eigenen nationalen und kulturellen Identität hervorgehoben. Nationale Identität und europäische Bürgeridentität scheinen nicht in einem komplementären Verhältnis zu stehen. Es zeichnet sich bereits hier eine Ambivalenz ab, die für den gesamten Text charakteristisch ist: Multikulturalität wird als Zukunftsvision (gemeinsames Europa) und als Bereicherungsmöglichkeit des Eigenen begrüßt und zugleich als (mögliche) Bedrohung für den Verlust der eigenen Identität wahrgenommen. Aufgrund dieser Ambivalenz wird interkulturelles Lernen innerhalb eines Spannungsfeldes lokalisiert, das durch die entgegengesetzten Momente der Bereicherung und der Bedrohung des Eigenen charakterisiert wird. Es bleibt ungewiss, wie diese Spannung im Unterricht gelöst wird.

**4 Interkulturelle Aspekte in den Fachlehrplänen „Griechische Sprache"**
**und „Neugriechische Literatur"**

In den Fachlehrplänen der griechischen Sprache und der neugriechischen Literatur sind aus interkultureller Perspektive folgende Lernziele von Bedeutung:

a.  „Verständnis entwickeln für die Bedeutung und die Rolle der Sprache als Kulturträger jeden Volkes, sowie für die Tatsache, dass die Interaktionen zwischen den Völkern in ihren Sprachen sich niederschlagen. (...) Darüber hinaus sollen die Schüler und Schülerinnen respektvoll mit der Sprache und mit den kulturellen Werten anderer Völker umgehen lernen (...) und sich auf das Zusammenleben im multikulturellen Europa vorbereiten" (Fachlehrplan der griechischen Sprache für das Gymnasium, 3778).

b.  „Was den ausländischen, in der Schulklasse integrierten Schüler betrifft, so soll er durch die griechische Sprache die griechische Kultur erfahren und eine positive Einstellung zur ihr entwickeln" (Fachlehrplan der griechischen Sprache für die Volksschule, 3749).

c.  Eine „positive Auffassung entwickeln für die aktuelle multikulturelle und multiethnische Gesellschaft, sowie für die Gleichwertigkeit der Weltkulturwerke. (...) Die Schüler sollen das Phänomen der Migration verstehen in seiner diachronen Dimension und sich der Pluralität der Welt bewusst werden (...) sowie in der Lage sein, ihre Identität zu verstehen auf der Grundlage der Erfahrung und des permanenten Vergleichs mit anderen Wert- und Traditionssystemen" (Fachübergreifender Lehrplan Neugriechische Literatur, 3798).

„Interkulturelles Lernen" wird als Lernen über die anderen Völker und deren Sprachen definiert bzw. als Erwerb von Wissen über den bereits in der Geschichte stattgefundenen kulturellen und sprachlichen Austausch. Dominant bleibt auch hier der ethnopluralistische Blick, der weder die gesellschaftliche noch die individuelle Mehrsprachigkeit thematisiert und zur Grundlage interkultureller Kommunikation und interkulturellen Lernens erklärt. Auf Mehrsprachigkeit als ein Phänomen, das sehr stark (auch) im Zusammenhang mit der Entwicklungsdynamik multikultureller Gesellschaften sowie mit der Entwicklung persönlicher Identitäten in multikulturellen Verhältnissen steht, wird also nicht eingegangen. Die Gleichsetzung „ein Volk – eine Sprache" blendet somit die Sprach- und Kulturrealität nicht nur der Migrantenkinder aus. Insgesamt bleibt der Blick auf diese Kinder sehr begrenzt, wenn nicht irreführend. Weder auf ihre Mehrsprachigkeit noch auf die Pluralität ihres kulturellen Kapitals, das in den allgemeinen Zielformulierungen als Bereicherungsgrundlage dargestellt wird, wird eingegangen. Stattdessen wird an sie, indirekt aber sehr deutlich, eine sprachliche wie kulturelle Assimilationsforderung formuliert. Das Bereicherungspotential der „ausländischen" Sprachen tritt nicht in Erscheinung. Im Gegensatz: Durch die Aufforderung an die Migrantenkinder, sich auf die griechische Sprache zu konzentrieren, wird Mehrsprachigkeit indirekt als Integrationshindernis gedeutet. Es ist darüber hinaus als äußerst problematisch zu bewerten, dass zwischen einheimischen und „ausländischen Schülern" als Zielgruppen interkulturellen Lernens getrennt wird. Die einheimischen Kinder werden zum respektvollen Umgang mit der Andersartigkeit aufgefordert, die Migranten/innen dagegen zur Anpassung an die „sprachliche" Realität bzw. einsprachige „Realität" des Landes.

Diese Trennung entspricht allerdings der bereits festgestellten kulturalistischen Orientierung bzw. der dichotomisierenden *Wir-Sie-Denkweise*.

Das Ziel der Anerkennung der anderen Sprachen und der anderen Identitäten ist zunächst relevant. Problematisch wird allerdings dieses Ziel, wenn das zu Grunde gelegte Anerkennungskonzept nicht zwischen Gruppe und Individuum unterscheidet bzw. die persönliche Identität als Produkt der Gruppenidentität versteht. In diesem Fall steht die geforderte Anerkennung der Anderen – in unserem Fall die Anerkennung der anderen Sprachen – in der Gefahr der Dynamisierung von bereits existierenden Kulturalisierungsprozessen. Dieser Gefahr der Stereotypisierung sind die Lehrpläne ausgesetzt, wenn sie z.B. als Ziel interkulturellen Lernens den (voraussetzungslosen) Vergleich mit anderen Werte- und Traditionssystemen nennen bzw. an die Schüler die Forderung stellen, der eigenen Identität durch permanente Vergleiche mit anderen Kulturen bewusst zu werden.

Notwendig ist dagegen eine Anerkennungspraxis, die nicht die Nationalität, sondern die besondere Lage der Migrantenkinder in Griechenland zum Ausgangspunkt macht. In diesem Sinne bedeutet Anerkennung die Beachtung der Individualität der Migrantenkinder bzw. der Versuche dieser, eine individuelle Identität in kritischer Distanz zum ethnischen Diskurs der Erwachsenen zu konstruieren und zu präsentieren. Indem aber diese Aspekte gar nicht wahrgenommen werden, wird die Gefahr deutlich, Migrantenkinder nur als Repräsentant/innen der kulturellen Herkunft ihrer Eltern im Unterricht zu stilisieren und dadurch in Stereotypen und realitätsfernen Differenzen gefangen zu halten.

Zusammengefasst kann behauptet werden, dass die von den Lehrplänen anvisierten interkulturellen Ziele eine die Realität verzerrende Abstraktion darstellen. Es fragt sich, warum der Blick nur auf das multikulturelle Europa gelenkt wird und nicht auch auf das multikulturelle Griechenland. Es fehlt also ein klarer Bezug zur aktuellen Multikulturalität der griechischen Gesellschaft und auf die für diese Realität charakteristischen sozialen Verhältnisse. Punkt c. (siehe oben) verdeutlicht zum Beispiel Folgendes: Die Auseinandersetzung mit dem Phänomen der Migration wird als Lernziel genannt. Ein genauerer Blick auf die entsprechenden Inhalte macht aber deutlich, dass es dabei ausschließlich um die Geschichte der griechischen Migration geht. Demgegenüber taucht die Migration nach Griechenland als Thema nicht auf. Es ist daher zu vermuten, dass diese Abkopplung interkulturellen Lernens von den realen sozialen Verhältnissen und insbesondere von der Lebensrealität und den Lernbedürfnissen der Subjekte für den interkulturellen Lernprozess im multikulturellen Klassenzimmer nicht förderlich sein kann.

## 5   Fazit

Eines der Grundmotive der Lehrplanreform war die Notwendigkeit, den Bildungsauftrag der Schule an die sich veränderten Bedingungen sowohl im nationalen wie im internationalen Kontext anzupassen. Die Öffnung zum internationalen Kontext stellt ein Novum in der griechischen Erziehungsrealität dar und kann nur als eine positive Entwicklung bewertet werden. Als positiv ist auch die Tatsache zu bewerten, dass Entwicklungen wie die der Migration und der Multikulturalität in ihren pädagogischen Bedeutungen für die Formulierung des Bildungsauftrags der Schule anerkannt werden. Auch wenn die Begriffe der interkulturellen Erziehung und des interkulturellen Lernens nicht explizit genannt werden, so konnten wir interkulturelle Aspekte in den Lehrplänen nachweisen. Unsere Analyse hat allerdings auch auf eine negative Entwicklung hingewiesen, nämlich auf die Dominanz der kulturalistischen Orientierung. Dies führt dazu, dass Pluralität nur im Sinne eines an sich dichotomisierenden Ethnopluralismus verstanden und propagiert wird und interkulturelles Lernen von seinen sozialen Bezügen bzw. den realen Lebensverhältnissen und Lernbedürfnissen der Beteiligten abgekoppelt wird. Die Lehrerfortbildung ist eine Möglichkeit auf die hier kurz dargestellten Probleme sowie auf Überwindungsmöglichkeiten dieser hinzuweisen. Die Verbreitung des interkulturellen Diskurses im Wissenschaftsbereich und das rege Interesse der Lehrer/innen an Fortbildungsseminaren interkultureller Erziehung lassen hoffen, dass der kritisch-reflexive Ansatz auch im Klassenraum an Bedeutung gewinnt. Dies wäre allerdings durch empirische Forschung zu prüfen.

## Literatur

Auernheimer, G. (2006): Gleichheit und Anerkennung als Leitmotive Interkultureller Pädagogik. In: Tanner, A./Badertscher H./Holzer, R./Schindler, A./Streckeisen, U. (Hg.): Heterogenität und Integration. Seismo Verlag, S. 29-45.

Damanakis, M. (1997): Erziehung von remigrierten und ausländischen Schülern in Griechenland. Gutenberg Verlag (Griechisch).

Fend, H. (2008): Schule gestalten. Systemsteuerung, Schulentwicklung und Unterrichtsqualität. VS Verlag.

Hohmann, M. (1987): Interkulturelle Erziehung als Herausforderung für allgemeine Bildung? In: Vergleichende Erziehungswissenschaft 17, S. 98-115.

Hohmann, M. (2005): Interkulturelle Erziehung als Herausforderung für allgemeine Bildung. In: Gogolin, I./Krüger-Potratz, M./Kuhs, K./Neumann, U./Wittek, F. (Hg.): Migration und sprachliche Bildung. Waxmann Verlag, S. 29-46.

Ministerium für Nationale Bildung und Religionen: Pädagogisches Institut (Hg.) (2003): Fachübergreifende Rahmenpläne und Fachlehrpläne. Band 1. Athen (Griechisch).

Regierungszeitung, Blatt 124/17.6.1996: Gesetz 2413 „Griechische Bildung im Ausland und Interkulturelle Erziehung". Athen (Griechisch).

# Kinder mit Migrationshintergrund in der finnischen Schule!? Ein Bildungssystem im Wandel?

*Wiebke Hortsch*

„Noch nie waren weltweit so viele Menschen *bereit*, aufgrund von Kriegen, Umweltkatastrophen, Bürgerkriegen und anderen Bedrohungen *gezwungen* und aufgrund der technologisch bedingten Veränderung von Raum und Zeit *in der Lage*, ihren Arbeits- und Lebensmittelpunkt, sei es vorübergehend oder auf Dauer, zu verändern: Wir leben im Zeitalter der Migration" (Castles/Miller 1993, zit. nach Mecheril 2004, S. 7).

Mit dem auf Finnland gerückten Fokus dieses Beitrags, steht kein klassisches Einwanderungsland wie die USA, Kanada oder auch das defacto Einwanderungsland Deutschland im Mittelpunkt, sondern mit Finnland ein Land, das Robert G. Kaiser in seinem Blog der Washington Post[1] 2005 als „a nation of mostly blond ethnic Finns" beschrieb (Kaiser 2005).

Um an diese Aussage anzuknüpfen, soll zunächst der Frage der Migration nach Finnland nachgegangen werden (1). Ausgehend von den curricularen und strukturellen Bedingungen der finnischen Schule wird anschließend die Beschulung von Kindern mit Migrationshintergrund betrachtet (2). Darüber hinaus wird anhand von ethnographischen Beobachtungsprotokollen[2] auf den Alltag in einer finnischen ersten Klasse eingegangen und damit der Übergang in die Schule fokussiert (3). Auf Grundlage dieser Erkenntnisse soll in einem zusammenfassenden Ausblick, der sowohl die curricularen Bedingungen wie auch die beobachteten Alltagspraktiken berücksichtigt, gefragt werden, ob und wenn ja, wie

---

1    Dieses Zitat entstammt einem Blog Robert G. Kaisers und Lucian Perkins, der im Sommer 2005 ihre Reise durch Finnland begleitete. Ziel dieser Fahrt war es unter anderem, der Frage nachzugehen, weshalb ein so selten wahrgenommenes und zudem kleines Land über eins der erfolgreichsten Bildungssysteme verfügt (vgl. u.a. http://blogs.washingtonpost.com/finland diary/).

2    Die Beobachtungsprotokolle entstammen einer ethnographischen Feldstudie bzw. Teilstudie des HeLiE-Projekts („Heterogenität und Literalität im Übergang vom Elementar- in den Primarbereich im europäischen Vergleich"). Es handelt sich um ein institutionsübergreifendes und ländervergleichendes Forschungsprojekt, das seit 2006 unter der Leitung von Argyro Panagiotopoulou und unter Mitarbeit von Nadine Christmann, Kerstin Graf und Wiebke Hortsch durchgeführt wird (vgl. Panagiotopoulou/Graf 2008). Zur genaueren Beschreibung der Feldstudie siehe Abschnitt 3.

auf einer curricularen wie auch pädagogischen Ebene „die finnische Schule" auf die migrationsbedingte Heterogenität der Schülerschaft eingeht und damit indirekt auf die Bildungschancen der Kinder Einfluss nimmt (4).

**1    Die Entwicklung der Migration nach Finnland oder „a nation of mostly blond ethnic Finns"?**

Das 1917 unabhängig gewordene Finnland, mit seinen 5.326.314 Einwohnern (Ende 2008) (vgl. Statistics Finland 2009), ist bis vor wenigen Jahrzehnten eher als Auswanderungsland, denn als Einwanderungsland zu beschreiben gewesen (vgl. Institute of Migration 2003). Auch wenn der Migranten/innenanteil im Vergleich zu anderen Ländern mit lediglich ca. 2,2% (vgl. Statista 2009) nach wie vor als gering zu bezeichnen ist, ist in den vergangenen 20 Jahren eine Veränderung zu beobachten (vgl. Abb. 1).

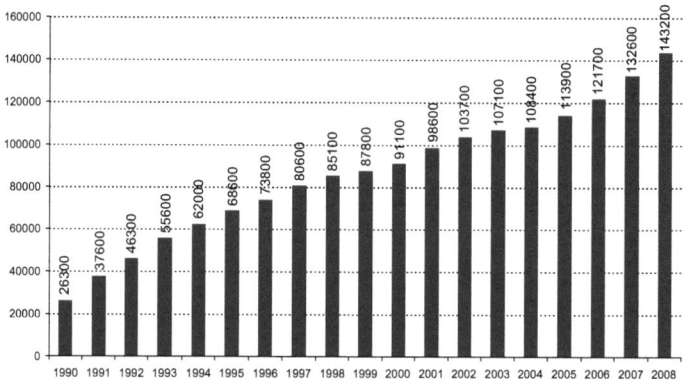

*Abbildung 1:*    Foreign citizens in Finland 1990-2008

Wie in Abbildung 1 zu sehen ist, hat sich die Zahl der Migranten/innen in Finnland in nicht einmal 20 Jahren mehr als verfünffacht – von 26.300 im Jahr 1990 auf 143.200 im Jahr 2008. Den Großteil der im Jahr 2008 in Finnland lebenden Migranten/innen stellten Menschen aus Ländern der ehemaligen Sowjetunion. Ihnen ist zum größten Teil ein „Zuzug aufgrund finnischen Ursprungs" (bpb 2003) möglich – was mit dem Zuzug deutscher Spätaussiedler/innen nach Deutschland vergleichbar ist. Die Fluchtmigration stellt demgegenüber einen eher geringen Anteil: 2008 wurden von 1995 gestellten Asylanträgen 785 positiv entschieden (FIS 2009). Darüber hinaus nimmt Finnland jährlich eine Quote von Flüchtlingen auf, deren Zahl zwischen den Jahren variiert: 2009 wurden 727 Menschen aufgenommen (FIS o.J.). Ferner ist die Arbeitsmigration, über die im Jahr 2009 ca. 3000 Menschen nach Finnland migrierten sowie der Zuzug von ca. 4000 Student/innen im Jahr 2009 zu erwähnen (FIS 2010).

*Abbildung 2:*     The Foreign Population in Finland 1980-2004

Abbildung 2 verdeutlicht, resultierend aus einem kontinuierlich wachsenden Zuzug von Migranten/innen (durchgehende Linie), einen stetig wachsenden Anteil von Menschen, die im Ausland geboren wurden (gepunktete Linie). Darüber hinaus zeigt Abbildung 2, dass eine wachsende Zahl von Menschen eine andere als die finnische bzw. schwedische Sprache[3] spricht (gestrichelte Linie).

Der Anteil der bis 25-jährigen unter den Migranten/innen in Finnland lag im Jahr 2001 bei ca. 40% (vgl. Institute of Migration 2003c). Da diese Altersgruppe das finnische Bildungssystem durchläuft, ist dieser relativ hohe Anteil junger Menschen für die Frage, wie die Bildungsinstitutionen mit dem beschriebenen Wandel der Gesellschaft und daraus resultierend der Schülerschaft umgehen, von Relevanz. Denn insbesondere der Schule, wie Krüger-Potratz erklärt, kommt eine zentrale Funktion zur Integration der Migranten/innen zu:

---

3    In Finnland ist sowohl Finnisch wie auch Schwedisch offizielle Amtssprache. Finnisch wird von ca. 94% und Schwedisch von ca. 6% der Bevölkerung als Erstsprache gesprochen (vgl. Overesch 2007, S. 66).

„Da alle Kinder und Jugendlichen sie [die Schule] in einem bestimmten Lebensab-
schnitt besuchen müssen, ist sie die Institution, die in erster Linie die soziale und
kulturelle Integration der nachwachsenden Generation – unabhängig von Herkunft,
sprachlicher Erstsozialisation, regionalen und weltanschaulichen Bedingungen – zu
sichern hat. Sie muss alle Kinder und Jugendlichen befähigen, sich kompetent in
dieser Gesellschaft zu bewegen" (Krüger-Potratz 2006, S. 21).

## 2   Die Schule in Finnland – strukturelle und curriculare Bedingungen[4]

In Finnland wurde in den 1970er Jahren im Zuge einer Schulreform eine neunjährige „Grund-Schule" (Perus-koulu)[5] eingeführt und mit ihr ein zuvor separie-
rendes Schulsystem abgelöst.

„The goal [of the reform] was to raise the education level of the population and inc-
rease equality in education. It was felt that learning and skills potential was wasted
in a system which separated pupils into different education paths" (Eurybase
2007/08, S. 44).

Wie Overesch in ihrer Studie anhand von Interviews mit Schlüsselpersonen aus
Politik, Verwaltung und gesellschaftlichen Organisationen darlegt, soll die junge
Generation „in einem noch größeren Umfang höher und weiter qualifiziert wer-
den. Das Land könne es sich nicht leisten, einen ungebildeten Menschen für das
Arbeitsleben zu verlieren" (Overesch 2007, S. 67).
   Die grundlegende neunjährige Bildung bezieht sich auf das ‚National Core
Curriculum for Basic Education' aus dem Jahr 2004 sowie das ‚Basic Education
Decree' von 1998 und das ‚Gouverment Decree on the objectives and distribu-
tion of lesson hours in basic education'. Diese verschiedenen rechtlichen Bestimmungen werden wiederum in lokalen Curricula ausgestaltet. Die Zielsetzung
der grundlegenden Bildung kann wie folgt umschrieben werden:

„The objective of basic education is to support pupils' growth towards humanity and
ethically responsible membership of society, and to provide them with the knowledge and skills necessary in life. The instruction shall promote equality in the socie-

---

4   Aufgrund der zugrunde liegenden englischsprachigen Literatur sowie der gemeinsamen engli-
    schen Sprache der Ethnographin und der Pädagoginnen im Feld wird in diesem Beitrag auf
    englische Bezeichnungen zurückgegriffen.
5   Die Bezeichnung „Grund-Schule" wird gewählt, da sie sich direkt von dem finnischen Wort
    „Perus-koulu" ableitet. Gleichzeitig wird von Begriffen wie beispielsweise ‚Gemeinschafts-
    schule' und ‚Gesamtschule' – die im hiesigen Raum häufig für die finnische Schule verwendet
    werden – Abstand genommen, da mit ihnen jeweils eigene Diskussionsstränge verbunden sind.

ty and pupils' abilities to participate in education and to otherwise develop themselves during their lives" (Malin 2005, S. 15).

Zur Erlangung dieser Zielsetzung werden innerhalb des ‚National Core Curriculum for Basic Education' verschiedene Bereiche benannt, von denen an dieser Stelle drei besonders relevante herausgegriffen werden:

- Es sollen *Unterrichtsmethoden* angewendet werden, die an dem Schüler/der Schülerin orientiert sind und dessen/deren schulisches Lernen unterstützen. Es sollen so u.a. soziale wie auch Denk-, Arbeits- und Problemlösefähigkeiten gefördert werden (vgl. FNBE 2004, S. 17).
- Es wird die fortlaufende *Beratung durch die Lehrer/innen* wie auch spezielle Berater unterstrichen. So soll den Schüler/innen bei auftretenden Problemen die Möglichkeit gegeben werden, diese zu beheben bevor es zu tatsächlichen Schwierigkeiten in dem jeweiligen Fach kommt. Dabei wird sowohl von einer Unterstützung während wie auch außerhalb des Unterrichts ausgegangen (vgl. FNBE 2004, S. 21f). Diese Beratung und Unterstützung findet über die gesamte Dauer der grundlegenden Bildung statt und hat neben dem beschriebenen präventiven Charakter, u.a. das Ziel dem Schüler/der Schülerin Lernfertigkeiten und -kompetenzen zu vermitteln sowie seine/ihre Persönlichkeitsentwicklung und Partizipation zu unterstützen (ZfU 2004, S. 24).
- Die *Kooperation* der Schule mit den Erziehungsberechtigten zur Unterstützung des schulischen Lernens der Schüler/innen wird betont (vgl. FNBE 2004, S. 20) und als „gemeinschaftliche und individuelle Aufgabe" beschrieben (ZfU 2004, S. 22f.).

Die Institutionen der frühkindlichen Bildung und Erziehung sowie die Institutionen der vorschulischen und grundlegenden Bildung bezeichnet das Ministry of social affairs and health als „key basic services" (MSAH 2003, S. 10). In diesem Sinne werden die frühkindliche Bildung und Erziehung, Vorschulerziehung sowie die neunjährige grundlegende Bildung als ein zusammenhängendes Ganzes verstanden, das neben den child health clinics[6] die Entwicklung und Bildung des Kindes fördert und „entsprechend der kindlichen Entwicklung voranschreitet" (vgl. ebd. 2003, S. 7).

Aus dieser Betrachtungsweise folgt unter anderem, dass ein besonderes Augenmerk auf die Kooperation aller Beteiligten (was die Eltern einschließt) sowie eine Anschlussfähigkeit der Institutionen gelegt wird. So wird beispielsweise die

---

6   Diese stellen einen gesundheitlichen Service für Kinder und ihre Familien bis zur Einschulung der Kinder dar.

erste und zweite Klasse mit der Vorschule als ein Ganzes gesehen. Es soll in den ersten beiden Schuljahren an die frühkindliche Bildung angeknüpft werden und die Grundlagen für das Lernen und Arbeiten gelegt werden (vgl. FNBE 2004, S. 13).

*Curriculare Bedingungen unter Berücksichtigung von Kindern mit Migrationshintergrund*

Im ‚National Core Curriculum for Basic Education' von 2004 wird auf Kinder mit Migrationshintergrund im Rahmen der Darstellung der „Instruction for cultural and language groups" (Kapitel 6) sowie der „Learning objectives and core contents of education" (Kapitel 7) eingegangen.

Betrachtet man diese beiden Kapitel, so kann festgehalten werden, dass die jeweiligen Hintergründe und Ausgangspunkte der Kinder und Jugendlichen (z.B. Dauer des Aufenthalts, Grund für die Migration, schulische Vorerfahrungen) sowie ihre Erstsprache und -kultur berücksichtigt werden sollen (vgl. ZfU 2004, S. 33). Ziel des Unterrichts ist es, die Kinder und Jugendlichen zu „aktiven und ausgeglichenen Mitgliedern der finnischen und auch der eigenen Sprach- und Kulturgemeinschaft" (ebd. 2004, S. 33) zu machen. Es sollen ihnen die gleichen Möglichkeiten zum Lernen gegeben werden, wie diese nicht-gewanderte Schüler/innen haben. Dafür sollen ihnen bei Bedarf auch zusätzliche Angebote zur Verfügung gestellt werden (vgl. FNBE 2004, S. 34). Das finnische Zentralamt für Unterrichtswesen erklärt in diesem Zusammenhang:

> „Das Bildungsangebot für Migranten in Finnland soll dazu beitragen, dass die Migranten im Stande sind, als gleichberechtigte Mitglieder in der finnischen Gesellschaft zu wirken. Einwanderer sollen genauso gute Bildungschancen wie die bereits ansässigen Finnen bekommen" (ZfU, S. 3).

Um Schüler/innen einer anderen als der finnischen Muttersprache diese Bildungschancen zu eröffnen, erhalten sie, zusätzlich zum normalen Finnischunterricht, Unterricht in Finnisch als Zweitsprache (im Folgenden als „FaZ" abgekürzt). Grundlegende Zielsetzung ist es, den Schüler/innen die höchst mögliche Sprachkompetenz am Ende des gemeinsamen Unterrichts zu vermitteln. Sie sollen dazu in der Lage sein allen Unterrichtsfächern zu folgen und darüber hinaus die Möglichkeit haben, weitere Bildungsgänge anzuschließen. Gemeinsam mit einem Unterricht in der Muttersprache (dieser wird nicht obligatorisch von den Schulen angeboten) soll so die kulturelle Identität der Schüler/innen gestärkt werden und eine funktionale Zweisprachigkeit aufgebaut werden (vgl. FNBE 2004, S. 95).

Dabei soll im Rahmen des FaZ-Unterrichts miteinbezogen werden, dass das Erlernen einer neuen Sprache mehrere Jahre benötigt. Ebenso soll auch das Alter sowie der Bildungshintergrund der Schüler/innen berücksichtigt werden. Inhaltlich soll sich der Unterricht sowohl auf ein Vokabeltraining wie auch die Sprachstruktur des Finnischen beziehen. Die Methoden des Zweitsprachunterrichts sollen dahingehend ausgewählt werden, dass den Schüler/innen die Chance zur Entwicklung von Lernstrategien geben wird. Diese sollen es ihnen ermöglichen, den sprachlichen und kulturellen Möglichkeiten ihrer Schule und Umwelt aktiv zu begegnen (vgl. FNBE 2004, S. 96).

Linnakylä verweist darauf, dass Kindern mit Migrationshintergrund in der Schule gewöhnlich folgende Leistungen zur Verfügung stehen: „Preparatory instruction, schools with support measures, teaching of the student's first language, teaching of Finnish as the second language" (Linnakylä 2004, S. 203).

Den Eltern bzw. Erziehungsberechtigten soll darüber hinaus eine Einführung in das finnische Bildungssystem, die schulischen Ideen, das Curriculum, Lehrmethoden und die Lernpläne gegeben werden (vgl. FNBE 2004, S. 34). Gleichzeitig werden sie auch, unter dem Blickwinkel der Kooperation, in den Erziehungs- und Bildungsprozess ihrer Kinder einbezogen.

## 3    Ethnographische Einblicke in die Alltagspraxis einer finnischen ersten Klasse

Dieser Beitrag basiert auf Daten einer ethnographischen Feldstudie, die zwischen Februar 2008 und April 2009 in drei mehrmonatigen Forschungsaufenthalten in Finnland erhoben wurden. Da das Forschungsinteresse auf den Übergang von Kindern mit Migrationshintergrund von der Vorschule in die Schule gerichtet ist, wurden im Rahmen der Forschungsaufenthalte Kinder in ihrem Übergang in die Schule begleitend beobachtet. In einem ersten Forschungsaufenthalt zwischen Februar und April 2008 wurden Kinder mit Migrationshintergund in der Vorschule beobachtet. Ein Teil dieser Kinder wurde im Rahmen des zweiten Forschungsaufenthalts (August und September 2008) sowie dem dritten Forschungsaufenthalt (April 2009) in der Schule und damit in ihrem Übergang begleitet. Die beobachteten Institutionen der Vorschule und Schule befanden sich in einem Stadtteil mit einem Migranten/innenanteil von ca. 30% (was vergleichsweise hoch ist, in einem Land mit einem Migranten/innenanteil von ca. 2,2%) und waren räumlich in einem Gebäude untergebracht.

Aufgrund des schulischen Schwerpunkts dieses Beitrags, wird im Weiteren lediglich auf die Schule eingegangen (für die Vorschule vgl. Hortsch 2009; 2010). Die beobachtete erste Klasse bestand aus 19 Kindern, die von der Klassenlehrerin (Anneli) und ihrer Assistentin (Jonna) geleitet wurde. Für fünf Stunden pro Woche war eine Sonderpädagogin für den Mathematik- bzw. Finnischunterrich in der Klasse anwesend. Während dieser Zeit wurden in der Regel ca. fünf Kinder benannt, die den Unterricht in einer „kleinen Gruppe"[7] in einem anderen Klassenraum abhielten. Nach Aussagen der Klassenlehrerin wurde in beiden Gruppen der gleiche Inhalt behandelt. Der Unterricht in der „kleinen Gruppe" wurde entweder von der Klassenlehrerin oder der Sonderpädagogin oder auch einem weiteren Lehrer, der für einzelne Stunden ebenfalls in der Klasse anwesend war, durchgeführt. Die Gruppenaufteilung erfolgte, laut der Klassenlehrerin, auf der Grundlage der Bedürfnisse der Schüler/innen. So wurden die Schüler/innen entweder benannt, weil sie in einem Bereich Schwierigkeiten hatten oder weil sie in einem Bereich weiter waren als der Rest der Klasse.

Die Protokollausschnitte dieses Beitrags entstammen dem zweiten Forschungsaufenthalt in Finnland und begleiteten die Kinder von ihrem ersten Schultag im August für zwei Monate.

Um einen umfassenden Blick auf verschiedene Angebote für Kinder mit Migrationshintergrund im Bereich Literalität (Literacy) zu ermöglichen, wird in einem ersten Schritt auf den beobachteten Finnischunterricht der ersten Klasse eingegangen. Hierbei wird zunächst eine Szene in der „großen Gruppe" und daran anschließend eine Szene in einer „kleinen Gruppe" dargestellt (3.1). In einem weiteren Schritt wird außerdem auf das FaZ-Angebot der beobachteten Grundschule eingegangen (3.2).

### 3.1 Finnischunterricht: Unterricht in großen und kleinen Gruppen

Der Unterricht in der Landessprache Finnisch/Schwedisch sowie Literatur findet an sieben Stunden pro Woche statt.

Die folgende Szene fand in der „großen Gruppe" und somit im Klassenverband statt.

[...] Anneli (Lehrerin) teilt den Kindern jeweils ein Piktogramm einer Rutsche sowie zwei Piktogramme mit einem /a/ aus. Sie malt dann die Silhouette einer Rutsche an die Tafel und schreibt oben wie auch unten ein /a/ an. Während sie die Silhouette an die Tafel malt, erklärt sie den Kindern die Aufgabe, indem sie immer wieder, mit einem Zeig auf den Buchstaben, das /a/ deutlich betont. Sie zeigt dann, dass das obere /a/ zum unteren geschoben werden soll und es dann zu einem /aa/ wird – sie spricht die Buchstaben bzw. Silben deutlich aus und schreibt das Ergebnis /aa/ neben das Bild der Rutsche an die Tafel. Die Kinder gucken zwischen Anneli und dem Rutschenpiktogramm vor sich hin und her und sprechen Anneli nach. Dabei machen sie vor sich die Übung nach. Zum Abschluss wiederholen sie das herunterziehen des /a/

---

7    Die Bezeichnung orientiert sich an den Bezeichnungen der finnischen Lehrerinnen, die diese Angebote als „big group" und „small group" bezeichneten.

und benennen die einzelnen Buchstaben im Chor. Anneli beginnt nun neben der Silhouette der Rutsche eine Tabelle, in die sie die gemeinsam benannten Buchstaben schreibt. Es entsteht auf diese Weise folgendes Tafelbild (was auch im Buch abgebildet ist):

|      |      |      |
|------|------|------|
| a    | a    | aa   |
| a    | a    | aa   |
| aa   | aa   | aa   |

Nachdem sie gemeinsam mit Hilfe des Rutschenpiktogramms diese Tabelle erstellt haben, lesen sie die einzelnen Buchstaben bzw. Silben drei mal laut im Chor vor – Anneli und Jonna (Assistentin) lesen die Tabelle mit den Kindern zusammen. Im Anschluss lesen sie die gleiche Tabelle im Chor aus dem Buch vor, bevor jedes Kind einzeln die Tabelle vorliest. Anneli achtet beim Lesen auf die Aussprache der Kinder – ein /a/ wird kurz und betont ausgesprochen, während ein /aa/ lang ausgesprochen wird. Die Kinder lesen leise und gehen, ebenso wie die anderen schweigenden Kinder, mit ihren Fingern unter den einzelnen Buchstaben im Buch entlang. Anneli lobt jedes Kind einzeln mit einem lauten „hyvää" (gut) nach dem Vorlesen und benennt dann das nächste. [...] (25.8.2008)

Es ist anzunehmen, dass das Ziel der beobachteten Übung in der Synthese der Laute gelegen hat.

Diese Szene hat ca. zwei Wochen nach der Einschulung der Kinder stattgefunden und spiegelt zwei Charakteristika des Finnischunterrichts der beobachteten Klasse wieder: das Nachahmen der Lehrerin durch die Kinder und das gemeinsame wiederholende Nachsprechen.

Nachdem Anneli die Aufgabe für alle Kinder erklärt und sie zudem an der Tafel vorgemacht hat, beginnen die Kinder die Übung an ihren Tischen ohne weitere Aufforderung mitzumachen. Anneli wiederholt den zu lernenden Buchstaben mehrfach während ihrer Erklärungen, woraufhin die Kinder in die Übung einsteigen und sie sie so gemeinsam durchführen. Es kann angenommen werden, dass es auf diese Weise allen Kindern ermöglicht wird, die Aufgabe mitzumachen, auch wenn sie die Aufgabenstellung aus beispielsweise sprachlichen Gründen nicht verstanden haben sollten.

Ebenso charakteristisch wie das Nachsprechen und Nachahmen der Lehrerin durch die Kinder ist es in der beobachteten Klasse, dass das Vorlesen der entstandenen Tabelle zunächst im Chor stattfindet. Erst in einem weiteren Schritt lesen die Kinder die Buchstaben und Silben alleine vor. Es kann vermutet werden, dass Kinder, die die Buchstaben und Silben zu diesem Zeitpunkt noch nicht sicher benennen konnten, auf diese Weise die Möglichkeit erhielten, sich die Tabelle einzuprägen. So war es jedem Schüler/jeder Schülerin möglich die Aufgabe ohne Fehler – und damit ohne negative Erfahrung im Klassenverband – zu bewältigen. Gleichzeitig sind alle Kinder, egal ob sie stockend oder schnell

„vorgelesen" haben, am Ende von der Lehrerin mit einem „hyvää" (gut) gelobt worden. Es kann daher weiterhin angenommen werden, dass damit eine positive Lernerfahrung der Kinder unterstützt werden sollte.

Die folgende Szene, die ca. vier Wochen später als die zuvor beschriebene stattgefunden hat, fand in einer „kleinen Gruppe" mit fünf Schüler/innen statt und wurde von der Klassenlehrerin sowie ihrer Assistentin angeleitet.

[...] Anneli beginnt Wörter zu nennen, bei denen sich die Kinder melden sollen, wenn am Ende des Wortes ein /e/ ist. Wenn es kein /e/ ist, sollen sie den jeweiligen Buchstaben benennen. Jonna wiederholt die Wörter jeweils mit deutlicher Aussprache leise zu Aleksandar gewandt. Dieser hört ihr zu und sagt ihr, ob er ein /e/ vermutet oder nicht – Anneli hatte ihm zuvor vor der Gruppe erklärt, dass er es auf diese Weise tun sollte. Jonna nickt ihm bei einer richtigen Antwort zu, woraufhin Aleksandar sich nach eigenen Wünschen meldet bzw. nicht meldet. Bei einer falschen Buchstabenbenennung wiederholt Jonna das Wort mit noch deutlicherer Betonung. Aleksandar schaut sie dabei an und wiederholt sich die Wörter teilweise leise, um dann den richtigen Buchstaben zu benennen. [...] Nun teilen Jonna und Anneli eine Lok mit einem Wagon sowie verschiedene Buchstaben an die Kinder aus. Die Kinder sortieren die Dinge vor sich, bevor Anneli ein Wort benennt. Sie wiederholt es ein zweites und drittes Mal mit deutlicher Silbenbetonung und die Kinder sprechen ihr nach. Dann sagt sie „kyrioyta (schreib) ..." und die Kinder legen vor sich die entsprechende Silbe in die Lok. Anneli nennt „es-su, es-su" und zeigt die zwei Silben mit ihren Fingern. Die Kinder sprechen ihr nach und zeigen ebenso die Silben an ihren Fingern. Dann sagt Anneli: „kyrioita es" (schreib es) und die Kinder beginnen vor sich die Silbe zusammen zu suchen und legen die erste Silbe in die Lok. Aleksandar legt das /e/ direkt in seine Lok. Jonna, die sich erneut neben ihn gesetzt hat, wiederholt das „es" erneut und betont dabei das /s/ deutlich. Nachdem sie einige Male hintereinander das /s/ betont hat und er ihr leise nachgesprochen hat, legt er das /s/ an das /e/ in seine Lok. Dann wiederholt Anneli „es-su. Kiriojta su" (Essu. Schreibe su) und die Kinder beginnen vor sich die entsprechende Silbe zusammen zu legen. Nachdem alle Kinder das Wort gelegt haben, sprechen sie es gemeinsam im Chor aus und gehen dann zum nächsten Wort über. Bei dem Wort „si-a" spricht Aleksandar es leise immer wieder aus. Nachdem er das /s/ schnell gegriffen hat und es in die Lok gelegt hat, guckt er suchend über die Buchstaben vor sich. Jonna sagt daraufhin deutlich „siiiii" und Aleksandar legt, nach einem weiteren suchenden Blick und einer Wiederholung, das /i/ hinter das /s/ in seine Lok. Dann sagt Jonna „sia, sia, sia". Nachdem er kurz überlegt hat, legt er das /a/ in den Wagon. [...] (22.9.2008)

Jonna setzt sich zu Beginn der Übung neben Aleksandar; wie sie es regelmäßig in verschiedenen Unterrichtsstunden getan hat. Nach Aussagen der Klassenlehrerin könne durch Jonnas Unterstützung besser auf Aleksandars Schwierigkeiten eingegangen werden.

Im ersten Teil der beschriebenen Szene steht die phonologische Bewusstheit im Mittelpunkt. Die Kinder sollen die Endungen der von der Lehrerin vorgesprochenen Wörter benennen und sich bei einer Endung auf /e/ melden. Aleksandar werden die Wörter von der Assistentin deutlicher als zuvor vorgegeben, was es Aleksandar vermutlich ermöglichen soll die Endungen besser zu erkennen. Darüber hinaus erfährt er in der direkten Rücksprache mit Jonna, ob seine Antwort richtig ist, was ihm wiederum die Möglichkeit zur Korrektur gibt. Erst bei einer richtigen Lösung meldet er sich. Wenn er daraufhin aufgerufen wird, kann er die richtige Antwort benennen und es kann angenommen werden, dass es für ihn, trotz vorhandener Schwierigkeiten, eine positive Erfahrung ist.

Im zweiten Teil der Szene steht die Synthese der Laute im Mittelpunkt. Im Gegensatz zur vorherigen Szene, handelt es sich hier um zwei verschiedene Buchstaben, die von den Kindern in einem ersten Schritt auf der Lautebene erkannt und in einem zweiten Schritt auf der visuellen Ebene gesucht werden sollen. Ebenso wie auch zu Beginn der Szene, spricht Anneli hier ein Wort vor, das die Kinder ihr bei der zweiten und dritten Wiederholung nachsprechen. Auch in diesem zweiten Teil sitzt die Assistentin neben Aleksandar und unterstützt ihn bei der Aufgabenbewältigung.

Aleksandar scheint in dieser Übung Schwierigkeiten damit zu haben, den zweiten Laut einer Silbe zu erkennen. Er erkennt den ersten richtig und kann diesen gehörten Laut auch direkt einem Buchstaben zuordnen. Da Aleksandar einen zweiten Buchstaben erst nach Jonnas indirekter Aufforderung durch das Wiederholen dieses Lautes sucht, kann angenommen werden, dass es ihm zu diesem Zeitpunkt nicht bewusst ist, dass ihm ein Buchstabe fehlt. Erst als Jonna ausschließlich den gesuchten Buchstaben deutlich betont, kann er auch diesen bestimmen und ihn an den bereits erkannten Buchstaben legen.

Zusammenfassend kann zu den beiden beschriebenen Szenen des Finnischunterrichts festgehalten werden, dass dem Nachsprechen der Lehrerin durch die Kinder eine wichtige Bedeutung beigemessen wird. Im Mittelpunkt steht zunächst das gemeinsame Nachsprechen. Erst in einem weiteren Schritt lesen die Kinder auch alleine vor.

Darüber hinaus werden in beiden Szenen Materialien benutzt, die den Kindern die Synthese verdeutlichen sollen. Da in den curricularen Vorgaben erwähnt wird, dass die ersten beiden Schuljahre eine Einheit mit der Vorschule bilden sollen, kann vermutet werden, dass auf diese Weise eine *konzeptionelle* (hier insbesondere didaktische) *Anschlussfähigkeit* gewährleistet werden soll. Während des Forschungsaufenthalts in der Vorschule (Februar bis April 2008) konnte Aleksandar bei der gleichen Übung beobachtet werden (damals wurden anstatt der Buchstaben farbige Klötze verwendet, denen Laute zugeordnet wurden), so dass anzunehmen ist, dass ihm der Aufbau dieser Übung bekannt war.

Weiterhin werden Praktiken *gruppenbezogener und individueller Unterstützung* seitens der Pädagoginnen deutlich: Beim Auftreten der ersten Schwierigkeiten wird Aleksandar durch die Assistentin individuelle Unterstützung angeboten. Ihre Aufgabe scheint zum einen darin zu bestehen, ihm durch die Wiederholung der Aufgabenstellung, die Aufgabe in der direkten Interaktion zu erklären und damit sicher zu gehen, dass er die Aufgabe verstanden hat. Zum anderen scheint ihm durch das vorherige Benennen der Lösung die Möglichkeit gegeben zu werden, am Unterricht teilzunehmen und damit positive Erfahrungen zu machen.

Die beobachteten Szenen sind mit folgender Zielsetzung des Finnischunterrichts in Verbindung zu setzen: „[...] the most important factor is not the approach but, rather, the teacher's ability to get the children motivated to practice their literacy skills" (Lerkkanen 2007, S. 165). Eben dieser Absicht kommt Anneli vermutlich durch das gemeinsame Handeln und Loben der Klasse nach, durch das sie allen Kindern – unabhängig von ihrem möglicherweise nicht immer richtigen Ergebnis – sowohl eine positive Lernerfahrung wie auch ein positives Feedback ermöglichen will. Es lässt sich weiterhin annehmen, dass Anneli durch dieses Vorgehen auch die Motivation der Kinder zu lesen stärkt.

### 3.2 Finnisch als Zweitsprache (FaZ): Individuelle Unterstützung in kleinen Gruppen

Dieses an der beobachteten Schule nicht verpflichtende Angebot für Kinder mit Migrationshintergrund findet dreimal wöchentlich in der ersten Schulstunde statt. Da allen Kindern mit Migrationshintergrund, die „sprachlichen Unterstützungsbedarf"[8] in Finnisch haben, zu dieser Zeit FaZ-Unterricht angeboten wird, beginnt der Unterricht für die übrigen Kinder erst zur zweiten Schulstunde.

Es wird für die Teilnahme eine Art Einverständnis von den Eltern unterzeichnet, das die regelmäßige Teilnahme der Schüler/innen gewährleisten soll. Während des FaZ-Unterrichts werden die Kinder in verschiedenen kleinen altersgemischten und nach Aussagen der Sonderpädagogin (Ella), leistungshomogenen Gruppen unterrichtet. Die von mir beobachtete Gruppe bestand aus drei Jungen – neben Aleksandar haben zwei Jungen der zweiten Klasse teilgenommen. Der beobachtete Unterricht wurde von Ella in Zusammenarbeit mit ihrer Assistentin (Laila) durchgeführt.

---

8    An dieser Stelle wird der Begriff „Unterstützungsbedarf" (und nicht die im deutschsprachigen Raum übliche Bezeichnung „Förderbedarf") verwendet, da er sich an den Äußerungen der Lehrer/innen orientiert, die in diesem Zusammenhang von „support" gesprochen haben.

[...] Ella legt ein Rutschenpiktogramm vor Aleksandar sowie verschiedenfarbige kleine Klötze. Jedem Klotz ordnet sie einen Laut zu und benennt diesen mit deutlicher Betonung mit Blick auf Aleksandar sowie einem Zeig auf den entsprechenden Klotz. So ist beispielsweise der rote Klotz ein /a/ und der weiße ein /i/. Sie ordnet im nächsten Schritt an das Rutschenpiktogramm zwei Klötze an und legt so einen roten Klotz (/a/) an das obere Ende der Rutsche und einen weißen (/i/) an das untere Ende. Dann beginnt sie, mit einem Zeig auf die einzelnen Klötze, die Laute zu benennen und sie deutlich auszusprechen. Sie geht dabei mit dem Finger an dem Rutschenpiktogramm entlang und zieht dabei die Laute langsam zusammen. Aleksandar steigt beim zweiten Mal mit ein und benennt die beiden Laute nach einem weiteren gemeinsamen Aussprechen als /ai/. Sie lobt ihn mit einem „hyvää" (gut) und benennt ihm den nächsten farbigen Klotz, den er aus einer Kiste heraussucht. Er stellt ihn oben an das Piktogramm; unten ist nach wie vor das /i/. Sie benennen gemeinsam die beiden Klötze mit den ihnen zugeordneten Lauten. Dann zieht Aleksandar langsam den oberen Klotz zum unteren und spricht dabei die beiden Laute leise und vorsichtig aus. Sein Ergebnis benennt er schließlich etwas fragend als /ei/. [...]
Er stellt nun die Klötze in einer Reihe am Rand des Tisches auf. Ella legt kleine Schilder mit verschiedenen Buchstaben vor ihn. Sie benennt jeden Klotz mit den zuvor genannten Lauten, die sie mit Betonung ausspricht und ihren Mund entsprechend deutlich bewegt. Aleksandar soll sich ihre Mundbewegung angucken, wozu sie ihn mit einem leichten Anstupsen und einem Zeig auf ihren Mund auffordert. Er schaut sie kurz vorsichtig an und beginnt dann nach dem entsprechenden Buchstaben auf den Schildern zu suchen. Er geht hierfür mit dem Finger an allen Buchstaben vorbei und benennt sie sich dabei leise. Wenn er den entsprechenden Buchstaben bestimmt hat, legt er ihn unter den entsprechenden Klotz. Ella bestätigt ihn dann mit einem lächelnden „hyvää" (gut).
Nachdem jedem Klotz ein Buchstabe zugeordnet ist, benennt Ella /ei/ mit deutlicher Betonung und wiederholt es ein weiteres Mal langsam. Aleksandar spricht ihr nach und sucht die Buchstaben, indem er mit dem Finger an der Buchstabenreihe vor sich entlang geht. Ella hilft ihm bei manchen Buchstaben und zeigt auf diese während sie sie benennt. Er scheint diese im Flüsterton zu wiederholen. Nachdem er die gesuchten Buchstaben gefunden hat, legt er sie mit Ellas Unterstützung an die Rutsche an. [...]. (27.8.2008)

Im Rahmen dieser Sprachfördereinheit wurde auf die gleiche Übung, wie in der Regelklasse zurückgegriffen und damit über eine *didaktische Anschlussfähigkeit* hinaus auch eine *strukturelle Anschlussfähigkeit* zwischen der Regelklasse und dem FaZ-Unterricht hergestellt. Es kann vermutet werden, dass es Aleksandar auf diese Weise ermöglicht werden soll, die Inhalte des Finnischunterrichs zu erlernen.

Die Übung beginnt in einem ersten Schritt nicht mit den eigentlichen Buchstaben, sondern, wie es bereits in der Vorschule getan wurde, mit Lauten, die einem farbigen Klotz zugeordnet werden. Es kann angenommen werden, dass

Aleksandar durch diesen Schritt verdeutlicht werden soll, dass Laute durch Buchstaben abgebildet werden. Erst in einem weiteren Schritt, wird die gleiche Übung mit der Zuordnung der Buchstaben zu den Lauten ergänzt. Aleksandar soll es auf dieser Grundlage ermöglicht werden, die gleiche Übung, bei vermeintlich steigender Aufgabenschwierigkeit, zu wiederholen. Ziel dabei ist es vermutlich, die Synthese der Laute zu festigen.

Die Interaktion zwischen Aleksandar und Ella deutet auf eine Alltagspraxis *individueller Unterstützung* hin. Die Sonderpädagogin erhält durch diese – exemplarisch ausgewählte – didaktisch gestaltete Situation die Möglichkeit, gezielt auf Aleksandars Unterstützungsbedürfnisse einzugehen und darüber hinaus seiner Klassenlehrerin eine Rückmeldung zu geben. Rücksprachen zwischen der Klassenlehrerin und anderen mit Aleksandar arbeitenden Lehrer/innen haben regelmäßig stattgefunden – was eine Kooperation und gemeinsame Verantwortung aller Beteiligten im Kontext dieser Institution verdeutlicht.

## 4    Zusammenfassender Ausblick

Wie die Ergebnisse der internationalen PISA-Studie von 2000 zeigten, ist die Lesekompetenz von Kindern mit Migrationshintergrund in Finnland signifikant höher als dies im PISA-Durchschnitt der Fall gewesen ist (vgl. van Ackeren/Klemm 2004, S.103). Linnakylä, Välijärvi und Arffman erklären hierzu: „the Finnish school system seems to be successful in providing the majority of its students with a solid reading literacy foundation for further studies, working life and active citizenship" (Linnakylä/Välijärvi/Arffman 2007, S. 15). Darüber hinaus zeigte der familiäre sozio-ökonomische Status auf die schulischen Leistungen der Kinder einen geringeren Einfluss (vgl. Linnakylä/Välijärvi 2003, S. 2). Auch wenn lediglich 1% (OECD Durchschnitt: 4,7%) der an der PISA-Studie teilnehmenden Kinder und Jugendlichen in Finnland einen Migrationshintergrund hatten und lediglich 1,3% zu Hause eine andere als die finnische oder schwedische Sprache (OECD Durchschnitt: 5,5%) gesprochen haben (vgl. Linnakylä 2004, S. 2), lassen die finnischen Ergebnisse die Vermutung zu, dass die Bildungspolitik mit den dargestellten und weiteren curricularen wie auch praktischen Maßnahmen einen erfolgreichen Weg zur Ermöglichung gleicher Bildungschancen von Kindern mit und ohne Migrationshintergrund beschritten hat.[9]

Wurden die Ergebnisse Finnlands im Rahmen der PISA-Studie aufgrund des niedrigen Migranten/innenanteils häufig in Frage gestellt, stellt sich diese Diskussion vor der beschriebenen Entwicklung der Migration nach Finnland neu.

---

9    Teile dieses Absatzes basieren auf einem bereits erschienenen Artikel (vgl. Hortsch 2010).

So stellen Linnakylä und Välijärvi heraus, dass die finnische Tradition des „high quality of educational outcomes – high equality of educational opportunities" (vgl. Linnakylä/Välijärvi 2003, S. 1), durch die zunehmende Zahl von Kindern mit Migrationshintergrund und der damit einhergehenden kulturellen Vielfalt auf eine Probe gestellt wird (vgl. ebd. 2003, S. 7f.).

Die beschriebenen derzeitigen Curricula – die alle neueren Datums sind – zielen auf den Unterricht in heterogenen Lerngruppen und berücksichtigen dabei auch das Thema Migration. Es wird hierbei betont, dass die Kinder und Jugendlichen sowohl Mitglieder ihrer Erst- als auch Zweitsprache und -kultur werden sollen – womit beide Kulturen und Sprachen wertgeschätzt werden. Darüber hinaus sollen die Kinder die gleichen Bildungschancen haben, wie Kinder ohne Migrationshintergrund, womit die *Chancengleichheit* aller Kinder hervorgehoben wird.

Mit den dargestellten Curricula wird auf der nationalen Ebene ein einheitlicher Rahmen vorgegeben, der auf lokaler Ebene ausgestaltet werden soll. Wie Döbert und Sroka herausgearbeitet haben, verfügen ‚erfolgreiche PISA-Länder', neben derartigen einheitlichen Standards, unter anderem über zielgerichtete Reformen und Politiken sowie klare out-put Kontrollen (vgl. Döbert/Sroka 2004, S. 151ff).

Inwieweit und wie sich diese bildungspolitischen Strukturen in der Bildungspraxis finnischer (Vor-)Schulen beobachten lassen, war eine leitende Frage der durchgeführten Feldstudie. Für die Alltagspraxis der hier beschriebenen Klasse kann auf Grundlage der dargestellten Beobachtungen Folgendes festgehalten werden:

- Ein wichtiger Fokus der beobachteten Praxis bildet die *Kooperation* und gemeinsame Verantwortung aller Beteiligten. Damit verbunden ist auch eine konzeptionelle bzw. pädagogisch-didaktische *Anschlussfähigkeit* zwischen den einzelnen Bildungsinstitutionen (wie unter 3.1. angedeutet) sowie verschiedener Angebote innerhalb einer Institution (wie unter 3.2. dargestellt). Diese Vernetzung aller Beteiligten ermöglicht es, gezielt auf die Bedürfnisse der Schüler/innen einzugehen und mögliche Unterstützungsangebote auch über die einzelnen Bildungsinstitutionen hinaus, hier: in Vorschule und Schule, einzubinden.

- Ein weiterer Fokus der pädagogischen Tätigkeit wird auf das einzelne Kind und seine *individuelle Unterstützung* gelegt, wie dies beispielsweise in den Szenen mit Aleksandar zu sehen war, und nicht auf deren Aussonderung in andere Klassen bzw. Schulformen. Wie Lerkkanen beschreibt, kann diese Unterstützung in verschiedenen Formen angeboten werden. Sie unterscheidet hier u.a. das „remedial teaching", das von dem/der Klassenlehrer/in während oder nach dem Unterricht angeboten wird, und die „part-time special education", die gemeinsam mit einem/einer Sonderpädagogen/in während des Unterrichts oder in Kleingruppen oder auch individuell angeboten wird (vgl. Lerkkanenen 2007, S. 167f.). Wichtig dabei ist, dass davon ausgegangen wird, dass alle Schüler/innen im Laufe der Schullaufbahn Schwierigkeiten in einzelnen Bereichen haben können (vgl. Linnakylä/Välijärvi 2003, S. 5), womit das Recht auf diese Unterstützung nicht nur Schüler/innen mit gravierenden Schwierigkeiten vorbehalten ist (Linnakylä/Välijärvi/Arffman 2007, S. 18).

Zurückblickend auf die eingangs (eher rhetorisch) gestellte Frage „Ein Bildungssystem im Wandel?" kann auf Grundlage der hier diskutierten Beobachtungen festgehalten werden, dass die bereits vorhandenen curricularen Strukturen wie auch alltäglichen Praktiken Kindern mit Migrationshintergrund vielfältige Unterstützungsmöglichkeiten bieten. Diese sind jedoch nicht explizit für sie initiiert worden, sondern können vielmehr im Rahmen der *finnischen Tradition in der Gewährleistung von Chancengleichheit für alle Schüler/innen* (vgl. Linnakylä/Välijärvi 2003) interpretiert werden. So erklären auch van Ackeren und Klemm, dass die Unterstützungsangebote für Kinder mit Migrationshintergrund im Kontext des *inklusiven finnischen Schulsystems* betrachtet werden müssen (vgl. van Ackeren/Klemm 2004, S. 103).

## Literatur

Bundesministerium für Bildung und Forschung (BMBF) (2006): Schulerfolg von Jugendlichen mit Migrationshintergrund im internationalen Vergleich. Bonn/Berlin.

Bundeszentrale für politische Bildung (bpb) (2003): Migration und Bevölkerung. Finnland. http://www.migration-info.de/migration_und_bevoelkerung/archiv/ausgaben/ausgabe0308.htm (17.3.2009)

Döbert, H./Sroka, W. (2004): Essential results of the comparative analysis and hypothetic correlations. In: Döbert, H./Sroka, W. (Eds.): Features of successful school systems. A comparison of schooling in six countries. Münster.

Eurybase (2006/2007): The education system in Finnland. http://eacea.ec.europa.eu/ressources/eurydice/eurybase/pdf/0_integral/FI_EN.pdf (1.6.2009)

Finnish Immigrant Service (FIS) (2009): Decision on Asylum. http://www.migri.fi/netcomm/content.asp?path=8,2709,2717,2731 (5.3.2010)

Finnish Immigration Service (FIS) (o.J.): Quota refugee selections. http://www.migri.fi/netcomm/content.asp?article=3347 (10.3.2010)

Finnish Immigration Service (FIS) (2010): Residence permit decisions 1.1.2009-31.12.2009. http://www.migri.fi/netcomm/content.asp?article=3126 (5.3.2010)

Finnisch National Board of Education (FNBE) (2004): National Core Curriculum for Basic Education 2004. National core curriculum for basic education intended for pupils in compulsory education. http://www.oph.fi/ops/english/POPS_net_new_1.pdf_(3.12.2008)

Hortsch, W. (2010): Angebote zur Sprach(en)bildung für Kinder mit Migrationshintergrund in einer finnischen Vorschule – erste Ergebnisse einer Feldstudie. In: Heinzel, F./Panagiotopoulou, A. (Hg.): Qualitative Bildungsforschung im Elementar- und Primarbereich. Hohengehren, S. 181-191.

Hortsch, W. (2009): Der Umgang der finnischen Vorschule mit der Heterogenität der Kinder. In: Röhner, Ch./Hopf, M./Henrichwack, C. (Hg.): Europäisierung der Bildung – Konsequenzen und Herausforderungen für die Grundschulpädagogik, Jahrbuch Grundschulforschung, Band 13, Wiesbaden, S. 113-117.

Institute of Migration (2003): Immigrants und Emigrants from 1945-2002. http://www.migrationinstitute.fi/db/stat/eng/art.php?artid=7 (7.5.2009)

Institute of Migration (2003b): Immigration of Finish citizens by education and country of departure 2001. http://www.migrationinstitute.fi/db/stat/eng/art.php?artid=41 (7.5.2009)

Institute of Migration (2003c): Immigration by age from 1980-2001. http://www.migrationinstitute.fi/db/stat/eng/art.php?artid=8 (7.5.2009)

Kaiser, R.G. (2005): A Blond Nation, in a Bind on Immigrants. http://www.washingtonpost.com/wp-dyn/content/article/2005/06/10/AR200506 1001860.html (7.5.2009)

Krüger-Potratz, M. (2006): Schulerfolg in der Einwanderungsgesellschaft. In: Gomolla, M.: Schulqualität in der Einwanderungsgesellschaft. Strategien und Fallbeispiele. Münster, S. 19-29.

Lerkkanen, M.-K. (2007): The beginning phases of reading literacy instruction in Finland. In: Linnakylä, P./Arffman, I.: Finnish reading literacy. When quality and equity meet. Jyväskylä, S. 155-174.

Linnakylä, P./Välijärvi, J. (2003): 'Finnish students' performance in PISA – Why such a success?' http://www.oph.fi/info/finlandinpisastudies/conference2005/jounivalijarvi.doc (10.12.2008)

Linnakylä, P. (2004): Finland. In: Döbert, H./Klieme, E./Sroka, W. (Eds): Conditions of school performance in seven countries. A quest for understanding the international variation of PISA Results. Münster, S. 150-218.

Linnakylä, P./Välijärvi, J./Arffman, I. (2007): Reading literacy – high quality by means of equity. In: Linnakylä, P./Arffman, I.: Finnish reading literacy. When quality and equity meet. Jyväskylä, S. 15-33.

Ministry of social affairs and health (MSAH) (2003): Concerning the national policy definition on early childhood education and care. Helsinki.

Overesch, A. (2007): Wie die Schulpolitik ihre Probleme (nicht) löst. Deutschland und Finnland im Vergleich. Münster.

Panagiotopoulou, A./Graf, K. (2008): Umgang mit Heterogenität und Förderung von Literalität im Elementar- und Primarbereich im europäischen Vergleich. In: Hofmann, B./Valtin, R. (Hg.): Checkpoint Literacy. Tagungsband 1 zum 15. Europäischen Lesekongress 2007 in Berlin. Deutsche Gesellschaft für Lesen und Schreiben. Berlin, S. 110-122.

Statista (2009): Ausländeranteil in den OECD-Mitgliedsstaaten im Jahr 2005. http://de.statista.com/statistik/daten/studie/2032/umfrage/auslaenderanteil-der-oecd-mitgliedsstaaten/ (29.6.2009)

Statistics Finland (2009): Bevölkerung: Bevölkerung nach Altersgruppen, Ende 2008. http://www.stat.fi/tup/suoluk/suoluk_vaesto_de.html (29.6.2009)

Van Ackeren, I./Klemm, K. (2004): Integration of students with a migration background. In: Döbert, H./Wendelin, S.: Features of successful school systems. A comparison of schooling in six countries. Münster, S. 99-110.

Zentralamt für Unterrichtswesen (ZfU) [o.J.]: Das Bildungsangebot für Migranten in Finnland.       http://www.edu.fi/maahanmuuttajat/esite/OPH_maahanmuu.ajaesite_devalmis.pdf (10.3.2010)

Zentralamt für Unterrichtswesen (ZfU) (2004): Rahmenpläne und Standards für den grundlegenden Unterricht an finnischen Schulen (Perusopetus). Helsinki.

Abbildungen

Abbildung 1: Finnish Immigration Service (2008): Foreign citizens in Finland 1990-2008. http://www.migri.fi/netcomm/content.asp?article=1987 (7.5.2009)

Abbildung 2: Institute of Migration (2005): The Foreign Population in Finland 1980-2004. http://www.migrationinstitute.fi/db/stat/img/ef_04.jpg (7.5.2009)

# Der Vielfalt (k)eine Chance geben – zur Rolle der Mehrsprachigkeit im pädagogischen Alltag einer luxemburgischen Vor- und Grundschule

*Nadine Christmann*

Im folgenden Beitrag werden erste Erkenntnisse aus einer ethnographischen Feldstudie zum „Umgang mit Mehrsprachigkeit im luxemburgischen Bildungswesen unter besonderer Berücksichtigung von sprachlicher Integration und Bildungschancen der Kinder mit Migrationshintergrund" dargestellt, die im Rahmen des internationalen Forschungsprojektes HeLiE[1] angesiedelt ist. Vier Kinder mit Migrationshintergrund wurden von Frühjahr 2007 bis Sommer 2008, das bedeutet während ihres Übergangs von der Vor- zur Grundschule sowie im Verlauf des ersten Schuljahres, mittels teilnehmender Beobachtung begleitet. Im Mittelpunkt des Interesses standen die Sprachpraxis der Kinder im institutionellen Alltag und deren pädagogische und didaktische Bedingungen. Der vorliegende Beitrag möchte anhand exemplarischer Ausschnitte aus den entstandenen Beobachtungsprotokollen die Rolle der Familiensprachen im pädagogischen Alltag der besuchten Vor- und Grundschuleinrichtung thematisieren. Zum besseren Verständnis werden dazu vorab einige wichtige Informationen zum Land Luxemburg gegeben und der Stellenwert der Mehrsprachigkeit im dortigen Bildungssystem kurz beleuchtet (1). Vor diesem Hintergrund werden dann ausgewählte Protokollausschnitte aus der Vorschule (2) und der darauf folgenden Grundschulzeit (3) dargestellt und exemplarisch diskutiert. Den Abschluss bildet ein Ausblick auf Konsequenzen und Schlussfolgerungen der bisherigen Erkenntnisse für die weitere Auswertung der Teilstudie (4).

## 1   Zum Land Luxemburg

Luxemburg ist durch eine „tief verwurzelte, auf dem gesamten Staatsgebiet und in allen Bereichen des privaten, beruflichen, sozialen, kulturellen und politischen Lebens praktizierte Mehrsprachigkeit" (Hausemer 2006, S. 246) gekennzeichnet.

---

[1]   Zum HeLiE-Projekt vgl. Panagiotopoulou/Graf 2008 und die Beiträge von Wiebke Hortsch und Kerstin Graf in diesem Band.

Neben „Lëtzebuergesch", einem westmoselfränkischen Dialekt, sind auch Französisch und Deutsch als Arbeits-, Schrift- und Verständigungssprachen im Alltagsleben präsent.[2] Diese offizielle Dreisprachigkeit, vor allem aber auch die Multikulturalität der Bevölkerung[3], macht Luxemburg hinsichtlich des Umgangs mit Mehrsprachigkeit besonders interessant.

Um schon die jüngsten Einwohner/innen des Landes mit der luxemburgischen Sprache vertraut zu machen und so auf das Erlernen des Deutschen in der Grundschule vorzubereiten (MEN 1991, 42ff./Pull 2002, S. 289), bildet die Förderung des Luxemburgischen einen der Hauptschwerpunkte der Vorschulerziehung. Anhand des vom Erziehungsministerium entwickelten Fibel-Lehrgangs MILA (Koenen u.a. 2003/2005) erfolgt in der ersten Klasse dann für alle Kinder ein systematischer Schriftspracherwerb in deutscher Sprache. Dabei kommt zum einen eine Anlauttabelle zum Einsatz, die von deutschen Begriffen ausgeht, zum anderen erfolgt zeitgleich eine „präzise Einführung der einzelnen Buchstaben" (Letsch u.a. o.J., S. 17). Ab der zweiten Klasse erhalten die Kinder zusätzlich Französischunterricht. Im Rahmen einzelner Fächer, die als Teil des offiziellen Lehrplans z.B. auf Italienisch oder Portugiesisch unterrichtet werden können, sollen auch Kinder mit Migrationshintergrund „ihre muttersprachlichen Kenntnisse vertiefen und ihrer Herkunftskultur verbunden bleiben" (Le Gouvernement du Grand-Duché de Luxembourg, Service information et presse 2008, S. 5). Dass besonders diese Kinder durch die Mehrsprachigkeit des Bildungssystems mit hohen Anforderungen konfrontiert werden, gilt als einer der ausschlaggebenden Faktoren für das schlechte Abschneiden Luxemburgs bei PISA.[4] Die 2008 vom Erziehungsministerium veröffentlichten „Bildungsstandards Sprachen" identifizieren die Mehrsprachigkeit des Bildungssystems als frühes Selektionskriterium und damit als Barriere innerhalb der Bildungskarriere. Vor allem das Deutsche bilde „für viele Immigrantenkinder eine schier unüberwindbare Hürde" (MENFP 2008, S. 15). Da Ergebnisse der PISA-Studien sowie z.B. der PIRLS-Leseuntersuchung in Luxemburg jedoch nicht nur den Einfluss von Sprache und Migrationshintergrund, sondern vor allem auch die Wirksamkeit sozioökonomischer Faktoren für die bestehende Chancenungleichheit verantwortlich machen

---

2    Ein Sprachgesetz vom Februar 1984 regelt, dass Französisch, Deutsch und Luxemburgisch als Verwaltungs- und Justizsprachen verwendet werden können.

3    Zum heutigen Zeitpunkt haben etwa 45% der aktuell 500.865 Einwohner/innen des Landes eine andere als die luxemburgische Nationalität (ECPL 9/2008).

4    Luxemburg erreichte bei PISA 2000 in allen Testbereichen unterdurchschnittliche Ergebnisse. Im Lesen schnitten luxemburgische Schüler/innen europaweit am schlechtesten ab. Außerdem wurden deutliche Abhängigkeiten zwischen sozioökonomischem Hintergrund und Testergebnis sowie Migrationshintergrund und Testergebnis festgestellt (vgl. exemplarisch: PISA 2000 – Kompetenzen von Schülern im internationalen Vergleich. Nationaler Bericht Luxemburg, MENFP o.J.).

(vgl. Freiberg/Hornberg/Kühn 2007), wird im Rahmen der daraus resultierenden schulischen Reformen das Prinzip der Mehrsprachigkeit grundsätzlich nicht in Frage gestellt. Vielmehr wird die „Einführung eines Bildungssystems für mehr Chancengleichheit auch auf sprachlicher Ebene" als „eine der größten Herausforderungen für die Bildungspolitik" (Le Gouvernement du Grand-Duché de Luxembourg, Service information et presse 2008, S. 6) angesehen. Die „Bildungsstandards Sprachen" verfolgen dabei einen kompetenzorientierten Ansatz. Sie fordern einen Sprachenunterricht, der für alle Kinder eine Sprachhandlungskompetenz in verschiedenen Sprachen auf- und ausbaut und damit gleichzeitig auch die Entwicklung trans- und interkultureller Kompetenzen fördert (MENFP 2008, S. 20).

## 2 Sprachenvielfalt im Alltag der luxemburgischen Vorschule

Die Umsetzung der beschriebenen Ziele in der pädagogischen Alltagspraxis soll im Folgenden anhand exemplarischer Beispiele aus den besuchten Einrichtungen dargestellt und analysiert werden. Das Einzugsgebiet der Vor- und Grundschule, die in einem Vorstadtviertel mit schwacher Sozialstruktur und einem hohen Anteil an Familien mit Migrationshintergrund (ca. 66%) liegt, ist durch die bereits beschriebene, für Luxemburg charakteristische Vielfalt an Sprachen und Kulturen gekennzeichnet.[5] Die Vorschulklasse setzt sich aus Kindern sechs unterschiedlicher Nationalitäten zusammen, die fünf verschiedene Erstsprachen (Albanisch, Englisch, Italienisch, Luxemburgisch und Portugiesisch) sprechen. Eine Szene aus dem pädagogischen Alltag dieser Vorschulklasse soll nun zeigen, wie dort mit der vorhandenen Mehrsprachigkeit umgegangen wird. Die Szene entstammt dem Beobachtungsprotokoll vom 17.05.07 und zeigt einen Ausschnitt aus der Freispielzeit am Beginn des Schulvormittags.[6]

---

5    Wenn auch beide Institutionen (aus vorwiegend räumlichen Gründen) in getrennten Gebäuden angesiedelt sind, befinden sich diese doch in unmittelbarer Nähe, so dass das Umgebungs- und Einzugsgebiet für beide identisch ist. Die diesbezüglichen Informationen wurden freundlicherweise von der Stadt Luxemburg (Stand 2007) sowie dem luxemburgischen statistischen Amt STATEC (Stand 2001) zur Verfügung gestellt.

6    Die Entscheidung, eine nicht-angeleitete Unterrichtssituation auszuwählen, basiert auf der Annahme, dass im Rahmen des Freispiels Klassenkultur und Alltagspraktiken der Kinder unverfälschter zum Ausdruck kommen können, als dies in einer vorstrukturierten und angeleiteten Lehr-Lern-Situation zu erwarten ist.

[...] Die Lehrerin sitzt an einem Tisch in der Bastelecke und zieht mit Bleistift und Lineal einen Strich auf ein weißes Stück Pappe. Nach und nach versammeln sich immer mehr Kinder um sie herum. Maria fragt: „Joffer, wat méchs du do?" („Lehrerin, was machst du da?"). Die Lehrerin erklärt, dass Lena einen kaputten Schmetterlingsluftballon mitgebracht habe, den sie jetzt zu reparieren versuche, damit das Mädchen ihn in seinem Zimmer aufhängen könne. Maria fragt: „Wat ass dat – Päiperlek?" („Was bedeutet das – Päiperlek?"). Giulia antwortet spontan: „Farfalla!" (das italienische Wort für Schmetterling).[7] Maria lächelt: „Ah, Farfalla ass Päiperlek!" („Ah, Farfalla ist Päiperlek!"). Die Lehrerin nickt und sagt dann: „Farfalla ass Italienesch. An op Franséisch?" („Farfalla ist Italienisch. Und auf Französisch?"). Dabei schaut sie Lena[8] an. Das Mädchen antwortet: „Papillion". Die Lehrerin fragt weiter in die Runde: „An op Englesch?" („Und auf Englisch?"). Maria und Giulia schauen sich kurz an, dann sagt Maria: „Dat wees hei keen, mir mussen d' Angie[9] froen" („Das weiß hier niemand, wir müssen Angie fragen"). In diesem Moment trifft ein weiteres Kind im Vorraum des Vorschulgebäudes ein und die Mädchen laufen zur Tür. [...]

Nachdem die Lehrerin unkommentiert eine Tätigkeit beginnt, versammeln sich zügig mehrere Kinder um sie herum. Maria eröffnet ein Gespräch, indem sie die Lehrerin fragt, was sie dort tue – diese gibt bereitwillig Auskunft. Schon hier wird deutlich, dass der kommunikative Austausch über Tätigkeiten und deren Beweggründe eine im pädagogischen Alltag der Gruppe gewohnte Sprachpraxis zu sein scheint. Die Kinder kommen neugierig und interessiert auf die Lehrerin zu und sprechen sie an, diese reagiert spontan und kommuniziert in diesem Rahmen nebenbei ihr persönliches Engagement für die Belange der Kinder – hier repariert sie den Luftballon eines Mädchens, den es zu diesem Zweck von zu Hause mitgebracht hat. Als Verkehrssprache wählt Maria das Luxemburgische – was einerseits der Tatsache Rechnung trägt, dass die am Gespräch beteiligten Kinder unterschiedliche Erstsprachen haben (in solchen Konstellationen dient Luxemburgisch generell als gemeinsame Verkehrssprache), andererseits aber auch dem Anliegen des Lehrplans entgegen kommt, das Erlernen und Erweitern des Luxemburgischen in besonderem Maße zu fördern. Aus dem Gesprächszusammenhang heraus erfragt Maria die Bedeutung des Wortes Päiperlek, das die Lehrerin verwendet hat. Diese Nachfrage verdeutlicht zwei Aspekte, die für die sprachlichen Alltagspraktiken der Kinder dieser Klasse charakteristisch zu sein scheinen. Zum einen offenbart das Mädchen damit aktives Interesse am Ausbau ihrer Sprachkenntnisse. Zum anderen scheut sie sich auch nicht, fehlende Kennt-

---

7    Maria und Giulia sind italienischer Abstammung.
8    Lena ist Luxemburgerin und besitzt durch außerschulische Kontakte Französischkenntnisse.
9    Angie spricht als Erstsprache Englisch.

nisse in der luxemburgischen Sprache zuzugeben und Nachfragen zur Wortbedeutung anzustellen.

Giulia beantwortet Marias Frage spontan, indem sie die Übersetzung des Begriffs ins Italienische liefert. Es zeigt sich, dass das Mädchen eigenaktiv einzelne Wörter von der Zweit- in ihre Erstsprache übersetzen kann und bereit ist, diese Fähigkeit in den Gesprächsverlauf einzubringen. Das gegenseitige Helfen bei Sprachverständnisschwierigkeiten gehört zur gängigen Praxis des pädagogischen Alltags und ist bei den Kindern der Klasse häufig zu beobachten. Die Lehrerin dagegen, die sehr wohl über Fremdsprachenkenntnisse im Portugiesischen, Italienischen und Englischen verfügt, bringt diese bei Übersetzungsfragen nur dann aktiv ein, wenn die Kinder eigenständig zu keinem Ergebnis kommen. So stehen diese als Experten/innen ihrer Sprachen im Vordergrund. Zum späteren Zeitpunkt wird sich zeigen, dass sie die Tatsache, über individuelles Expertenwissen zu verfügen, offenbar so weit verinnerlicht haben, dass sie Auskünfte von muttersprachlichen Kindern denen der Lehrerin völlig selbstverständlich vorzuziehen scheinen.

Im nun folgenden Verlauf der Szene schaltet sich die Lehrerin als Impulsgeberin für das Thematisieren weiterer Sprachen ein. Sie fragt nach der Übersetzung des Begriffs ins Französische – wobei es sich nicht um die Erstsprache des Mädchens handelt, das sie dabei auffordernd anschaut, sondern um eine Fremdsprache, in der es sich außerschulisch Kenntnisse angeeignet hat. Aus dem situativen Zusammenhang heraus bezieht sie das Mädchen so mit in die Erfahrungswelt der Sprachenvielfalt ein und verdeutlicht auf sinnvolle Art, dass das Bewegen in unterschiedlichen Sprachen nicht nur Angelegenheit der Kinder mit Migrationshintergrund ist, sondern alle Kinder miteinander verbindet. Damit möchte sie vermutlich nicht nur eine gleichberechtigte und gemeinsame Ebene aller Gesprächsteilnehmer/innen erreichen, sondern auch einen pädagogisch-didaktischen Rahmen, in dem Sprachkenntnisse als bereichernd und die Beschäftigung mit Sprachen als erwünscht erscheinen.

Mit der Nachfrage nach der Übersetzung des Begriffs ins Englische thematisiert die Lehrerin dann plötzlich eine Sprache, die keines der anwesenden Kinder beherrscht – Englisch ist die Erstsprache zweier Mädchen, die in dieser Situation nicht präsent sind. Marias erklärende Reaktion macht deutlich, dass sie die Frage nach der Übersetzung an dieser Stelle dennoch für durchaus interessant und wissenswert hält, auch wenn es sich um eine Sprache handelt, die nicht unmittelbar zu ihrem eigenen Sprachenrepertoire gehört. So offenbart sie eine generelle Offenheit gegenüber unterschiedlichen, auch für sie fremden Sprachen. Der spontane Verweis auf Angie zeigt dabei deutlich, dass die Kinder ein Bewusstsein darüber zu haben scheinen, welche Kinder welche Sprachkenntnisse besitzen und bei Fragen zur Hilfe gerufen werden können. Die Lehrerin selbst nach der Übersetzung zu fragen, scheint trotz des Wissens, dass sie die englische Sprache beherrscht, keine Alternative zu sein. Diese Alltagspraxis unterstreicht die bereits erwähnte These, dass die Kinder sich gegenseitig als Experten/innen für ihre jeweiligen Erstsprachen anerkennen und schätzen.

Indem die Lehrerin in der beschriebenen Weise die verschiedenen Sprachen der Kinder situativ und sinnvoll in den Schulalltag einbindet, regt sie ihren Austausch untereinander an. Lehrerin und Kinder begegnen der sprachkulturellen Vielfalt ihrer Gruppe mit besonderem (Lern-)Interesse. So wird *Heterogenität durch alltägliche Sprachpraxis zum Normalfall*, der sich deswegen als bereichernd erweist, weil er *neue Kommunikations- und Lernchancen* eröffnet. Entsprechend der Ziele, die die „Bildungsstandards Sprachen" benennen, werden so durch Erfahrungen mit Mehrsprachigkeit bereits zu einem frühen Zeitpunkt nicht nur der Aufbau vertiefter Sprachenkompetenz begünstigt und Sprachbewusstsein aufgebaut, sondern auch interkulturelle Kompetenzen gefördert.

## 3    Sprachenvielfalt im Alltag der luxemburgischen Grundschule?

Im Anschluss an die exemplarische Darstellung pädagogischer Gestaltungsweisen des Vorschulalltags soll nun der Umgang mit Mehrsprachigkeit im pädagogischen Alltag der Grundschulklasse untersucht werden. Im beobachteten Zeitraum des Übergangs von der Vor- zur Grundschule kommt dabei nicht zuletzt auch der Frage nach einer Anschlussfähigkeit zwischen beiden Institutionen wichtige Bedeutung zu. Denner und Schumacher formulieren in einem Beitrag zu Übergängen zwischen unterschiedlichen Bildungsinstitutionen verschiedene Leitfragen, die maßgeblich prägende Aspekte von Schulkultur hinsichtlich des Gelingens von Übergängen erkennbar machen sollen. Auf pädagogisch-didaktischer Ebene steht dabei die Frage danach im Mittelpunkt, ob die vorausgegangenen Bildungsprozesse und Lernerfolge der Kinder Wertschätzung erfahren und wie diese gegebenenfalls gelebt wird (vgl. Denner/Schumacher 2004, S. 62). Anhand einer Szene aus der Grundschulzeit soll diese Frage nun hinsichtlich der hier fokussierten Aspekte migrationsbedingter Mehrsprachigkeit exemplarisch beantwortet werden.

Was die Zusammensetzung der Grundschulklasse betrifft, haben sich aufgrund der altersgemischten Struktur der Vorschule beim Übergang einige Veränderungen ergeben. Die Lerngruppe umfasst neun Kinder aus der bereits kennen gelernten Vorschulklasse und weitere sieben Kinder aus einer zweiten Vorschulklasse, die parallel lief. Als Erstsprachen sind in dieser Klasse nun Portugiesisch, Italienisch, Englisch und Chinesisch vertreten. Zu erwähnen ist dabei, dass keines der Kinder dieser Klasse zwei luxemburgische Elternteile hat. Mit Blick auf die bereits zitierten PISA- und PIRLS-Ergebnisse handelt es sich also aus-schließlich um Kinder, die der von hoher Bildungsungleichheit betroffenen Gruppe angehören.

Die folgende Szene ereignete sich im Rahmen des Deutschunterrichts der ersten Klasse am 11.10.07, also etwa in der fünften Woche des derzeit laufenden Schuljahres. Wie bereits eingangs erläutert, erfolgt der Schriftspracherwerb in Luxemburg in der ersten Klasse auf Deutsch. Für die Praxis bedeutet dies, dass die Kinder ihre Unterrichtssprache erst erwerben, während sie darin gleichzeitig bereits Lesen und Schreiben lernen.

Gerade wird im Deutsch-Arbeitsheft gearbeitet. Die Kinder haben die ent-sprechende Übung aufgeschlagen, lösen gemeinsam eine nach der anderen Auf-gabe und tragen das besprochene Ergebnis an der jeweiligen Stelle ein. Gefordert ist, die Anlaute unterschiedlicher Bilder zu identifizieren und miteinander zu vergleichen. Am Beginn jeder Zeile ist dazu ein Bild aus der Anlauttabelle vor-gegeben. Dahinter befinden sich weitere Bilder, von denen einzelne mit dem gleichen Anlaut beginnen. Diese sollen erkannt und entsprechend durch Ankreu-zen gekennzeichnet werden. Das Anlautbild in der dritten Zeile zeigt eine „Ameise" – die Kinder sollen dort also Bilder identifizieren, deren deutschspra-chige Bezeichnungen ebenfalls mit „a" beginnen.

[...] Die Lehrerin spricht Giulia an und fragt sie nach einem Bild, das einen Apfel zeigt. Giulia sagt: „Affel". Dabei spricht sie leise und blickt weiterhin in ihr Buch. Die Lehrerin korrigiert kopfschüttelnd: „Nicht Affe - „, sie zeigt auf der Anlauttabel-le an der Seitentafel auf das Bild eines Gorillas[10], „das ist ein Affe, ein Gorilla. Das hier -", an dieser Stelle hebt sie ihr eigenes Arbeitsheft in die Höhe und deutet mit dem Finger auf das Bild, „ - ist ein Apfel". Giulia, die während der Erläuterungen der Lehrerin weiterhin schweigend in ihr Buch gesehen hat, wiederholt leise „Affel" und kreuzt das Bild dann an. Die Lehrerin geht währenddessen zur nächsten Aufga-be über. [...]

Die Aufgabenstellung der hier dargestellten Szene ist darauf ausgerichtet, Anlau-te unterschiedlicher Wörter zu hören und unterscheiden zu können. Folglich sind die entsprechenden Aufgaben dann richtig gelöst, wenn der Anlaut eines Wortes korrekt identifiziert und mit dem vorgegebenen Anlaut verglichen wurde. Streng genommen gibt es zwei Antwortmöglichkeiten: „Ja, der Anlaut stimmt mit dem vorgegebenen überein" oder „Nein, die beiden Anlaute stimmen nicht überein". Dieser Vergleich und die entsprechende Schlussfolgerung sollen auf Grundlage der deutschen Sprache erfolgen – für die Kinder eine Fremdsprache, die sie erst seit wenigen Wochen erlernen. Daher bietet sich zur Bearbeitung der Aufgabe

---

10   Der Gorilla repräsentiert in der Anlauttabelle den Laut „g".

an, zuerst die jeweiligen deutschen Bildbezeichnungen zu klären, damit auf dieser sprachlichen Grundlage dann beide Anlaute verglichen und die Frage nach
„gleich" oder „abweichend" beantwortet werden können. Diese Vorgehensweise
scheint auch Giulia zu erwarten, als sie von der Lehrerin zum Lösen einer der
Aufgaben aufgefordert wird – sie benennt die Zeichnung des Apfels mit dem
passenden Begriff in der Fremdsprache („Affel"). Dass sie das Wort dabei anders
ausspricht, als es im Deutschen üblich ist, liegt vermutlich daran, dass der Laut
„pf" in ihrer Erstsprache, dem Italienischen, nicht existiert und für sie somit noch
ungewohnt und möglicherweise schwer auszusprechen ist. Da der für die Aufgabenstellung zentrale Anlaut des Begriffs dadurch jedoch nicht verändert wird, ist
diese Abweichung für die letztendliche Lösung der Aufgabe nicht hinderlich.
Auch die Tatsache, dass Giulia zum Ende der Szene hin das besprochene Bild
völlig korrekt ankreuzt, zeigt, dass sie trotz abweichender Aussprache in der
Lage ist, die Aufgabenstellung umfassend und kompetent zu bearbeiten. Im Zusammenhang eines Unterrichtsgesprächs, in dem Giulia diese von ihr erkannte
Übereinstimmung der Anlaute verbalisieren würde, könnte dann auch die korrekte Aussprache des Wortes Apfel aufgegriffen und gesichert werden. Der tatsäch-
liche Fortgang der Szene gestaltet sich jedoch anders. Die Reaktion der Lehrerin
auf Giulias Antwort „Affel" deutet darauf hin, dass sie keine Übereinstimmung
des von Giulia genannten Wortes mit dem zum Bild passenden Begriff erkennen
konnte. Scheinbar hat sie aufgrund des Aussprachefehlers statt Apfel ein anderes
Wort, nämlich Affe, verstanden und korrigiert daher den vermeintlichen Be-
zeichnungsfehler. Diese Korrektur, aber auch der damit verbundene Verweis auf
die Anlauttabelle werfen jedoch Fragen auf.

Auf pädagogisch-didaktischer Ebene erfolgt der Unterricht der ersten Klasse auf der Grundlage der, für alle am Unterricht beteiligten Kinder, fremden,
deutschen Sprache. Damit sind Aussprachefehler, vor allem zu so einem frühen
Zeitpunkt des Schuljahres, wohl nicht ungewöhnlich. Mit Blick auf den hohen
Anteil an Kindern mit Migrationshintergrund steigt die Erwartbarkeit solcher
Schwierigkeiten vielleicht sogar noch an. Sinnvoll und notwendig wäre daher,
dass diese individuellen Lernbedingungen der Kinder im Unterricht Berücksichtigung fänden. Giulias Akzent jedoch wird, auch vor dem Hintergrund, dass ihre
Erstsprache Italienisch den falsch ausgesprochenen Laut „pf" gar nicht kennt, als
Wissenslücke (miss)gedeutet. Indem die Lehrerin ohne vergewissernde Rückfra-
ge sofort korrigierend eingreift, spricht sie Giulia außerdem nicht nur zu Unrecht
vorhandene sprachliche Kenntnisse ab, sondern verhindert gleichzeitig auch jede
Möglichkeit kommunikativen Lernens.

Auch auf inhaltlicher Ebene erscheint die Reaktion der Lehrerin fraglich,
verweist sie doch zur Erläuterung des Unterschiedes zwischen „Apfel" und „Affe" auf einen Gorilla. Das Wort „Gorilla" ist Giulia durch den Umgang mit der

Anlauttabelle bekannt. Dort repräsentiert der Gorilla den Laut „g" – wobei offen bleibt, inwiefern den Kindern an dieser Stelle deutlich wird, dass der Gorilla ein spezieller Vertreter der Gattung „Affe" ist. In der Äußerung der Lehrerin soll der Begriff „Gorilla" jedoch als Unterbegriff zur Klärung dieser Gattungsbezeichnung „Affe" beitragen. Vor dem Hintergrund der Annahme, Giulia hielte „Affe" außerdem für die vermeintlich passende Bezeichnung eines Apfels, bleibt fraglich, inwieweit dieser Hinweis für das Mädchen wirklich hilfreich oder eher verwirrend ist.

Dass Giulia im Anschluss an diese Erläuterungen der Lehrerin noch einmal genau das wiederholt, was sie auch vorher schon sagte (nämlich „Affel"), bleibt von der Lehrerin unbemerkt, zumindest aber unkommentiert. Diese geht daraufhin wortlos zur nächsten Aufgabe über. Die Ausgangsfragestellung, ob der Anlaut des „Apfels" mit dem der „Ameise" übereinstimmt und demzufolge das Bild des Apfels angekreuzt werden muss oder nicht, wird folglich gar nicht mehr thematisiert und die Aufgabe so nicht gelöst. Giulia selbst bringt sie für sich korrekt zu Ende, in dem sie in ihrem Heft das richtige Kreuz setzt. Ob sie dabei registriert, dass die Aufgabe im Rahmen des Unterrichts nicht vollständig bearbeitet wurde, oder die Äußerung der Lehrerin schlicht nicht verstanden und möglicherweise sogar als Aufforderung zum Ankreuzen des Bildes gedeutet hat, bleibt unklar. Sicher scheint dagegen, dass das Mädchen über sprachliche Kompetenzen verfügt, die von seiner Lehrerin nicht gesehen und folglich auch nicht als solche anerkannt werden.

## 4    Konsequenzen und Schlussfolgerungen

Hinsichtlich der Ziele, die in den bereits zitierten „Bildungsstandards Sprachen" (MENFP 2008) formuliert werden, weisen die exemplarischen Szenen aus der Vorschulzeit unterstützende Merkmale auf. Lehrerin und Kinder begegnen der sprachkulturellen Vielfalt ihrer Gruppe mit besonderer Aufmerksamkeit und spezifischem (Lern-)Interesse. Ihre alltägliche Sprachpraxis macht Heterogenität zum Normalfall, so dass neue Kommunikations- und Lernchancen nicht nur auf sprachpraktischer, sondern auch auf sozialer und persönlicher Ebene eröffnet werden. Entsprechend der Zielsetzungen der „Bildungsstandards Sprachen" begünstigen die beobachteten Erfahrungen der Kinder mit Mehrsprachigkeit so bereits zu einem frühen Zeitpunkt nicht nur den Aufbau vertiefter Sprachenkompetenz, sondern unterstützen vermutlich auch das interkulturelle Lernen. Betrachtet man, in Anlehnung an Denner und Schumacher (2004), nun die Frage nach der Wertschätzung dieser vielfältigen, vorangegangenen Bildungsprozesse und Lernerfolge der Kinder beim Übergang zur Grundschule, wird dort von

Seiten der Lehrerin offenbar wenig auf die vorhandenen Kenntnisse und Fähigkeiten der Kinder eingegangen oder Rücksicht auf ihre besonderen Lernausgangslagen genommen. Zur weiteren Erkenntnisgewinnung soll dieses Ergebnis über eine *nicht vorhandene Anschlussfähigkeit* der beiden Institutionen auf mögliche Entstehungsbedingungen hin reflektiert werden. Dabei rücken auch bildungspolitische und strukturelle Rahmenbedingungen in den Blickpunkt. Es wird zu untersuchen sein, inwiefern aktuelle Reformen, aber auch bisherige und bleibende Rahmenbedingungen des luxemburgischen Bildungssystems institutionelle Anschlussfähigkeit begünstigen oder aber einschränken bzw. verhindern. Denner und Schumacher (ebd., S. 71) versehen ihre Ausführungen abschließend mit dem Hinweis, dass „das Gelingen des ausgeklügelsten Konzepts mit den Überzeugungen, dem beruflichen Engagement und der Ernsthaftigkeit" steht oder fällt, „mit welcher die im Bildungsprozess verantwortlichen professionellen Bildungsarbeiter/innen – gemeinsam mit den Lernenden – Übergänge zu gestalten und zu begleiten wissen". Auch bei der weiteren Auswertung der hier vorgestellten Feldstudie wird dieser Aspekt wohl nicht außer Acht gelassen werden können.

**Literatur**

Blanke, I./Böhm, B./Lanners, M. (2004): PISA 2003. Nationaler Bericht Luxemburg. Luxemburg: MENFP/SCRIPT. http://www.men.public.lu/publications/etude_rapport /etudes_internationales/pisa_bericht_all/pisa_bericht_allemand.pdf [22.09.2008]

Denner, L./Schumacher, E. (2004): Übergänge zwischen Bildungsinstitutionen – bildungspolitische, pädagogische, didaktische und curriculare Überlegungen. In: Denner, L./Schumacher, E. (Hg.): Übergänge im Elementar- und Primarbereich reflektieren und gestalten – Beiträge zu einer grundlegenden Bildung. Bad Heilbrunn, S. 52-74.

ECPL - État civil et population du Luxembourg: Répertoire des personnes physiques. Statistiques du 01.09.2008. http://www.ecp.public.lu/repertoire/stats/2008/09/ index.html [14.03.2009]

Freiberg, M./Hornberg, S./Kühn, P.(2007): Mehrsprachigkeit, Migration und soziale Heterogenität im Spiegel der Lesekompetenzen. In: Berg, C./Bos, W./Hornberg, S./ Kühn, P./Reding, P./Valtin, R. (Hg.): Lesekompetenzen Luxemburger Schülerinnen und Schüler auf dem Prüfstand. Ergebnisse, Analysen und Perspektiven zu PIRLS 2006. München u.a., S. 169-218.

Hausemer, G. (2006): Luxemburger Lexikon. Das Großherzogtum von A – Z. Luxemburg: Editions Binsfeld.

Koenen, M. u.a. (2003): MILA Band 1. Hören, sprechen, lesen, schreiben. Luxemburg: Éducation nationale.

Koenen, M. u.a. (2005): MILA Band 2. Hören, sprechen, lesen, schreiben. Luxemburg: Éducation nationale.

Le Gouvernement du Grand-Duché de Luxembourg, Service information et presse (2008): Apropos ... Sprachen in Luxemburg. Luxemburg: Service information et presse. www.gouvernement.lu/publications/luxembourg/a_propos_des_langues/a_propos_d es_langues_2008_DE.pdf [09.03.2009]

Letsch, J./Reding, P./Vanolst, F. (o.J.): Konzeption des Mila-Materials. In: MILA-Lehrerhandreichung. Lehrerhandeichung zur MILA-Fibel (2003 ff.). Luxemburg: Éducation nationale.

MEN - Ministère de l'Éducation Nationale (1991): Eis Spillschoul. Plan-cadre pour l'Éducation préscolaire au Grand-Duché de Luxembourg. Luxemburg: MEN. http://www.men.public.lu/publications/precoce_prescol/programmes_manuels_scol/ prescolaire_plan_cadre/plan_cadre_prescolaire.pdf [22.09.2008]

MENFP – Ministère de l'Éducation Nationale, de la Formation professionnelle et des Sports (o.J.): PISA 2000. Kompetenzen von Schülern im internationalen Vergleich. Nationaler Bericht Luxemburg. Luxemburg: MENFP. http://www.men.public.lu/ publications/etudes_statistiques/etudes_internationales/pisa_2000/pisa_2000.pdf [12.03.2009]

MENFP - Ministère de l'Éducation nationale et de la Formation professionnelle (2008): Bildungsstandards Sprachen – Leitfaden für den kompetenzorientierten Sprachunterricht an luxemburgischen Schulen. Luxemburg: MENFP. http://www.men.public.lu /publications/syst_educatif_luxbg/langues/080611_bildungsstandards_sprachen/080 606_bildungsstandards_sprachen.pdf [12.03.2009]

Panagiotopoulou, A./Graf, K. (2008): Umgang mit Heterogenität und Förderung von Literalität im Elementar- und Primarbereich im europäischen Vergleich. In: Hofmann, B./Valtin, R. (Hg.): Checkpoint Literacy. Tagungsband 1 zum 15. Europäischen Lesekongress 2007 in Berlin. Deutsche Gesellschaft für Lesen und Schreiben. Berlin 2008, S.110-122.

Pull, J. (2002): Luxemburg. In: Döbert, H./Hörner, W./von Kopp, B./Mitter, W. (Hg.): Die Schulsysteme Europas. Baltmannsweiler, S. 282-293.

# „It's all mixed" – Politiken und Praktiken im Umgang mit kultureller und sprachlicher Diversität im englischen Bildungssystem

*Christina Huf*

## 1 Einleitung: „I am Bengoli and English!"

Das diesen Beitrag einleitende Gespräch wird von drei Kindern geführt. Die Kinder sind Schüler/innen eines ersten Schuljahres einer Grundschule in London, und arbeiten daran, dem Praktikanten Leroy eine Abschiedskarte zu schreiben. Leroy hat, genau wie die drei Kinder, dunkelbraune Haut, und die Kinder haben bereits eine Weile darüber spekuliert, ob Leroy, genau wie sie selbst, einen bengalischen Migrationshintergrund hat. Als Sadiya sich schließlich traut, Leroy zu fragen, erklärt er den Kindern, dass sein Vater Engländer ist, seine Mutter Jamaikanerin, beide seiner Eltern seit vielen Jahren in England leben, und er selbst in London geboren und aufgewachsen ist. Als Leroy sich anderen Kindern zuwendet, entwickelt sich unter den drei Schüler/innen und mir das folgende Gespräch:

| | |
|---|---|
| Kamal: | „There is lot's of skin colour, and it's all mixed. Some are Somalian and they speak English". |
| Avik: | „I saw this person was white and he speak English, but he is Bengoli. Sometimes people's skincolour is mixed up". |
| Christina: | an Avik gerichtet: „And what about you?" |
| Avik: | „I'm Bengoli and English. My mum is a little bit English". |
| Sadiya: | „My mum can speak English and Bengoli. My dad is like Avik's mum. I'm Bengoli. I'm not good at speaking Bengoli, but I am Bengoli". |
| Avik: | „Some people are coloured the same. Some of them are like white, or like brown, or like black. The sun goes onto your skin. It makes your skin go dark." |
| Kamal: | „My sister said to me, if people's skin is dark, they are Bengoli. If their skin is white, they are English." |
| Sadiya: | „That's not true. I know someone with white skin who is Bengoli. And Christina looks English, but she is German". |

Kamal, Sadiya und Avik gehören zu den ersten Kindern in England, die, bevor sie in das offizielle erste Schuljahr eingeschult worden sind, drei Jahre lang die *Foundation Stage* besucht haben. Die im September 2000 als erste Stufe des englischen Bildungssystems eingerichtete *Foundation Stage* wird von Kindern im Alter von drei bis fünf Jahren besucht, und umfasst alle Institutionen, die frühkindliche Bildung, Betreuung und Erziehung anbieten, sowie die *Reception Class*, die Eingangsklasse der englischen Grundschule, deren Besuch für alle fünfjährigen Kinder Pflicht ist[1]. Die Einrichtung der Foundation Stage soll der Bedeutsamkeit frühkindlicher Bildung, Betreuung und Erziehung (FBBE) Rechnung tragen, dieser eine ‚distinct identity' verleihen, aber auch deren Anschlussfähigkeit an die Lerninhalte des *National Curriculum* gewährleisten (vgl. QCA 2000).

Kamal, Sadiya und Avik gehören gleichzeitig zu der Gruppe von Kindern, denen die von der Labour Partei seit ihrem Regierungsantritt 1997 intensiv verfolgten Anstrengungen zur Reform der FBBE in besonderer Weise gegolten haben. Denn Kinder mit bengalischen Migrationshintergrund gelten seit vielen Jahren als eine im englischen Bildungssystem stark benachteiligte Schülergruppe (vgl. Brooker 2002, S. 7ff.; Strand 1999; Tizzard et al. 1988). Und eines der erklärten Ziele von Labour ist, dem ‚long tail of underachievement', der Großbritannien in internationalen Vergleichsstudien bescheinigt worden ist, entgegenzuwirken (vgl. Barkham/Miller 2008, S. 17).

Die Grundschule, die Kamal, Sadiya und Avik besuchen, wird nahezu ausschließlich von Schüler/innen besucht, die einen bengalischen oder somalischen Migrationshintergrund haben. In der Purple Class, deren Schüler/innen ich im Rahmen meines Habilitationsprojektes über zwei Schuljahre hinweg als Ethnographin begleitet habe (vgl. Huf 2010), hatten 28 Kinder einen bengalischen und zwei Kinder einen somalischen Migrationshintergrund[2].

Ausgehend von der für viele Institutionen frühkindlicher und schulischer Bildung und Erziehung in England zutreffenden Situation, dass eine Vielzahl ihrer Schüler/innen multikulturelle und mehrsprachige Hintergründe hat, möchte ich in diesem Beitrag nach den bildungspolitischen Vorstellungen und Strategien fragen, die in England in den letzten Jahren bezüglich des Umgangs mit sprachlicher und kultureller Diversität verwirklicht worden sind. Ein Schwerpunkt wird

---

1   Seit September 2008 ist die Foundation Stage auf Kinder im Alter von 0-5 Jahren erweitert worden, und wird seitdem als *Early Years Foundation Stage (EYFS)* bezeichnet. Da das Forschungsprojekt, auf dem dieser Beitrag basiert, von September 2006 - Juli 2008 stattgefunden hat, beziehe ich mich – wenn nicht anders ausgewiesen – auf die Foundation Stage.

2   Mit den oben zitierten Aussagen machen Kamal, Sadiya und Avik deutlich, dass die Formel „bengalischer Migrationshintergrund" in äußerst unzureichender Weise die sehr differenzierten und auch voneinander differenten Vorstellungen bezüglich ihrer eigenen kulturellen und sprachlichen Identität zu fassen vermag.

dabei auf den Reformen frühkindlicher Bildung und Erziehung liegen, die Labour seit ihrem Regierungsantritt von 1997 zu einer ihrer bildungspolitischen Prioritäten gemacht hat. Anschließend möchte ich einen Einblick in die Alltagspraxis der Purple Class geben, die als *Reception Class* der Charlie Brown Grundschule von den oben genannten Reformen in sehr grundsätzlicher Weise betroffen ist.

## 2    The long tail of underachievement

Auf Grund der – auch zum gegenwärtigen Zeitpunkt noch anhaltenden – Immigration von Menschen aus Mitgliedstaaten des ehemaligen Commonwealth ist die Bevölkerung des United Kingdom (UK) seit den sechziger Jahren von einer zunehmenden kulturellen Diversität geprägt. In dem von der OECD 2000 im Rahmen von *Starting Strong* verfassten Länderbericht wird die Prozentzahl von Menschen, die ethnischen und sprachlichen Minoritäten angehören, mit sechs Prozent angegeben. Der Gruppe der ‚immigrant population' werden Bürger aus Indien (15%), Irland (15%), den karibischen Inseln (9,1%), Pakistan (8,7%), Afrika (2,8%), Bangladesh (2,9%) und Hong Kong (2,8%) zugeschrieben. Was dies für die in letzten Jahren geborenen Kinder bedeutet, hat Ang (2007, S. 9) sehr pointiert mit den Worten beschrieben:

> „We live in a time of rapid social change, with children from multicultural backgrounds who may have inherited a mixture of cultural traditions and values. Few individuals, and indeed children, can identify themselves as a member of a single cultural or racial group". Nach Schätzung des Department for Education and Skills (DfES) von 2003 haben zehn Prozent aller Schüler/innen, die Schulen in England besuchen, einen Migrationshintergrund. Die in den Prozentangaben zum Ausdruck kommende Disproportionalität findet in der Aussage der OECD eine Erklärung, „all ethnic groups in the UK have a (...) larger number of young children than the base population" (ebd. 2000, S. 10-11).

Die im Anschluss erwähnte Tatsache, dass eines von drei Kindern in der UK in Armut[3] lebt, wird von der OECD nicht in einen unmittelbaren Zusammenhang mit sozialen Benachteiligungen ethnischer Minoritäten gebracht. Liz Brooker jedoch stellt diesen Zusammenhang unmissverständlich her, wenn sie schreibt: „Reports on ethnic minority incomes and on poverty and social exclusion indicate that minority groups, particularly those concentrated in inner urban areas, are easily the poorest groups in the country, and that as a result of larger family size

---

3    Die von der OECD verwendete Definiton von Armut ist „less than half the average income in the UK" (OECD 2000, S. 11).

in low-income groups, a third of children in the UK live in poverty" (ebd. 2002, S. 8-9)[4].

Wichtige Hinweise darauf, dass auch die Bildungschancen von Kindern eng gekoppelt mit ihrer sozialen und ethnischen Herkunft sind, lieferte das *Junior School Project* (Mortimore et al. 1988). Die Studie, die die Leistungen von Schüler/innen im Alter von 7 bis 11 Jahren längschnittlich dokumentiert, kommt nicht nur zu dem Ergebnis, dass Kinder, die ethnischen Minoritäten angehören, auf gravierende Weise von ´underachievement´ betroffen sind, sondern verdeutlicht darüber hinaus, dass die Bildungsbenachteiligung ohnehin benachteiligter Kinder im Laufe der Grundschulzeit weiter zunimmt (ebd., S. 117). Innerhalb der Gruppe von Kindern mit Migrationshintergrund bestehen wiederum deutliche Differenzen, die, fasst man die Gruppe dieser Kinder bei Leistungsvergleichstudien undifferenziert zusammen, kaschiert werden. Infolgedessen wird nicht nur die Wahrnehmung der guten Leistungen von Schüler/innen mit chinesischem und afrikanischen Migrationshintergrund, sondern auch die der „continuing poor outcomes of larger groups such as pupils of Pakistani and Bangladeshi origin" verschleiert (Brooker 2002, S. 9).

Das Jahr 1988, in dem die Ergebnisse des *Junior School Projects* veröffentlicht worden sind, ist für das englische Bildungssystem insofern von zentraler Bedeutung, als 1988 das *National Curriculum* implementiert wurde, das anstelle des zuvor dezentral organisierten Schulsystems für alle staatlichen Schulen und deren Schüler/innen im Alter von 5 bis 16 Jahren verbindliche und stark präskriptive Vorgaben bezüglich zu erreichender Lernziele festschrieb, und deren Erreichen durch Vergleichsarbeiten sowie die Evaluation von Schulen durch die dafür eigens eingerichtete *Office for Standards in Education* (OfSTED) zu gewährleisten versuchte. Die gleichberechtigte und gemeinsame Teilhabe an einem standardisierten Bildungsangebot sollte zu einer Steigerung der Leistung aller Schüler/innen und damit zu sozialer Inklusion führen (vgl. DES 1988).

Auf der Basis der „Education for All ideology" (Conteh) ist ‚Inclusion' in der Folgezeit zu einem zentralen Begriff der bildungspolitischen Reform geworden. In einem von OfSTED publizierten „Guidance for Inspectors and Schools" wird betont, dass Inklusion nicht nur auf Schüler/innen mit ‚special educationals needs' zielt, sondern für alle Kinder gleichermaßen gilt. „It is", so definiert Papatheodorou (2007, S. 48) dies sehr pointiert, „a political and ideological struggle against exklusive attitudes, systems, structures and approaches". Gewonnen werden soll dieser Kampf durch den für alle Kinder gleichermaßen mög-

---

4    Liz Brooker bezieht sich auf: Berthoud, R. (1998): Incomes of Ethnic Minorities. Colcester: Institute for Social and Economic Research sowie Howard, C./Kenway, P./Plamer, G./Street, C. (1998): Monitoring Poverty and Social Exklusion: Labour´s Inheritance. York: Joseph Rowntree Foundation.

lichen Zugang zu Bildung und die für alle gleichen Lerninhalte. Insofern spricht Jean Conteh (2006, S. 134) von einem „‚equal means the same' model of inclusion".

Für Kinder, die ‚ethnic minority communities' angehörten, hatte die ‚equal access ideology' (Conteh) gravierende Konsequenzen: Zum einen wurden die zuvor von den *Local Education Authorities* (LEA) realisierten Initiativen zur speziellen Förderung von Kindern mit Bildungsbenachteiligungen eingestellt (vgl. Brooker 2002, S. 8). Zum anderen wurde der muttersprachliche Unterricht sowie der ‚specialist support' für bilinguale Kinder nach 1988 aus den Schulen ausgegliedert, und stattdessen das Recht aller Kinder betont, Englisch zu lernen. Dementsprechend beschreibt Conteh es als eines der zentralen Ziele des *National Curriculum*: „One of its key aims was that, by the age of 16, all pupils would be able to use spoken and written standard English confidently and accurately" (ebd. 2000, S. 132). Während im Curriculum selbst auf zwei- oder mehrsprachige Kinder gar nicht eingegangen wird, wird in einem vom National Curriculum Council (NCC) 1991 publizierten Leitfaden zum Umgang mit dem National Curriculum betont, dass die Sprachen mehrsprachiger Kinder als eine ‚rich resource' erachtet, von den Kindern jedoch nur so lange genutzt werden sollen, bis ihre Englischkenntnisse gut genug seien, um ausschließlich Englisch zu sprechen. Conteh beurteilt dies als ein „transitional model of bilingualism", das auf den widersprüchlichen bildungspolitischen Paradigmen der Anerkennung ethnischer und linguistischer Diversität bei gleichzeitiger Nivellierung von Unterschieden durch die Annahme eines für alle Kinder gleichen Modells des Spracherwerbs basiert[5]. Conteh kommt zu dem Schluss, dass auch das mangelnde Wissen um spezifische Kompetenzen und Bedürfnisse von bilingualen Kindern, insbesondere die Interdependenzen zwischen Erst- und Zweitspracherwerb, sowie die Missinterpretation von Spezifika ihres Spracherwerbs als Ausdruck grundsätzlicher Lernschwierigkeiten zu einem weiteren Einfallstor des ‚educational underachievement' dieser Kinder wurden (ebd. 2006, S.131 ff.). Als Labour 1997, nahezu zehn Jahre nach der Implementierung des National Curriculum die Regierungsverantwortung übernahm, galt ‚educational underachievement' als ein nach wie vor zu lösendes, gravierendes Problem (vgl. Barkham/Miller 2006, S. 17f.).

---

5    Conteh bezieht sich in ihrer kritischen Auseinandersetzung auf: Safford, K. (2003): Teachers and Pupils in the Big Picture: Seeing Real Children in Routinised Assessment. Watford: National Association for Language Development in the Curriculum (NALDIC).

## 3    „Too many children are written off, too many talents wasted"

Die in der Überschrift zitierten Worte stammen aus einer Rede von Tony Blair
von 1996[6]. Als Labour 1997, nach achtzehn Jahren in der Opposition, die Regierungsverantwortung übernahm, machte sie unmissverständlich deutlich, dass die
Bekämpfung von ‚underachievement' und die Durchsetzung sozialer Gerechtig-
keit hoch oben auf ihrer politischen Agenda steht. Dazu initiierte – und verfolgt
seitdem mit großer Intensität und ausgeprägter finanzieller Unterstützung – Labour zwei groß angelegte Reforminititativen, die zum Teil ineinander greifen:
Die *National Literacy Strategy* (NLS) und die Implementierung der *Foundation
Stage* als erster Stufe des englischen Bildungssystems.

### 3.1  Die National Literacy Strategy

Bereits als Mitglied der Opposition hatte Blunkett, der kurz darauf als Minister
das *Department for Employment and Education* (DfEE) übernahm, 1996 das
*Literacy Project* initiiert. Das Projekt basierte auf zwei Prämissen, die wenig
später zu den handlungsleitenden Maximen der NLS wurden: Zum einen, dass
*Literacy* die Grundlage für Bildungserfolg darstellt, und im Umkehrschluss ihre
mangelnde Beherrschung gravierende Beeinträchtigungen für das Leben des
Einzelnen mit sich bringt. Zum anderen, dass Bildungsstandards im Sekundarbe-
reich nur erreicht werden können, wenn die dazu benötigten Kompetenzen bereits im Primarbereich grundgelegt werden.

Auf der Basis dieser Annahmen initiierte Labour bereits ein Jahr nach Regierungsantritt eine Reform, die Barkham/Miller (2006, S. 16) als „one of the
largest educational reforms world wide" charakterisieren, und die in einer viel
zitierten Veröffentlichung des Ministeriums „Excellence in Schools" mit der
Formel legitimiert wurde: „The first task of the education service is to ensure
that every child is taught to read, write and add up (DfEE 1997, S. 9).[7] Die damit
verbundene Reduktion der Zeit für andere Fächer ist eine der weitreichenden
Konsequenzen der NLS, die die von Harnett/Viney (2008, S. 120) prägnant formulierte Frage nach sich zieht: „What has happened to curriculum breadth and
balance in primary schools?"

Die zweite grundsätzliche Veränderung, die die NLS für Grundschulen und
ihre Lehrer/innen mit sich brachte, bringen Barkham/Miller mit der Aussage
pointiert zum Ausdruck: „The NLS (...), unlike the existing National Curriculum,

---

6    Zitiert in: Barkham/Miller 2006.
7    Ein Jahr nach der NLS wurde die National Numeracy Strategy (NNS) begonnen.

prescribed not only *what* was to be taught, but also *how*[8]„ (ebd. 2006, S. 16).
Ausgehend von detaillierten Vorstellungen bezüglich eines ‚effective classroom
managements', wurde Lehrer/innen zum einen vorgeschrieben, täglich eine
Stunde *Literacy* in ihren Stundenplan zu integrieren, die so genannte *Literacy
Hour*. Zum anderen erhielten sie detaillierte Vorgaben bezüglich der zeitlichen
Strukturierung dieser Stunde, der Interaktion mit den Kindern, der Unterteilung
der Schülergruppe in unterschiedliche *ability groups*, und, last, but not least,
stark spezifizierte Vorgaben bezüglich der zu verwendenden Methode des
Schriftspracherwerbs (vgl. DfEE 1998). Diese wurde in einem großangelegten,
für alle Grundschullehrer/innen verpflichtenden Fortbildungsprogramm vermittelt und durch zahlreiche Materialien, insbesondere die Einrichtung von Klassen-
und Schulbibliotheken mit Kinder- und Bilderbüchern unterstützt.

Eine, vor dem Hintergrund der oben beschriebenen Kritik an dem „‚equal
means the same' model of inclusion" (Conteh), interessante Neuerung stellen die
*Programmes to support pupils who are falling behind* dar. Der *Early Literacy
Support* (ELS), das Programm für Schüler/innen des ersten Schuljahres, bietet
Kindern, die Schwierigkeiten bei der Erreichung der vorgeschriebenen Lernziele
haben, die Möglichkeiten, in einer Kleingruppe, die von einer *Teaching Assistant*
unterrichtet wird, grundlegende Lernschritte zu wiederholen. Die Arbeit in dieser
Gruppe soll ab dem 2. Term im ersten Schuljahr 60-mal über zwanzig Minuten
stattfinden, und auch für diese zwanzig Minuten wird genau beschrieben, wie sie
strukturiert und organisiert sein sollen (vgl. DfES 2004).

So detailreich die Vorgaben gewesen sind, eine zentrale Anforderung der
Arbeit von Grundschullehrer/innen haben die Planer/innen der NLS gänzlich
unberücksichtigt gelassen: Die hohe Anzahl von zwei- oder mehrsprachigenspra-
chigen Kindern in Grundschulklassen. Conteh konstatiert diese Auslassung wie
folgt: „In the first version of the National Literacy Strategy Framework for teaching, matters reached their lowest point; no mention at all was made of bilingualism as a possible factor – either positive or negative – in children learning to
read and write" (ebd. 2006, S.132). Von daher lautet eine der kritischen Anfra-
gen an die NLS, ob sie ungewollt dazu beiträgt, Kinder, die bilingual aufgewachsen sind, in monolinguale Englischsprecher zu verwandeln (vgl. Cummings
2005).

*3.2 Early Years Foundations*

Zwei Jahre, nachdem Labour die NLS ins Leben gerufen hat, wurde der *Curriculum Guidance for the Foundation Stage* (CGFS) als verbindliches Curriculum

---

8    Hervorhebungen im Originaltext.

für alle Institutionen frühkindlicher Bildung und Erziehung sowie die Reception Class, die Eingangsklasse der englischen Grundschule implementiert. Im Vergleich zu den bisher analysierten Dokumenten stellt der CGfS insofern ein Novum dar, als im Rahmen der Erörterung der *Principles for Early Years Education* eigens auf *Children with English as an additional language* eingegangen wird (vgl. QCA 2000). Da die Einrichtung der Foundation Stage und die Implementierung des *Curriculum Guidance* in einem größeren bildungspolitischen Kontext stattgefunden haben, möchte ich diesen Kontext zunächst kurz skizzieren, bevor ich auf die Einrichtung der Foundation Stage eingehe[9].

### 3.2.1 Sure Start

Vor dem Regierungsantritt von Labour war *childcare* eine „neglected area of public policy" (Ball/Vincenth 2008, S. 196). In einem 2007 verfassten Rückblick beschreibt Liz Brooker die rapiden Veränderungen, die Labour initiiert hat, wie folgt: „Over the past ten years we have seen our profession transformed from a low-status service of ‚care' for young children, widely viewed as an extension of women's family based caring role (...) to an instrument of social transformation, that holds the key to creating a better society (...)" (ebd. 2007, S. 5). In ihrem Länderbericht spricht die OECD Labour bereits drei Jahre nach Regierungsantritt zu, massive Anstrengungen unternommen zu haben, „to improve, expand and integrate the provision for young children" (ebd. 2000, S. 13). Die in der Überschrift verwendete Formel *Sure Start* ist von Labour selbst kreiert und lässt sich als Leitprogramm[10] beschreiben, unter dem Labour die vielfältigen Initiativen zusammengefasst hat. Den drei von der OECD verwendeten Verben sind die von Labour gesetzten Schwerpunkte eingeschrieben. Zum einen verfolgt Labour die Vision einer für alle Eltern finanzierbaren *childcare* in einer Institution frühkindlicher Betreuung, Bildung und Erziehung[11]. Die 1998 gestartete *National Childcare Strategy* zielt auf die Einrichtung kostenloser Ganztagsplätze für alle Vierjährigen, sowie kostenloser Halbtagsplätze für alle Dreijährigen (vgl. Sylva/

---

9    War die Foundation Stage zunächst für die Altersgruppe der Drei- bis Fünfjährigen konzipiert, ist sie seit 2008 als *Early Years Foundation Stage* (EYFS) für Kinder im Alter von null bis fünf Jahren ausgelegt.

10   Ball und Vincent sprechen von einem „umbrella for many of these projects" (ebd. 2008, S. 198).

11   Ca. 20% der Institutionen der FBBE sind staatliche Nursery Schools, die zum Teil in die Primary Schools integriert sind. Dass die übrigen 80% aller Institutionen in privater Hand sind, ist einer der vehement diskutierten Kritiken an der Entwicklung der FBBE (vgl. Penn 2007; Vincenth 2001).

Pugh 2005, S. 12)[12]. Seit 2006 steht allen Drei- und Vierjährigen für 12,5 Stunden pro Woche ein kostenloser Platz zur Verfügung, in einigen Local Education Authorities werden diese auch für zweijährige Kinder angeboten, sofern sie als ‚disadvantaged' gelten (vgl. OECD 2006). In einem Fünfjahresplan wird als weitergehendes Ziel benannt, dass sich die Stundenzahl für alle Drei- bis Vierjährigen bis 2010 auf 20 Stunden pro Woche erhöht (vgl. DfES 2004a)[13]. Zusätzlich sollen Eltern mit geringen Einkommen durch den *Childcare Tax Credit* (CTC) mit bis zu 175 britischen Pfund pro Woche eine zusätzliche finanzielle Unterstützung zur Finanzierung der *childcare* erhalten. Sylva/Pugh charakterisieren die dem zugrunde liegend politische Handlungslogik wie folgt:

> „Much of the drive for additional places has come from a commitment (...) to dramatically reduce the number of children living in poverty. The most effective way of doing this, it is argued, is by enabling parents in workless households to return to work, which they could do if there were adequate childcare" (ebd. 2008, S. 191).

Die von den beiden Autorinnen im Anschluss ausgesprochene Relativierung dieser Handlungslogik „expansion cannot be at the expense of quality" (ebd., S. 191) ist empirisch fundiert: Denn Sylva und Pugh haben maßgeblich an dem Projekt *Effective Provision of Pre-School Education* (EPPE) mitgearbeitet, einer längsschnittlichen Studie, deren Erkenntnisinteresse der Wirkung frühkindlicher Bildung und Erziehung auf die Entwicklung von Kindern im Alter drei bis sieben Jahren gilt. EPPE kommt zu dem Ergebnis, dass vorschulische Bildung, Betreuung und Erziehung insbesondere dann nachhaltig positiven Einfluss auf die intellektuelle und soziale Entwicklung eines Kindes hat, wenn sie spezifische Qualitätsmerkmale aufweist. Dabei betont das Forscherteam, dass insbesondere benachteiligte Kinder von „quality preschool experiences" profitieren (vgl. Sylva et al. 1999, Sylva/Pugh 2008).

Die Ergebnisse von EPPE sowie das mit EPPE in enger Verbindung stehende Projekt *Researching Effective Pedagogy in the Early Years* (REPEY) (vgl. Siraj-Blatchford et al. 2002) haben einen maßgeblichen Beitrag dazu geleistet, dass die Reform der frühkindlichen Bildung, Betreuung und Erziehung in ausgeprägter Weise auf die Gewährleistung von Qualität abzielt. Nachdem im Rahmen der National Childcare Strategy 25 *Early Excellence Centres* etabliert wurden, in denen die *best practice* exemplarisch erprobt wurde, wurde im Jahr 2000 die Foundation Stage als erste Stufe des englischen Bildungssystems eingerichtet und mit dem *Curriculum Guidance for the Foundation Stage* (CGFS) verbindli-

---

12 Da die Schulpflicht in England mit fünf Jahren beginnt, existieren für Fünfjährige ohnehin kostenlose Ganztagsplätze.

13 Zum Zeitpunkt, an dem dieser Beitrag verfasst wurde (März 2010) steht eine Erhöhung der Stundenzahl auf 15 Stunden unmittelbar bevor.

che Richtlinien für die Förderung drei- bis fünfjähriger Kinder erlassen. Ein Spezifikum des CGFS ist, dass er als Leitlinie für alle Institutionen konzipiert ist, die Verantwortung für drei- bis fünfjährige Kinder tragen: *Health, Education, Welfare und Care Services* sollen auf die gleichen Maximen zur Förderung von Kindern verpflichtet und darin unterstützt werden, sich zu Zentren der *educare* zusammenzuschließen (vgl. DfES 2004a).

### 3.2.2 Der Curriculum Guidance for the Foundation Stage

Der CGFS legt zunächst auf dreizehn Seiten die *Principles for early years education* dar, bevor er im Anschluss sechs Lernbereiche, und für jeden dieser Bereiche mannigfaltige *Early Learning Goals* benennt, die am Ende der *Foundation Stage* erreicht sein sollen, deren Nichterreichen jedoch keine selektiven Maßnahmen nach sich zieht. Der Weg zum Erreichen der *Early Learning Goals* ist durch *Stepping Stones* untergliedert, deren Erreichen von den Praktikerinnen auf der Basis ihrer dokumentierten Beobachtung der individuellen Entwicklung jedes Kindes fortlaufend registriert wird (vgl. QCA 2000). Für jeden *Stepping Stone* werden alltagspraktische Beispiele für mögliche Konkretisierungen (Examples of what children do) wie auch mögliche Unterstützungsmaßnahmen (What does the practitioner need to do?) benannt.

Im internationalen Vergleich mit anderen Curricula frühkindlicher Bildung und Erziehung stellen Bertram und Pascal (2002) eine ausgeprägte Konsistenz hinsichtlich philosophischer und theoretischer Überzeugungen bezüglich kindlicher Entwicklung fest, wie auch große Übereinstimmungen bezüglich deren pädagogischer Umsetzung, die Bertram und Pascal beschreiben als eine „interactional pedagogy, where children and adults operate in reciprocity with one another, (...) an encouragement of play-based, first hand, exploratory experiences which provided children with opportunities to talk and interact" (ebd., S. 22). Und auch die Anzahl der Lernbereiche des CGFS ist vergleichbar mit der anderer Curricula (ebd., S. 18). Spezifisch für England ist zum einen der ausgeprägte Fokus auf *Literacy* und *Numeracy*, die mit den ihnen eigens zudachten Lernbereichen „Language, Communication, and Literacy" sowie „Mathematical development" einen großen Raum einnehmen. Spezifisch ist auch die Vorgabe von *Early Learning Goals*, die einen im internationalen Vergleich stark präskriptiven Charakter des Curriculums bedingen. Dementsprechend wird der CGFS in vielen Analysen als „overly prescriptive" beurteilt (vgl. Potter 2007; Soler/Miller 2008). Eine der möglichen Erklärungen für die damit eng verbundene Kritik an der „overarching preparation for school rationale" (Moss 1999) ist, dass die Kinder das letzte Jahr der Foundation Stage in der Reception Class verbringen, die als Eingangsklasse der englischen Grundschule in die *National Literacy Strategy* einbezogen und damit dem Anspruch verpflichtet ist, die Kinder auf die *Literacy Hour* in Year One vorzubereiten. Auch Bertram und Pascal sehen einen Konflikt zwischen dem Anspruch der beiden Strategien auf die Erreichung vorgegebener Standards und den dem CGFS zugrunde liegenden pädagogischen Prinzipien und Vorstellungen bezüglich kindlicher Entwicklung (ebd. 2002, S. 19).

Das dritte Spezifikum das CGFS, das sich im internationalen Vergleich abzeichnet, sehen Bertram und Pascal darin, dass England das einzige Land ist, in dem die ‚equality of opportunity' und der ‚respect for diversity' als Prinzipien für die Arbeit mit dem Curriculum ausgewiesen sind (ebd. 2002, S. 21). Denn im Kapitel *„Principles for early years education"* ist zu lesen: „No child should be excluded or disadvantaged because of ethnicity, culture or religion, home language, family background, special educational needs, disability, gender or ability" (QCA 2000, S. 12). Den Erwachsenen wird die Verantwortung zugeschrieben, dafür Sorge zu tragen, dass die Umgebung des Kindes frei von stereotypen Vorurteilen und diskriminatorischen Praktiken ist (ebd., S. 15). Im Kapitel *Meeting the diverse needs of children* wird betont: „An awareness and understanding of the requirements of equal opportunities (...) is essential" (ebd., S. 18). Schließlich enthält der CGFS ein eigenes Kapitel mit der Überschrift „Children with English as an additional language". Das Kapitel wird von den beiden Sätzen eingeleitet: „Many children in early years settings will have a home language other than English. Practitioners should value this linguistic diversity and provide opportunities for children to develop and use their home language in their play and learning" (ebd., S. 20). Im weiteren Text werden *Learning Opportunities* benannt, die sowohl dem Erwerb der englischen Sprache wie auch der Möglichkeit gelten, die *home language* nutzen und ihr begegnen zu können. Auch die Notwendigkeit der spezifischen Unterstützung bilingualer Kinder wird betont.

Bei ihrer Analyse des CGFS kommt auch Ang zu dem Ergebnis: „It is evident that the language of equality and cultural diversity underpins the document (...) The principles of ‚equal opportunity', ‚inclusivity', and ‚meeting the diverse needs of children' permeate the discourse of the curriculum" (ebd. 2007, S. 188). Ang betont, dass bereits dem Anspruch des Curriculums auf Inklusion eine Anerkennung der für England so charakteristischen Pluralität von Kulturen und Identitätsentwürfen implizit ist (ebd., S. 186). Sie beurteilt den CGFS als einen Text, der ausdrücklich um die Konstruktion und Wertschätzung kultureller Diversität bemüht ist (ebd., S. 188). Ein gravierender Vorbehalt, aufgrund dessen Ang dem CGFS zugedenkt, ein Potential für Ambiguitäten und Spannung in sich zu tragen, ist die Kategorisierung von Kinder in zwei Gruppen: Die Kinder, die Englisch als home language sprechen, und die, die dies nicht tun. Ang beurteilt dies als einen „somewhat cumbersome[14] and polarised way of classifying children" (ebd., S. 188), der nicht nur eine differenzierte Wahrnehmung der spezifischen sprachlichen Kompetenzen jedes einzelnen Kindes erschwert[15], sondern auch einer Reduktion kindlicher Kompetenzen auf seine Sprachkompetenz gleichkommt. Ang fasst ihre Kritik mit den Worten zusammen, dass der CGFS die Wahrnehmung von Kindern in binären Oppositionen und somit auch die Entstehung polarisierender Kategorisierungen nahe legt, und setzt dem die Vision entgegen: „Practitioners, and indeed children, need to understand that human similarities and differences are manifold, complex and not polarities" (ebd., S. 190).

Zusammenfassend zeichnen sich zwei Konfliktfelder ab, auf die Praktikerinnen bei der Umsetzung des CGFS treffen und die von ihnen gelöst werden müssen:

1. Während der CGFS einerseits den Anspruch stellt, die unterschiedlichen Lernbedürfnissen jedes Kindes zu berücksichtigen, fokussiert er andererseits sehr stark auf das Erreichen vorgegebener Ziele, insbesondere in den Lernbereichen Literacy und Numeracy. Potter fasst die dadurch entstehende Konfliktlinie mit den Worten zusammen: „Continuing emphasis (...) (might) require these children to develop reading and writing skills before they are ready to do so" (ebd. 2007, S. 173)[16].

2. Während der CGFS einerseits das Bewusstsein für die Existenz kultureller und sprachlicher Diversität sensibilisiert, läuft er andererseits Gefahr stereotypes Denken zu provozieren und damit eher Annahmen kultureller Homogenität nahe zulegen statt kultureller Fluidität. Papatheodorou beschreibt diese Konfliktlinie mit den Worten: „Awareness of cultural diversity has brought about many positive practices, but, if not careful and alert, such awareness may inherit the danger of making too broad cultural groupings where individuals may be assigned on assumed shared characteristics ... and lead to stereotyping and prejudice" (ebd. 2007, S. 42).

Im letzten Kapitel möchte ich danach fragen, wie die Charlie Brown Primary School sowie insbesondere die Schüler/innen, Lehrer/innen und Erzieher/innen der Reception Class diese Konflikte in ihrer Alltagspraxis gelöst haben.

---

14   Cumbersome lässt sich in diesem Kontext als ‚behinderlich' übersetzen
15   Ang kritisiert in diesem Zusammenhang auch, dass die konkreten Sprachen an keiner Stelle benannt werden (ebd., S. 188).
16   Potter stützt ihre Argumentation auf Locke et al. (2002).

## 4   Einblicke in die Alltagspraxis

Wenn man vor dem Eintrittstor der Charlie Brown Primary School steht, sieht man linkerhand eine Nursery School, rechterhand ein Beratungszentrum für Eltern. Noch sind Primary und Nursery School durch einen Zaun getrennt, doch es existieren konkrete Pläne, die beiden Institutionen unter einem Dach zusammen zu fassen. Auf dem Weg zum Schulgebäude fällt das große Willkommensschild in den Blick, das in Englisch, Bengalisch und Somalisch verfasst ist. Auch alle offiziellen Hinweisschilder im Schulgebäude, sowie die Beschriftungen im Klassenzimmer sind dreisprachig.

Nach wenigen Blicken in das Schulgebäude wird offensichtlich, wie gut die Schule ausgestattet ist, und auch die einzelnen Klassenräume sind mit vielfältigem Material, insbesondere Büchern ausgestattet. Im Gruppenraum der Purple Class gibt es neben zwei Regalen mit Bilderbüchern unterschiedlichste Konstruktionsmaterialien, ein Puppenhaus, eine mit vielen Tüchern dekorierte, vielen Kissen ausgestattete und einer Vielzahl von Stofftieren bewohnte Leseecke; Im Gruppenraum stehen fünf Gruppentische, die so angeordnet sind, dass jeweils sechs Kinder daran sitzen können; die Kinder haben jedoch keinen festen Sitzplatz, sondern wählen diesen entsprechend ihrer Lern- oder Spielaktivität. Außerdem gibt es einen großen *Carpet-Space*, auf dem die Kinder sitzen, wenn sie Aktivitäten mit der ganzen Gruppe durchführen, an der gegenüberliegenden Wand hängt ein großes *Whiteboard*, die übrigen Wände sind mit Ausstellungen der von den Kindern erstellten Produkte dekoriert. Viele der Exponate sind auf so genannten *Speechbubbles* von den Kindern selbst kommentiert.

Es gibt einen Durchgang zum Gruppenraum der Blue Class, der zweiten Reception Class, deren Kolleginnen sich als ein Team definieren und eng zusammenarbeiten. Die Kinder wissen, dass sie sich während der *Choosing Time* in beiden Klassenzimmern aufhalten dürfen. Beide Gruppen teilen sich einen kleinen Außenbereich, in dem sich verschiedene Geräte zum Fahren, Materialien zum Bauen und Balancieren, Staffeleien zum Malen sowie ein Wasserbecken mit verschiedenen Gefäßen und Schläuchen zum Ein- und Ausfüllen befinden.

Das Team der *Practitioners* setzt sich aus drei Lehrerinnen und zwei Erzieherinnen zusammen. Bei sechzig Kindern ergibt dies einen Personalschlüssel von eins zu zwölf. Alle fünf *Practitioners* arbeiten flexibel in beiden Gruppen; gleichzeitig tragen jeweils eine Lehrerin und eine Erzieherin für eine der beiden Gruppen die Hauptverantwortung. Die dritte der drei Lehrerinnen ist die *Early Years Koordinatorin*. Sie ist eine Teamleiterin, die die Zusammenarbeit des Teams sowie die Kooperation mit den Nursery Schools wie auch den Lehrerinnen von Year One koordiniert. Eine der Lehrerinnen – Jumpha – und eine Erzieherin – Lima – haben einen bengalischen Migrationshintergrund. Conteh weist

nachdrücklich darauf hin: „The need for teachers who can identify more dialogi-
cally with the cultural and language backgrounds of their pupils is pressing"
(ebd. 2006, S. 138). Die Charlie Brown Primary School kommt dieser Forderung
nach, indem sie auch Lehrer/innen, Erzieherinnen, und *Teaching Assistants*[17]
einstellt, die den gleichen Migrationshintergrund wie ihre Schüler/innen und
deren Eltern haben.

Bei der Anmeldung ihrer Kinder erhalten die Eltern – sofern sie diese nicht
bereits von einer der Nursery Schools erhalten haben – eine interaktive DVD, auf
der ihnen in drei Sprachen die Foundation Stage vorgestellt wird. Die DVD ist
von der Local Education Authority erstellt und allen Nursery und Primary
Schools zur Verfügung gestellt worden. Ein Fokus liegt auf der Darstellung verschiedener Möglichkeiten der Kooperation mit den, des Engagements in, aber
auch der Unterstützung durch die beteiligten Institutionen. In ihrer Auseinandersetzung mit dem CGFS stellt Ang kritisch fest: „The text of the document, as yet,
is available only in English" (ebd. 2007, S. 188). Der mehrsprachige Film regt
zum Nachdenken darüber an, welche Übersetzungsleistungen für Eltern hilfreich
sind.

Für die Schüler/innen der Reception Class haben Lima und Jumpha immer
dann vom Englischen ins Bengalische übersetzt, wenn einzelne Kinder sie haben
wissen lassen, dass sie das Gesagte nicht verstehen. Auch wenn die Unterrichtssprache Englisch ist, hat keine der Lehrerinnen oder Erzieherinnen interveniert,
wenn die Kinder untereinander Bengalisch gesprochen haben. Trotzdem habe ich
während der zwei Jahre lediglich zwei Situationen im Gruppenraum beobachtet,
in denen die Kinder dies getan haben. Dies legt es nahe anzunehmen, dass die
Kinder (und auch ihre Eltern) die Schule als einen Ort gedeutet haben, an dem in
der Regel Englisch gesprochen wird. Die von Rich und Davis entwickelte Erklärung, dass die Entscheidung bilingualer Schüler/innen, ihre Muttersprache nicht
in der Schule zu nutzen, auf die Akzeptanz durch die Mehrheit englischsprachi-
ger Schüler/innen zielt (Rich/Davis 2007, S.42), trifft für die Schüler/innen der
Purple Class insofern nicht zu, als kein einziges Kind ausschließlich englischsprachig aufgewachsen ist. Die im anfänglichen Gespräch der Kinder von Sadiya
getroffene Aussage „My mum can speak English and Bengoli (...) I'm not good
at speaking Bengoli (...)", macht es hingegen plausibel anzunehmen, dass die
Kinder auch mit ihren Eltern nicht ausschließlich bengalisch oder somalisch

---

17  Die Einstellung von Teaching- Assistants (TA) ist eine der von Labour initiierten Maßnahmen
    der Unterstützung von Schulen gewesen. In der Charlie Brown Primary School hat jede Klasse
    neben ihrer Klassenlehrerin eine TA gehabt. Für die beiden Reception Classes hat die Schule
    zusätzliches Geld aufgewendet, um die Stelle der TA in die einer – wesentlich besser quali-
    fizierten Erzieherin – umzuwandeln. Ob die Schaffung des Stellenprofils der TA eine Bereiche-
    rung, oder aber eine Kompromittierung von Standards bedeutet, wird kritisch diskutiert (vgl.
    Burgess 2006).

sprechen. Diese Vermutung wiederum gibt Anlass darüber nachzudenken, ob die Gleichsetzung der *home language* mit der Sprache des Herkunftslandes von Eltern, Großeltern, oder gar Urgroßeltern zu kurz greift.

Auf die Anforderung der NLS, die Schüler/innen der Reception Class auf die *Literacy Hour* im ersten Schuljahr vorzubereiten, hat das Kollegium der Charlie Brown Primary School mit der Einführung von zwei täglich stattfindenden 20-minütigen Phasen – *Phonics* und dem *Guided Reading* – reagiert, in denen die Aktivitäten der Kinder durch Vorgaben der Lehrerin deutlich vorstrukturiert sind. Gemeinsam mit der zwanzigminütigen Phase des *Mental Math* hat es während des insgesamt sechseinhalbstündigen Schultages eine Stunde gegeben, in der die Aktivitäten der Kinder starke Anlehnungen an das *formal learning* aufweisen.

*Phonics* zielt vor allem auf das Erlernen der Lautanalyse, und wird als Instruktion der gesamten Kindergruppe durch die Lehrerin realisiert. Dem *Guided Reading* liegt die Leitidee zugrunde, dass die Kinder sich auf der Wort-, Satz- und Textebene mit kurzen Texten in Bilderbüchern beschäftigen. Das *Guided Reading* findet in sogenannten *ability groups* statt – von der Lehrerin zusammen gesetzten Gruppen von fünf bis sechs Kindern. Das den Schulen im Rahmen der NLS zur Verfügung gestellte *support material* beurteilen Barkham und Miller als „lively, interactive suggestions for playing phonic games, devoid of worksheets" (ebd. 2008, S. 34). Für das *Guided Reading* besteht das Material insbesondere aus kleinen Bilderbüchern, mit denen die Kinder sich eine Woche lang beschäftigen, bevor sie in der nächsten Woche ein neues Bilderbuch erhalten. Die kurzen Texte, die die Bilder kommentieren, werden im Laufe des Schuljahres komplexer.

Das Guided Reading ist als ein Zyklus von fünf Sequenzen realisiert, in denen sich die Kinder an fünf Tagen mit unterschiedlichen Schwerpunktsetzungen mit dem Buch auseinandersetzen:

Tag 1:   Kennenlernen des Buches
Tag 2:   Arbeit am Word Level
Tag 3:   Arbeit am Sentence Level
Tag 4:   Arbeit am Text Level
Tag 5:   Guided Writing

Im Folgenden veranschauliche ich diesen Zyklus anhand eines Buches über Dinosaurier: Das Kennenlernen des Buches findet grundsätzlich mit einer der Practitioners statt, die den Kindern das Buch in der Regel vorliest, mit ihnen die Bilder betrachtet und entlang der Fragen, Ideen und Anmerkungen der Kinder mit ihnen bespricht. Jedes Kind erhält dazu ein eigenes Exemplar. Am zweiten Tag erhalten die Kinder neben dem Buch Material zur spielerischen Auseinandersetzung mit einzelnen Worten. Das kann ein Memoryspiel sein, ein Wortlotto oder Ähnliches. Für das Buch über Dinosaurier erhalten die Kinder Worte zu dessen einzelnen Körperteilen, die auch im Text vorkommen. Am dritten Tag erhalten die Kinder mehrere Wortkarten, die sie mit Hilfe des Buches so anordnen sollen, dass sie einen der Sätze des Buches abbilden. Jedes der sechs Kinder konstruiert dabei einen anderen Satz. Am vierten Tag wird eine Spielsituation vorbereitet, die inhaltliche Bezüge zu dem Buch aufweist. Dementsprechend standen am 19. Oktober verschiedene Dinosaurier (aus Plastik) auf dem Teppichboden. Neben den Dinosauriern waren Wortkarten mit den Kindern bereits bekannten Worten aufgestellt, die als Bereicherung des Wortschatzes während des Spiels gedacht sind. Die folgende Szene beschreibt das *Guided Writing* während des fünften Tages. Leitidee des *Guided Writing* ist es, dass die Kinder mit Hilfe einer An-lauttabelle einzelne Worte beziehungsweise kurze Sätze schreiben, die in unmit-telbarem Bezug zu dem Buch stehen. Auch dazu arbeitet eine der Practitioners mit den Kindern zusammen, während die Kinder an den Aufgaben des Wort-, Satz-, und Textlevels grundsätzlich selbständig arbeiten. Am Morgen des 20. Oktober erhalten die Kinder die Kopie eines Dinosauriers und Lima erklärt ihnen die Aufgabenstellung mit den Worten: „You have a picture of a dinosaur. What we need to do is to lable the body parts".

... Als Lima die Kinder einleitend fragt, welche Körperteile des Dinosauriers sie kennen, geben die Kinder gleichzeitig unterschiedliche Antworten, und benennen dabei die Körperteile: Tail, feet, toes, nose, head und body". „Tail", spricht Lima den Kindern langsam und deutlich vor, als die Kinder alle Körperteile benannt ha-ben, und fragt sie: „What sound can you hear? „T", antworten die Kinder im Chor. „Right, you need to write that next to the tail. And what's that?" „Toes", antwortet Maruf, und Lima fragt weiter: „What sound can you hear?" „Ttt", antworten die Kinder im Chor. „And what's that?", wendet sich Lima nun an Sadiya und zeigt auf den Körper des Dinos. „The body", antwortet Sadiya, und weiß auf Limas Frage: „What sound can you hear?" – „B". „Use your alphabet cards to help you", rät Lima den Kindern, die daraufhin mit der eigenständigen Erarbeitung der Aufgabenstellung beginnen.
„I got tail!", verkündet Tania, sobald sie das ‚T' neben den tail geschrieben hat. „Good", antwortet ihr Lima nach einem Blick auf das Blatt, und fragt: „What are you going to do next?" – „Bbbbbbb body", antwortet Tania. Auch Sadiya hat mit der Beschriftung des tails begonnen, jedoch nicht nur dessen Anfangslaut, sondern die Buchstaben TOIHJSARCPFE neben den Schwanz des Dinosauriers geschrieben (JPG239). Als Lima einen Blick auf Sadiyas Arbeitsblatt wirft, lässt sie Sadiya wis-sen: „I want the first sound only", deutet auf den Körper, fragt Sadiya „What's this?", und lobt Sadiya „Well done, do the next one", nachdem Sadiya ihr geantwor-tet hat: Body- b". Lima wendet sich Tania zu. Sadiya blickt ihr kurze Zeit hinterher, wendet sich dann wieder ihrer Aufgabe zu und schreibt über den Körper des Dino-saurier DHEFrtstCA.

Als Lima kurze Zeit später einen weiteren Blick auf Sadiyas Arbeitsblatt wirft, fragt sie Sadiya: „O.k. Sadiya, what's left?", und Sadiya antwortet „Head". „What sound can you hear?", fragt Lima weiter, und Sadiya antwortet „h", schreibt das Graphem neben den Kopf des Dinosauriers, fährt dann fort, sowohl rechts wie auch links des Graphems ‚H' andere Buchstaben zu schreiben, so dass nach kurzer Zeit neben dem Kopf des Dinosauriers steht: RLtFEHGAPMSS. Nachdem Sadiya dies geschrieben hat, bemerkt sie: „I did the head!"... Neben die Füße des Dinosauriers schreibt Sadiya im Anschluss FETSSmPbDiHS, und neben die Nase NMWRbPH. „I did write nose", teilt Sadiya Lima mit, die ihr jedoch nicht antwortet, da sie gerade im Begriff ist, die Kinder aufzufordern, mit dem Aufräumen zu beginnen.

*Abbildung 3:*    Arbeitsblatt: Kopie eines Dinosauriers

Ich habe diese Szene ausgewählt, weil sie veranschaulicht, dass die Aufgaben des Guided Reading zwar als Erarbeitung einer konkret vorgegebenen Aufgabenstellung konzipiert und dementsprechend durch die Vorgaben der Lehrerin stark vorstrukturiert, jedoch von den Akteuren oftmals so verändert worden sind, dass die Kinder ihre eigenen Vorstellungen verwirklichen und sich individuellen Herausforderungen stellen konnten. Denn mit der Aufforderung „What we need to do is lable the body part", formuliert Lima eine nicht weiter begründete Aufgabenstellung, die sie interessanter Weise als eine von ihr und den Kindern gemeinsam zu erarbeitende Aufgabe ausweist. Als Lima darauf aufmerksam wird, dass Sadiya die Aufgabenstellung anders erfüllt als von ihr vorgesehen, unternimmt sie zwar einen Versuch, Sadiya die der Aufgabenstellung zugrunde liegende Intention noch einmal zu erklären, und vergewissert sich, dass Sadiya den Körperteil des Dinosauriers sowie dessen Anlaut benennen kann. Im Weiteren insistiert Lima jedoch nicht auf die normgerechte Realisierung der Aufgabe, sondern ermöglicht Sadiya, ihre eigenen Vorstellungen zu verwirklichen. Sadiyas Kommentierung des von ihr Geschriebenen machen offensichtlich, dass sie die ihr zugestandenen Spielräume dazu nutzt, zu versuchen, das ganze Wort, und nicht lediglich den Anlaut aufzuschreiben. Die neben die Füße des Dinosauriers geschriebenen Grapheme FETSSmPbDiHS geben einen Hinweis darauf, wie gut Sadiya es bereits bei einzelnen Worten gelingt, weitere Phoneme zu analysieren. Die von Potter (2007, S. 173) geäußerte Befürchtung, dass Kinder genötigt werden könnten, Lese- und Schreibfertigkeiten zu entwickeln, bevor sie dazu in der Lage sind, ließe sich für diese Situation dahingehend wenden, dass in der Interaktion von Sadiya und Lima die Möglichkeit entsteht, dass Sadiya Fertigkeiten einübt, obwohl ihr diese noch gar nicht abverlangt worden sind.

## 5    Ausblicke – oder: „Because it is important to read and write"

Am dritten Schultag nach dem Übergang in das offizielle erste Schuljahr findet zwischen den Schüler/innen und ihrer neuen Lehrerin Jill ein Gespräch darüber statt, was sie besonders gut können. Sadiya's Antwort auf Jills Frage lautet, „I'm good at writing", Tania antwortet, „I'm good at reading and writing", und die oben zitierte Aussage stammt von Samir, der seine neue Lehrerin hat wissen lassen: „I'm good at studying, because it is important to read and write". Für diese drei Kinder lässt sich sagen, dass sie, nachdem sie drei Jahre lang die Foundation Stage besucht haben, nicht nur flüssig Englisch sprechen, kurze Sätze lesen und einfache Worte lautgetreu schreiben können, sondern dass sie ihr erstes Schuljahr mit dem Selbstbewusstsein beginnen, kompetente Leser und Schreiber zu sein.

Gleichzeitig lässt sich Sadiyas im gemeinsamen Gespräch mit Kamal, Avik und mir getroffene Aussage „I'm not good at speaking Bengoli" dahingehend deuten, dass der starken Fokussierung auf *Literacy* in der englischen Sprache, die sowohl in der Reception Class wie auch in Year One sehr ausgeprägt gewesen ist, die Gefahr immanent ist, dass aus zweisprachigen Kindern monolinguale Englischsprecher werden, sofern nicht das Elternhaus Sorge dafür trägt, dass die Kinder auch die Sprache des ursprünglichen Herkunftslandes kultivieren.

Die von Ang gesehene Gefahr von Polarisierungen zwischen Kindern, deren home language English ist, und denen, für die dies nicht zutrifft, ist für die Schüler/innen und Lehrerinnen der Purple Class insofern gar nicht erst virulent geworden, als keines der Kinder ausschließlich englischsprachig aufgewachsen ist. Die Differenziertheit, mit der die fünf Practitioners über die familiale Situation der Kinder informiert waren, und das ausgeprägte Bewusstsein um die großen Differenzen zwischen den einzelnen Familien findet eine ihrer wichtigsten Erklärungen in der Tatsache, dass eine Lehrerin und eine Erzieherin selbst einen bengalischen Migrationshintergrund hatten. Gleichzeitig hat aber auch die spezifische Gruppenzusammensetzung der Entstehung von stereotypen Annahmen bezüglich des ethnischen Hintergrundes der Kinder insofern verhindert, als es nahezu unmöglich ist, achtundzwanzig Kinder über einen Kamm zu scheren, nur weil ihre Eltern, Großeltern und Urgroßeltern ursprünglich aus Bangladesh kommen.

Und – last, but not least – die Kinder selbst? Theodora Papatheodorou hat als eine Möglichkeit für die Bewältigung der Herausforderungen und die Wahrnehmung der Verantwortung von Erzieher/innen und Lehrer/innen im Umgang mit kultureller Diversität vorgeschlagen: „Perhaps, thinking and acknowledging *cultural fluidity* is more important than thinking in terms of cultural separateness and distinctiveness" (ebd. 2007, S. 43). In dem eingangs beschriebenen Gespräch der drei Kinder finden sich eine Vielzahl an Aussagen, die darauf hindeuten, dass ihr Verständnis von sprachlicher und kultureller Identität sehr dynamisch ist, und auf dem Wissen um die Möglichkeit ständiger Veränderungen und der damit einhergehenden Ungewissheiten basiert.

## Literatur

Ang, L. (2007): Cultural diversity and the Curriculum Guidance for the Foundation Stage in England: In: European Early Childhood Education Research Journal, 15 (2), 183-195.

Ball, S.J./Vincent, C. (2008): The 'childcare champion'? New Labour, social justice and the childcare market. In: Wood, E. (ed.), 195-210.

Barber, M. (1997): The Learning Game. Arguments for an Education Revolution. London: Cassell.

Barkham, J./Miller, J. (2008): Support or straitjacket? A tale of three Strategies. In: Harnett, P. (ed.): Understanding Primary Education. Developing professional attributes, knowledge and skills. London & New York: Routledge, 16-39.

Bertram, T./Pascal, C. (2002): Early Years Education. An International Perspective. London: QCA.

Brooker, L. (2007): Changing the landscape of early childhood. In: Moyles, J. (ed.): Early Years Foundation. Meeting the Challenge. Berkshire: Open University Press, 7-21.

Brooker, L. (2002): Starting School – Young Children Learning Cultures. Buckingham: Open University Press.

Burgess, H. (2006): The Butterfly Effect: Teaching Assistants and Workforce Reform in Primary Schools. In: Webb, R. (ed.): Changing Teaching and Learning in the Primary School. Berkshire: Open University Press, 139-148.

Conteh, J. (2006): Widening the Inclusion Agenda: Policy, Practice and Language Diversity in the Primary Curriculum. In: Webb, R. (ed.): Changing Teaching and Learning in the Primary School. Berkshire: Open University Press, 128-138.

Cummings, J. (2005): A Proposal for Action: Strategies for Recognizing Heritage Language Competence as a Learning Resource within the Mainstream Classroom. In: The Modern Language Journal, 89 (4), 585-592.

Department of Education and Science (DES) (1988): Education Reform Act. London: HMSO.

Department for Education and Employment (DfEE) (1997): Excellence in Schools. London: HMSO.

Department for Education and Employment (DfEE) (1988): The National Literacy Strategy: Framework for Teaching. London: HMSO.

Department for Education and Skills (DfES) (2003): Aiming High: Raising the Achievement of Minority Ethnic Pupils. London: HMSO.

Department for Education and Skills (DfES) (2004a): Five Year Strategy for Children and Learners. London: HMSO.

Department for Education and Skills (DfES) (2004b): Primary National Strategy. Excellence and Enjoyment. Learning and Teaching in the Primary Years. Professional Development Materials: Planning and Assessment for Learning. London: HMSO.

Harnett, P./Vinney, M. (2008): What's happened to curriculum breadth and balance in primary schools? In: Harnett, P. (ed.): Understanding Primary Education. Developing professional attributes, knowledge and skills. London & New York: Routledge, 120-138.

Huf, C. (2010a): „I'm gonna make a different" – Ethnographische Annäherung an die Perspektive von Kindern am Übergang vom vorschulischen zum schulischen Lernen. In: Schäfer, G./Staege, R. (Hg.): Frühkindliche Lernprozesse verstehen. Ethnographische und phänomenologische Beiträge zur Bildungsforschung. Weinheim und Basel: Juventa.

Huf, C. (2010b): „Let's make a sentence with all of these!" - Soziale Praktiken englischer SchulanfängerInnen im Umgang mit den Vorgaben ihrer Lehrerin. In: Heinzel, F./Panagiotopoulou, A. (Hg.): Qualitative Bildungsforschung im Elementar- und Primarbereich. Bedingungen und Kontexte kindlicher Lern- und Entwicklungsprozesse. Hohengehren: Schneider-Verlag, S. 151-166.

Locke, A./Ginsborg, J./Peers, I. (2002): Development and disadvantage: implications for early years and beyond. In: International Journal of Language and Communication Disorders, 37(1), 3-15.

Mortimore, P./Sammons, P./Stoll, L./Ecob, R. (1988): School Matters: The Junior Years. Wells: Open Books.

Moss, P. (1999): Renewed Hopes and Lost Opportunities: early childhood in the early years of the Labour Government. Cambridge Journal of Education, 29 (2), 229-238.

National Curriculum Council (NCC) (1991): Linguistic Diversity and the National Curriculum. Circular Number 11. York: NCC.

Organisation for Economic Co-operation and Development (OECD) (2006): Starting Strong 2. Paris: OECD.

Organisation for Economic Co-operation and Development (OECD) (2000): Early Childhood Education and Care Policy in the United Kingdom. Paris: OECD.

Office for Standards in Education (OfSTED)(2000): Evaluating Educational Inclusion. Guidance for Inspectors and Schools. London: OfSTED.

Papatheodorou, T. (2007): Difference, Culture and Diversity. Challenges, Responsibilities and Opportunities. In: Moyles, J. (ed.): Early Years Foundation Stage. Meeting the Challenge. Berkshire: Open University Press, 40-57.

Penn, H. (2007): Childcare Market Management: How the United Kingdom Government has reshaped its role in developing early childhood education and care. In: Contemporary Issues in Early Childhood, 8 (3), 192-207.

Potter. C.A. (2007): Developments in UK Early Years Policy and Practice: Can They Improve Outcomes for Disadvantaged Children? In: International Journal of Early Years Education. 15 (2), 171-180.

Qualification and Curriculum Authority (QCA) (2000): Curriculum guidance for the foundation stage. London: QCA.

Rich, S./Davis, L. (2007): Insights into the Strategic Ways in Which Two Bilingual Children in the Early Years Seek to Negotiate the Competing Demands on Their Identity in Their Home and School Worlds. In: International Journal of Early Years Education 15 (1), 35-48.

Siraj-Blatchford, I./Sylva, K./Muttock, S./Gilden, R./Bell, D. (2002): Researchig Effective Pedagogy in the Early Years: London: Institute of Education, University of London.

Soler, J./Miller, L. (2008): The Struggle for Early Childhood Curricula: A comparison of the English Foundation Stage Curriculum, Te Whäriki and Reggio Emilia. In: Wood, E. (ed.): 53-66.

Strand, S. (1999): Ethnic Group, Sex and Economic. Disadvantage: associations with pupils' educational progress from Baseline to the end of Key Stage 1. British Educational Research Journal, 25 (2), 179-202.

Sylva, K./Pugh, G. (2008): Transforming the Early Years in England. In: Wood, E. (ed.): 177-194.

Sylva, K./Meluish, E./Sammons, P./Siraj-Blatchford, I. (1999) The effective provision of pre-school education project (EPPE). Technical paper 1: Introduction to the effective provision of pre-school education project (EPPE). London: Institute of Education, University of London.

Tizzard, B./Blatchford, P./Burke, J./Farquar, C./Plewis, I. (1988): Young Children at School in the Inner City. London: Lawrence Earlbaum.

Vincent, C. (2001): A Market in Love? Choosing Pre-School Childcare. In: British Educational Research Journal, 27 (5), 633-651.

Wood, E. (ed.) (2008): The Routledge Reader in Early Childhood Education. Milton Park: Routledge.

# Roma mit Migrationshintergrund an österreichischen Volksschulen

*Mikael Luciak*

## 1 Einführung

Die Bildungssituation der Roma in Österreich ist wenig erforscht. Es gibt darüber kaum wissenschaftliche Untersuchungen, und auch medial ist das Thema selten präsent. Eher wird über Roma in Osteuropa und über Schulprojekte berichtet, die der Bildungsmisere der Roma in anderen Ländern entgegenwirken sollen, als über die schulische Situation von in Österreich lebenden Roma. Die Gründe für die allgemein geringe öffentliche Wahrnehmung der Roma sind vielfältig: Ihr Anteil an der österreichischen Gesamtbevölkerung ist relativ gering, die etwas stärkere Präsenz von Roma in einzelnen regionalen Siedlungsgebieten findet landesweit wenig Beachtung und im multikulturellen städtischen Gebiet stellen zumeist nur Roma aus angrenzenden Ländern, die auf der Straße betteln, eine „sichtbare Minderheit" dar. Roma werden nach wie vor gesellschaftlich ausgegrenzt. Aufgrund der Erfahrung von Verfolgung und Diskriminierung sowie anhaltendem Assimilationsdruck tendieren Roma dazu, ihre Identität zu verbergen.

Die Bildungssituation der in Österreich lebenden Roma mit Migrationshintergrund wird noch weniger wahrgenommen als die schulische Situation der autochthonen österreichischen Volksgruppe der Roma. An einzelnen Schulen mit höherem Roma-Anteil sind sich zwar Lehrer/innen und Schulleiter/innen über die Präsenz von Roma-Schüler/innen teilweise bewusst, doch weder weist die Schulstatistik Roma als eigene Gruppe aus, noch wird in der Ausbildung von Lehrer/innen auf die Kultur und Sprache der Roma eingegangen. Trotz unzureichender Datenlage deutet einiges darauf hin, dass Roma vergleichsweise geringere schulische Erfolge erzielen und selten weiterführende Schulen besuchen.

Der vorliegende Beitrag gibt Einblick in die Schulsituation von Roma mit Migrationshintergrund an österreichischen Volksschulen. Nach einer kurzen Skizzierung der in Österreich lebenden Roma-Gruppen folgt eine Beschreibung der Datengrundlage für qualitative Erhebungen, welche im Zeitraum 2007-2009 durchgeführt wurden. Danach wird der Umgang mit migrationsbedingter Vielfalt an österreichischen Volksschulen thematisiert und speziell darauf eingegangen, inwieweit verschiedene schulische Maßnahmen und curriculare Inhalte die spezifische Situation von Roma-Schüler/innen berücksichtigen. Anschließend werden relevante Aspekte, wie hohe Fehlstundenanzahl, mangelnde schulische Vorbereitung, sprachliche Verschiedenheit und die Gefahr der Sonderschulüberweisung anhand von Ergebnissen der empirischen Untersuchungen herausgearbeitet und an zwei Fallbeispielen illustriert. Weiters wird der Frage nachgegangen, inwieweit die Zusammenarbeit zwischen Schule und Eltern, das Angebot von zusätzlicher Lernförderung und die Einbindung von Roma-Assistent/innen und Muttersprachenlehrer/innen die schulische Bildung von Roma-Schüler/innen beeinflussen. Schließlich wird am Beispiel einer im Rahmen eines EU-Projekts durchgeführten Lehrer/innenfortbildung aufgezeigt, in welcher Art und Weise die Aus- und Fortbildung von Lehrer/innen verbessert werden kann. Abschließend werden noch Vorschläge eingebracht, wie ein stärker interkulturell orientierter Unterricht Roma-Schüler/innen besser gerecht werden kann.

## 2   Roma in Österreich

Roma stellen eine kulturell und sprachlich heterogene Gruppe dar. Der Begriff „Roma" ist laut einem Beschluss vom 2.Weltkongress der Romani Union in Genf (1979) eine Sammelbezeichnung für viele verschiedene, miteinander verwandte Gruppen und findet auch in diesem Beitrag Verwendung. So wie der Begriff „Zigeuner", der mittlerweile im deutschsprachigen Raum als diffamierend gilt und dennoch von manchen Gruppenangehörigen noch immer als Eigenbezeichnung verwendet wird, ist auch die Begriffsverwendung „Roma" nicht in allen Gruppen, wie zum Beispiel den Sinti, gebräuchlich. Da die Gruppe der Sinti am längsten im deutschsprachigen Raum lebt, wird hierzulande auch oft von „Roma und Sinti" gesprochen. In Österreich wird unter den Angehörigen der seit 1993 anerkannten autochthonen Volksgruppe zwischen Burgenland-Roma, Sinti und Lovara unterschieden. Zu den in der zweiten Hälfte des vergangenen Jahrhunderts zugewanderten allochthonen Roma-Gruppen zählen die Kalderaš, Gurbet und Arlije. Viele Roma sind im Zuge der Gastarbeiterwanderung in den 1960er und 1970er Jahren zugewandert, andere sind als Flüchtlinge und Asylwerber/innen im Zuge der Jugoslawienkrise in den 1990er Jahren ins Land gekommen (siehe zur Beschreibung der Migrationbewegungen und der verschiedenen Roma-Gruppen: Council of Europe 2008 sowie Romani-Project 2001).

Schätzungen zufolge leben etwa 25.000 Roma in Österreich, wovon nur ein Viertel autochthone Roma sind. Es fehlt jedoch an genauen Angaben zur Gruppengröße, da weder die Bevölkerungsstatistik noch die Schulstatistik nach ethnischer Zugehörigkeit unterscheiden, erhobene Daten für Umgangssprachen wenig zuverlässig sind und sich zudem Roma-Angehörige nicht immer als solche zu erkennen geben.

Die schon lange ansässigen autochthonen Roma werden als „Volksgruppe" bezeichnet. Da Roma mit Migrationshintergrund in Österreich keinen Volksgruppenstatus haben und dieser völkischen Theorien entspringende Begriff zudem zu essentialistischen Deutungen verführt, wird in diesem Beitrag von Roma-Gemeinschaft bzw. einer ethnischen Gruppe oder einer kulturellen und sprachlichen Minderheit gesprochen. Der Minderheitenbegriff weist dabei auf die Abwertung, Ausgrenzung und gesellschaftliche Benachteiligung der Roma hin (siehe zur Begriffsdiskussion: Luciak 2009a). Zur besseren Beschreibung des Verhaltens zwischen und innerhalb von Gruppen würde sich auch der Begriff Statusgruppe eignen (vgl. Bancroft 2005, S. 43), dieser ist jedoch wenig gebräuchlich.

## 3    Qualitative Untersuchungen an Wiener Volksschulen

Die meisten Roma mit Migrationshintergrund leben in der Bundeshauptstadt Wien. Auch wenn in Wien, neben dem östlichen Bundesland Burgenland, eine größere Anzahl autochthoner Roma lebt, wird hier aufgrund des eingeschränkten Forschungsbereichs ausschließlich auf die schulische Situation von Roma mit Migrationshintergrund eingegangen. Diese Gruppe umfasst Neuzuwanderer sowie Roma der zweiten und dritten Generation, die bereits in Österreich geboren wurden. Der überwiegende Anteil dieser Roma-Gruppen ist serbischen Ursprungs, ein kleinerer Teil kommt aus osteuropäischen Ländern, wie Rumänien oder Bulgarien.

Im Zeitraum 2007 bis 2009 wurden im Rahmen des EU-Projekts IN-SETRom in Vorbereitung zu einer Lehrer/innenschulung spezifische Bedürfnislagen von Lehrer/innen, sowie von Schüler/innen und Eltern der Roma-Gemeinschaft bezogen auf den Unterricht von Roma-Schüler/innen erhoben (Luciak/Liegl 2008). Weiters wurde eine Evaluationsstudie durchgeführt, welche die Effizienz und Effektivität von Lernhilfeprogrammen für Roma-Schüler/innen untersuchte (Luciak/Kramann 2009). Die daraus entnommene Datengrundlage für den vorliegenden Beitrag bilden qualitative Interviews mit zehn Volksschullehrerinnen und zwei Volksschuldirektorinnen, sechs Lehrer/innen von Sonderpädagogischen Zentren (SPZ), die u.a. auch in Integrationsklassen der Volksschule unterrichten, und einer SPZ-Leiterin. Weiters wurden acht Roma-Volksschüler/innen und zehn Elternteile sowie fünf Lernhilfelehrer/innen und sieben Roma-Vereinsleiter/innen, die überwiegend selbst Roma-Angehörige sind, interviewt. Die teilnehmende Beobachtung fand in Lernhilfegruppen für

Roma-Schüler/innen statt, welche an Volksschulen oder in außerschulischen Einrichtungen angeboten und von Roma und Nicht-Roma geleitet werden. Die ausgewählten Volksschulen und Lernhilfeprogramme befinden sich in Wiener Schulbezirken mit hoher Migranten/innenpopulation. An einzelnen Volksschulen beträgt der Anteil von Schüler/innen mit Migrationshintergrund bis zu 90 Prozent. Der Anteil von Roma-Schüler/innen wird dort auf sieben bis zehn Prozent geschätzt, was nicht repräsentativ für Wiener oder österreichische Volksschulen ist, an denen allgemein von einem niedrigeren Roma-Anteil ausgegangen werden kann.

Die Schüler/innenpopulation an österreichischen und insbesondere an Wiener Volksschulen ist kulturell und sprachlich sehr gemischt. Wie die Tabelle unten zeigt, betrug im Schuljahr 2007/08 der Anteil von Volksschüler/innen mit ausländischer Staatsangehörigkeit in Österreich 11,4 Prozent und in Wien 20,4 Prozent, jener von Volksschüler/innen, die eine nichtdeutsche Umgangssprache verwenden, in Österreich 21,3 Prozent und in Wien 49,3 Prozent. Zu den zahlenmäßig größten Gruppen aus nicht deutschsprachigen Ländern gehören Schüler/innen mit serbischem, türkischem und bosnischem Migrationshintergrund (vgl. Statistik Austria 2009, S. 147). Kinder mit einer anderen Muttersprache als Deutsch, die wegen ihrer mangelnden Kenntnis der Unterrichtssprache dem Unterricht nicht zu folgen vermögen, werden ab Schuleintritt in der Regel zwölf Monate lang (maximal 24 Monate lang) als „außerordentliche SchülerInnen" geführt und erhalten eine Leistungsbeurteilung unter Berücksichtigung ihrer Sprachschwierigkeiten (vgl. BMUKK 2008, S. 9). Der Anteil von außerordentlichen Volksschüler/innen lag im Schuljahr 2007/08 in Österreich bei 6,5 Prozent und in Wien bei 15,4 Prozent.

*Tabelle 1:* Schüler/innen an Volksschulen in Österreich bzw. in Wien im Schuljahr 2007/08

|  | Österreich | Prozentanteil | Wien | Prozentanteil |
|---|---|---|---|---|
| Volksschüler/innen gesamt | 337.934 | 100 | 62.008 | 100 |
| Ausländische Staatsangehörigkeit | 38.393 | 11,4 | 12.654 | 20,4 |
| Nicht-deutsche Umgangssprache | 71.992 | 21,3 | 30.549 | 49,3 |
| Außerordentliche Schüler/innen | 22.088 | 6,5 | 9.528 | 15,4 |

Quelle: Statistik Austria (2009, S. 144, 148, 151)

Anmerkung: In österreichischen Schulstatistiken werden wechselweise die Begriffe „Muttersprache", „Erstsprache" und „Umgangssprache" verwendet. Muttersprache oder Erstsprache meinen in der Regel die erste Sprache, die ein Kind erwirbt. Muttersprache wird in diesem Beitrag dem exakteren Begriff „Erstsprache" vorgezogen, um die Lesbarkeit zu erhöhen, da im österreichischen schulischen Kontext auch die Begriffe „muttersprachlicher Unterricht" und „Muttersprachenlehrer/innen" Verwendung finden. Umgangssprache wird in der Schulstatistik „als die im Alltag gebrauchte Sprache der Schülerin bzw. des Schülers definiert" (Statistik Austria 2009, S. 13). Es ist jedoch davon auszugehen, dass Schüler/innen mit Migrationshintergrund im Alltag situationsspezifisch jeweils unterschiedliche Sprachen verwenden.

## 4 Zum Umgang mit migrationsbedingter Vielfalt an Volksschulen

Anfang der 1990er Jahre wurde Interkulturelles Lernen als Unterrichtsprinzip und als allgemeines Bildungsziel in den Lehrplänen für Volksschulen verankert, um der kulturellen und sprachlichen Vielfalt der Schüler/innen besser gerecht zu werden. Interkulturelles Lernen wendet sich an alle Schüler/innen und soll in allen Unterrichtsgegenständen Berücksichtigung finden. Gefördert werden sollen:

- „Auseinandersetzung mit dem jeweils anderen Kulturgut, wie Lebensgewohnheiten, Sprache, Brauchtum, Texte (z.B. Erzählungen, Märchen, Sagen), Tradition, Liedgut usw.",
- „gemeinsame(s) Lernen und das Begreifen, Erleben und Mitgestalten kultureller Werte",
- „Interesse und Neugier an kulturellen Unterschieden (...) um nicht nur kulturelle Einheit, sondern auch Vielfalt als wertvoll erfahrbar zu machen" (BGBl. 439/1991).

Interkulturelles Lernen soll damit „einen Beitrag zum besseren gegenseitigen Verständnis bzw. zur besseren gegenseitigen Wertschätzung, zum Erkennen von Gemeinsamkeiten und zum Abbau von Vorurteilen leisten" (ebd.).

„Es soll sich wie ein roter Faden durch den schulischen Alltag ziehen und nicht nur in ‚interkulturellen Projekten' zu Schulschluss seinen Niederschlag finden. ‚Eine allenfalls vorhandene Zwei- oder Mehrsprachigkeit soll positiv besetzt und die Schülerinnen und Schüler sollen ermuntert werden, Kenntnisse in der Muttersprache im Unterricht sinnvoll einzubringen.' (vgl. BGBl. II Nr. 134/2000 und BGBl. II Nr. 133/2000, novelliert durch BGBl. II Nr. 277/2004)" (BMUKK 2008, S. 25 f.).

Untersuchungen zeigen jedoch, dass das Unterrichtsprinzip nach wie vor institutionell wenig verankert ist. Es fehlt an einer systematischen Umsetzung interkultureller pädagogischer Ansätze im Schulbereich, da bislang die Verwirklichung Interkulturellen Lernens überwiegend vom Engagement und Interesse einzelner Lehrkräfte oder Schulen abhängt. Eine Untersuchung zu diesem Thema kommt zum Schluss: „Für das Unterrichtsprinzip Interkulturelles Lernen fehlen noch klarere Richtlinien, deutlichere Vorgaben, (sowie) intensivere Wissens- und Kompetenzvermittlung" (Binder/Daryabegi, 2003, S. 81).

Diese Wissens- und Kompetenzvermittlung müsste Aufgabe der Lehrer/innenausbildung sein, doch gerade in diesem Bereich gibt es in Österreich große Mängel. Auch Schulbücher haben generell wenig interkulturelle Bezüge, Migranten/innen und ethnische Minderheiten sind darin kaum repräsentiert. Allgemein fehlt es auch an wissenschaftlichen Untersuchungen und einer wissenschaftlichen Debatte zum Thema Interkulturalität in Schulbereich (vgl. Luciak/Khan-Svik 2008).

Anfang der 1990er Jahre wurden Deutsch als Zweitsprache für Schüler/innen mit anderen Erstsprachen und muttersprachlicher Unterricht ins Regelschulwesen übernommen. Der Förderunterricht in Deutsch kann parallel zum Unterricht, integrativ, oder zusätzlich zum Unterricht stattfinden. Die Förderstunden dürfen für außerordentliche Pflichtschüler/innen bis zu zwölf Wochenstunden, für ordentliche Schüler/innen an der Volksschule bis zu fünf Wochenstunden betragen. Muttersprachlicher Unterricht kann als unverbindliche Übung im Ausmaß von zwei bis sechs Wochenstunden angeboten werden (vgl. BMUKK 2008, S. 17-21).

Ein im Auftrag des Unterrichtsministeriums erstellter Länderbericht für die OECD kommt zum Schluss, dass sich alle drei schulischen Maßnahmen – Interkulturelles Lernen, Deutsch als Zweitsprache und muttersprachlicher Unterricht – nicht als ausreichend effektiv erwiesen haben, da die mit den Maßnahmen einhergehenden Bestimmungen zu unverbindlich sind und ihre Umsetzung zu sehr von den jeweiligen Entscheidungen der Schuladministration und von individuellen Lehrer/innen abhängig ist. Zudem wird kritisiert, dass es an entsprechender Begleitforschung, Dokumentation und Evaluation dieser Maßnahmen fehlt.

„The political measures and programmes for students with a first language other than German are not effective enough in their impact. (...) The statutory provisions which have been successively expanded since the early 1990s to apply to all school types are phrased in non-binding terms, their implementation depends on the decisions taken by the local school administration or teachers, and has not been the subject of notable research nor of systematic documentation or evaluation" (Herzog-Punzenberger/Wroblewski 2009, S. 10).

Die Ergebnisse der hier diskutierten qualitativen Untersuchungen machen deutlich, dass, bezogen auf den Unterricht von Roma-Schüler/innen an Wiener Volksschulen, die Zielsetzungen des Unterrichtsprinzips Interkulturelles Lernen kaum eingelöst werden. Die überwiegende Mehrheit der befragten Lehrer/innen fühlt sich allgemein für den Unterricht heterogener Schulklassen zu wenig ausgebildet, ganz besonders jedoch für den Unterricht von Roma-Schüler/innen. Abgesehen von persönlichen Erfahrungen im Schulalltag, wissen Lehrer/innen wenig über die Kultur und Lebensweisen der Roma, über die Herkunft ihrer Schüler/innen oder über deren Kenntnisse in unterschiedlichen Sprachen.

Mit Ausnahme von Neuzuwanderern, besuchen Roma-Kinder mit Migrationshintergrund, die häufig bereits in Österreich geboren wurden, keinen Unterricht für Deutsch als Zweitsprache. Auffällig ist, dass sich viele dieser Roma-Kinder auf Deutsch sprachlich gut ausdrücken können, was auch von Lehrer/innen bestätigt wird. Bei der Verschriftlichung haben sie jedoch zum Teil Probleme und kennen unter anderem Begriffe und Konzepte nicht, die in ihrem Alltagsleben keine Rolle spielen. Aus Gesprächen mit Eltern geht hervor, dass die Kinder durch fehlende Vorbereitung auf schulisches Lernen benachteiligt sind, da ihnen zu Hause wenig bis gar keine Bücher vorgelesen werden oder sie selbst mangels deutscher Literatur im Haushalt kaum lesen oder zum Lesen angehalten werden. Jedenfalls kann nicht von einer positiv besetzten Zwei- oder Mehrsprachigkeit gesprochen werden, wenn manche Lehrer/innen nicht einmal wissen, ob die Kinder Romanes sprechen bzw. wie gut ihre Kenntnisse in anderen Sprachen, wie serbisch, mazedonisch, rumänisch oder bulgarisch, sind.

Auch der muttersprachliche Unterricht für Roma-Schüler/innen lässt zu wünschen übrig. Für ganz Wien stehen nur zwei Muttersprachenlehrerinnen für Romanes zur Verfügung, die Roma-Schüler/innen sowohl im Unterricht unterstützen als auch Lernförderung am Nachmittag anbieten. Zudem kommt dabei Romanes als Muttersprache zwar zum Einsatz, ein systematisches Erlernen der Muttersprache erfolgt jedoch nicht. Ein Hindernis dafür stellt auch der Umstand dar, dass Romanes ursprünglich keine Schriftsprache war und es erst durch die kürzliche Kodifizierung von einzelnen Varianten des Romani möglich ist, Schreiben und Lesen in Romani im Unterricht anzubieten. Angesichts der heterogenen Roma-Gemeinschaft, die verschiedenste Varianten des Romani spricht, ist es zudem schwierig, sich auf eine Variante für den Unterricht zu einigen.

In einem Interview wurde berichtet, dass Muttersprachenlehrer/innen, welche die offiziellen Staatssprachen der Herkunftsländer von Roma-Familien unterrichten, teilweise vergeblich versuchen, auch Roma-Kinder zum Besuch dieses Unterrichts zu motivieren. In einem konkreten Fall wurde die Tatsache, dass eine Roma-Schülerin, die sowohl Romanes als auch Serbisch spricht, nicht am muttersprachlichen Unterricht für Serbisch teilnehmen wollte, damit begründet, dass

die Muttersprachenlehrerin den Roma-Kindern gegenüber Ressentiments hätte
und abschätzig über sie redete (Interview des Autors am 19.5.2008).

## 5 Die schulische Situation von Roma mit Migrationshintergrund

Die Schulsituation von Roma mit Migrationshintergrund in Wien unterscheidet
sich wesentlich von jener, die Roma-Gruppen in anderen Ländern vorfinden. In
Österreich gibt es weder flexible Schulprogramme für wandernde Roma-
Gruppen (Roma in Österreich sind sesshaft) noch eigene vorschulische oder
schulische Programme für Roma-Flüchtlinge, wie dies z.b. in Deutschland der
Fall ist (vgl. Dikkers 2007). Auch gibt es keine Schulen in segregierten Wohn-
gegenden oder Schulklassen bzw. Sonderschulklassen mit überwiegend Roma,
wie in den östlichen Nachbarländern (vgl. Luciak 2008). Roma in Österreich
besuchen zum Großteil Regelschulen. Mangels statistischer Daten lassen sich
jedoch keine präzisen Aussagen zum Schulerfolg von Roma-Schüler/innen machen.
Verallgemeinert man die wichtigsten Aussagen der empirischen Untersuchungen, zeigt sich folgendes Bild: Roma-Schüler/innen mit Migrationshintergrund,
die bereits in Österreich geboren wurden, werden von Lehrer/innen als gleich
begabt wie alle anderen Schüler/innen gesehen. Sie erzielen jedoch oft nicht
dieselben Lernerfolge wie andere Kinder und verlieren teilweise den Anschluss,
da sie zu Hause kaum Lernunterstützung erhalten und keine lernförderliche Umgebung vorfinden, Hausaufgaben unvollständig oder gar nicht machen und, den
Aussagen von Lehrer/innen zu Folge, unverhältnismäßig oft im Unterricht fehlen.

> „(...) also ein Roma-Mädchen eben (...) die Mutter heiratet zum zweiten Mal und die
> S. kommt einfach drei Tage nicht und dann kommt sie halt zu Mittag mit einer Torte
> in der Hand und sagt: ‚Ich hab' heut' Geburtstag und ich möchte jetzt mit euch fei-
> ern' und ich sag': ‚Wo warst Du jetzt drei Tage?' (...) wo man echt dann nur mehr
> lachen kann, weil das würd' sonst nie wer machen – das ist einfach – das sind halt
> Roma" (Interview des Autors am 15.5.2008).

Der andere Umgang mit familiären Angelegenheiten in Roma-Familien kann
mitunter auch zu Fehleinschätzungen führen. Eine Lehrerin, die an der Aufrich-
tigkeit eines Kindes zweifelte, weil es drei Mal vom Unterricht fehlte und als
Grund immer den Tod der Großmutter angab, meinte, dass ihr erst im Verlauf
der INSETRom-Lehrer/innenfortbildung klar wurde, dass es in Roma-Familien
mehrmals Anlässe zum Gedenken von Verstorbenen geben kann.

Roma-Schüler/innen, die ihre Hausaufgaben in Lernhilfeprogrammen machen oder von ihren Eltern die nötige Unterstützung erhalten, können zumeist dem Unterricht gut folgen, und manche schaffen nach der Volksschule den Weg in allgemein bildende höhere Schulen. Die frühe Differenzierung im Schulsystem – in Österreich wird nach vier Jahren Volksschule in Hauptschule und AHS-Unterstufe getrennt – ist allerdings mit ein Grund, warum vielen höhere Bildung verwehrt bleibt.

Im Ausland aufgewachsene Roma-Schüler/innen, die erst kurz vor oder während der Schulzeit nach Österreich gekommen sind, haben es besonders schwer. Ihnen fehlen nicht nur die Sprachkenntnisse in Deutsch, häufig haben sie im Herkunftsland keine oder nur schlechte Schulbildung erhalten und aufgrund ihrer Lebensumstände verschiedenste Traumatisierungen erfahren. Diese Kinder sind auch einer besonderen Gefahr ausgesetzt, in Sonderschulen überwiesen zu werden, was die folgenden beiden Falldarstellungen demonstrieren.

## 6    Zwei Falldarstellungen

(Die Namen der Schüler/innen und einzelne Sozialdaten wurden aus Datenschutzgründen verfremdet.)

Milo (neun Jahre) seine Schwester Stoja (zehn Jahre) und sein älterer Bruder Dinko (elf Jahre) kamen vor einem Jahr aus Serbien nach Österreich. Die Eltern sind Roma-Angehörige, die Mutter ist bulgarische Staatsbürgerin, der Vater Serbe. In Serbien, wo die Schule für Kinder im Alter von sieben Jahren beginnt, waren Dinko und seine Schwester nur ein halbes Jahr in der Schule. Der jüngere Bruder, Milo, besuchte einen Kindergarten. Da die Familie bereits ein halbes Jahr in Österreich lebte und die Kinder nicht gleich zur Schule schickten, verzögerte sich deren Schuleintritt. Die Eltern hatten kein Geld für Schulsachen, schämten sich dafür und warteten zu, ehe sie die Kinder in die Schule schickten. Bei Schuleintritt in Österreich konnten die Kinder kaum lesen, schreiben oder rechnen. Die Direktorin der Volksschule stufte die zwei jüngeren Kinder ein Jahr zurück. Das Mädchen kannte nur ansatzweise die kyrillische Schrift, doch lernte es in der österreichischen Schule schnell lesen. Der jüngere Bub konnte zu Beginn nur seinen Namen schreiben und hatte viel Aufholbedarf. Dinko, der älteste, wurde seinem Alter gemäß eingestuft und geht jetzt in die 1. Klasse einer Hauptschule, was für ihn eine große Überforderung darstellt. Im Vergleich zu seinen jüngeren Geschwistern, die in kürzester Zeit gut Deutsch sprechen lernten, versteht er Deutsch nur wenig und tut sich beim Lernen schwer. Nach Einschätzung der Lehrer/innen fehlen ihm 3,5 Lernjahre. Die Lehrer/innen seiner Schule meinten daher, Dinko müsse im nächsten Jahr in die Sonderschule gehen.

Milena ist eine sieben Jahre alte Romni und in Rumänien bei ihrer Großmutter aufgewachsen, großteils hat sie dort auf der Straße gelebt. Die Mutter holte sie noch vor
der Schulzeit nach Österreich, doch da sie ganztags arbeitet, gilt Milena als „Schlüs-
selkind". Sie besucht die 1. Klasse einer Volksschule in Wien und spricht mittlerweile ziemlich gut Deutsch. Sie war in keinem Kindergarten, und als sie in die Schule kam, wusste sie nicht, wie man einen Bleistift in der Hand hält. Die Lehrerin beschreibt sie als traumatisiert, schwach begabt, entwicklungsverzögert und überfor-
dert. Sie war oft krank, als sie klein war, und hatte mehrere Spitalsaufenthalte. Milena zeigt gelegentlich aggressives Verhalten, schlägt Mitschüler/innen oder wirft mit
Sesseln um sich. Wenn die Klassenlehrerin nicht da ist, geht sie am Schulgang spa-
zieren und lässt sich von niemandem etwas sagen. Sonst sitzt sie zumeist brav in der
Klasse, beteiligt sich jedoch wenig am Unterricht, wirkt desorientiert und kann
kaum die Konzentration halten. Die Lehrerin bemüht sich um sie, erhält Unterstützung von einer Roma-Muttersprachenlehrerin und hat eine gute Beziehung zur Mutter aufgebaut. Trotz aller Förderung meint die Lehrerin, dass Milena „in einer normalen Klasse" nicht tragbar ist, auch wenn sie von ihren Mitschüler/innen ungeach-
tet ihres aggressiven Verhaltens akzeptiert wird. Milena soll deshalb in Absprache
mit der Mutter sonderpädagogische Förderung erhalten. Die Lehrerin hat jedoch die
Hoffnung, dass Milena später vielleicht wieder in die Regelschule integriert werden
kann.

Die zwei Falldarstellungen haben einiges gemeinsam: Die Kinder sind zugewandert, haben eine andere Erstsprache, erhielten wenig vorschulische Förderung,
sind in Familien in Armutsverhältnissen aufgewachsen und waren zur Zeit des
Schuleintritts in Österreich im Vergleich zu ihren Mitschüler/innen kaum auf
schulisches Lernen vorbereitet. Milo und Stoja wurden ein Schuljahr zurückge-
stuft und können mittlerweile dem Unterricht gut folgen. Dinko und Milena
hingegen zeigen wenig Lernfortschritte und sind in ihrer Entwicklung weit hinter
ihren gleichaltrigen Peers. Sie gelten als lernschwach und bedürfen spezieller
pädagogisch-psychologischer Unterstützung. Dinko ist zudem schon älter und
insofern benachteiligt, als er viele Schuljahre versäumt und erst spät begonnen
hat, Deutsch zu lernen. Milena wurde als Kleinkind nicht gefördert, war oft
krank und lebt auch jetzt in einer wenig lernförderlichen Umgebung. Sie drückt
ihren Frust durch aggressives Verhalten aus und kann sich am Unterrichtsgeschehen nur wenig beteiligen.
    Die Regelschule an diesen Schulstandorten ist nicht dafür eingerichtet, den
beiden Kindern die nötige Unterstützung zu bieten. Zusatzlehrer/innen, welche
die Kinder speziell fördern könnten, oder Mehrstufenklassen für Schüler/innen
unterschiedlichen Alters und Leistungsniveaus gibt es an diesen Schulen nicht.
Dinko und Milena sollen aus der Sicht der Lehrer/innen und Schulleiter/innen
künftig sonderpädagogische Förderung erhalten. Sonderpädagogischer Förderbedarf setzt in Österreich, unabhängig davon, ob die Kinder in einer Sonderschu-

le oder einer Integrationsklasse unterrichtet werden, die Feststellung einer Behinderung voraus. Die Schulleistungsschwächen der Kinder, welche in Zusammenhang mit ihren benachteiligten Lebensumständen, geringer vorschulischer
Förderung und Migrationserfahrung zu sehen sind, führen so im Kontext von
Schule zur Etikettierung einer Behinderung, was sich nachteilig auf ihren weiteren schulischen und beruflichen Werdegang auswirkt (vgl. Luciak 2009b).

## 7 Elternbeteiligung und Lernförderung

In vielen Interviews wurde von Lehrer/innen die fehlende Zusammenarbeit zwischen Eltern und Schule bzw. die mangelnde Unterstützung der Kinder durch
ihre Eltern beklagt. Elternbeteiligung am Schulgeschehen, Kontakte zu den Leh-
rer/innen und der Förderung der Kinder zu Hause kommen eine wichtige Bedeutung zu:

> „Familiale Hilfen und Unterstützungsleistungen stellen eine der Schnittstellen der
> Bildungsbereiche Familie und Schule dar, in denen sich (ungleiche) Ausgangsbe-
> dingungen manifestieren. Auf welche Weise Eltern diesen Aufgaben nachkommen
> können, ist wiederum abhängig von den Erfahrungen, die sie in ihrer eigenen Schul-
> zeit erworben haben, von ihren Bildungsabschlüssen und von ihrer persönlichen
> Vertrautheit mit schulischen Gegebenheiten und Abläufen" (Hawighorst 2009,
> S. 54).

Der überwiegende Teil der interviewten Roma-Eltern ist selbst nur wenig schu-
lisch gebildet, viele haben keinen Bildungsabschluss. Mit dem österreichischen
Schulsystem sind sie nur dann vertraut, wenn sie selbst schon in Österreich in die
Schule gegangen sind, was jedoch nur in Einzelfällen der Fall ist. Roma-Eltern
sind auf kostenlose Lernhilfeprogramme angewiesen, wenn ihre Kinder Lern-
rückstände aufweisen, da sie ihren Kindern selber nur wenig bei Hausaufgaben
helfen und sich die Kosten für private Nachhilfe nicht leisten können. Der Umstand, dass im österreichischen Schulsystem elterliche Unterstützung eine außer-
ordentlich hohe Bedeutung hat, trägt zur Reproduktion sozialer Ungleichheiten
bei. Laut einer aktuellen Umfrage des *Institute for Social Research and Analysis*
(SORA) nehmen 20 Prozent der Schüler/innen unter 14 Jahren private Nachhilfe
in Anspruch, in der Volksschule sind es sechs Prozent. Zudem hilft mehr als die
Hälfte aller Eltern täglich ihren Kindern bei den Hausaufgaben (ORF Online am
25.05.2009).

Die Volksschule in Österreich ist eine „Halbtagsschule", und Kinder, die
am Nachmittag nicht betreut werden, sind gegenüber anderen, deren Eltern zu
Hause sind und sicherstellen, dass die Hausaufgaben gemacht werden, im Nach-

teil. Auffallend oft wurde in Interviews mit Roma-Eltern über schwierige Familiensituationen berichtet: alleinerziehende Mütter; Arbeitslosigkeit oder erwerbstätige Elternteile mit geringem Einkommen, die erst spät abends nach Hause kommen; Elternteile, die im Ausland leben, weil sie keine Aufenthaltsgenehmigung in Österreich erhalten oder diese ihnen aberkannt wurde; Eltern oder Geschwister, die an schweren Krankheiten leiden. Es ist verständlich, dass angesichts dieser Umstände dem Schulunterricht der Kinder manchmal geringere Priorität eingeräumt wird. Doch mitunter wird von Eltern auch zu wenig erkannt, dass es ohne ihre Unterstützung für die Kinder sehr schwer ist, in Österreich in der Schule zu bestehen. Eine Vereinsleiterin, die in einem Lernhilfeprogramm arbeitet und selbst Roma-Angehörige ist, sagte:

„Dass die Eltern eigentlich nicht den Sinn der Schule überhaupt verstehen, glaub' ich einmal. (...) Sie wissen nicht (...), dass nur wenn sie in der Lernstunde jetzt die zwei Stunden sind, dass das auch nicht so viel hilft. Sie müssen trotzdem was zu Hause machen mit den Kindern." (Interview von Kramann, M. am 18.11.2008)

Mittlerweile gibt es in Wien außerschulische Lernbetreuung für Roma-Schüler/innen, die von verschiedenen Roma-Vereinen angeboten wird. Eine im Zeitraum Oktober bis Dezember 2008 durchgeführte Evaluationsstudie über Lernhilfeaktivitäten von sechs Roma-Vereinen, die von der Stadt Wien gefördert werden, kommt im Hinblick auf die Effektivität und Effizienz angebotener Lernhilfe und Elternarbeit zum Ergebnis, dass die Lernhilfeprogramme den schulischen Erfolg von Roma-Schüler/innen begünstigen. Die Unterstützung bei Hausaufgaben sowie angebotene Lern- und spielerisch-künstlerische Aktivitäten wirken sich positiv auf die Lernmotivation der Schüler/innen aus und führen zur Verbesserung der Schulleistungen, zu gesteigerter Unterrichtsvorbereitung und zum Verbleib bzw. zur Wiedereingliederung der Roma-Schüler/innen in Regelschulen. Die Lernhilfeprogramme gewährleisten auch eine größere Einbindung der Eltern und berücksichtigen Roma-spezifische kulturelle und sprachliche Aspekte, was sich wiederum positiv auf die Identitätsentwicklung der Roma-Schüler/innen auswirkt. Schließlich bewirken sie eine verstärkte Eigeninitiative von Verantwortlichen in Roma-Vereinen, die sich gezielt der Lernförderung annehmen (vgl. Luciak/Kramann 2009).

In Lernhilfeprogrammen tätige Roma-Angehörige machten deutlich, dass es eine Weile dauerte, bis sie Roma-Eltern von der Wichtigkeit der Teilnahme ihrer Kinder an der Lernhilfe überzeugen konnten. Da an Schulen nicht immer bekannt war, wer aller von den Schüler/innen Roma sind, gingen Roma-Muttersprachenlehrer/innen oder Roma-Assistent/innen, die in Vereinen arbeiten, in die einzelnen Schulklassen, um die Kinder ausfindig zu machen. Der

Umstand, dass die Lernhilfeprogramme auch Nicht-Roma offen stehen, führte zu erhöhter Akzeptanz der Lernhilfe:

„Am Anfang haben g'rad' die Roma-Kinder irgendwie, wie es geheißen hat, (...) Roma-Kurs, da haben sich alle nicht deklarieren wollen. Und wie es dann geheißen hat, sie dürfen Freunde mitbringen, die eben nicht Romni waren, dann hat's so richtig gegolten. Das war dann schön. Dann hat die eine ihre Freundin aus Ägypten mitgebracht; Dann war wirklich so multikulti." (Interview von Kramann, M. am 9.12.2008)

Interessant erscheint auch die Tatsache, dass sich Roma-Eltern selbst an Lernhilfeaktivitäten beteiligen, wenn die Lernhilfeprogramme nicht an der jeweiligen Schule, sondern in Vereinslokalen stattfinden. Andererseits gibt es eine bessere Zusammenarbeit zwischen den Lehrer/innen der Schulen und den Leiter/innen der Lernhilfeprogramme, wenn die Lernhilfe am Schulstandort angeboten wird.

Mit der Schule und den Lehrer/innen in Kontakt zu treten, stellt nach wie vor für viele Roma-Eltern eine Barriere dar. Deshalb kann es als eine wichtige Aufgabe der Schule gesehen werden, ein Klima des Vertrauens und der Anerkennung zu schaffen. So veranstaltete zum Beispiel eine Volksschule ein Fest für Roma, an welchem viele Roma-Familien teilnahmen, gemeinsam Essen kochten, mit den Kindern tanzten und miteinander in Kontakt traten. Dadurch wurde die Schule zu einem Lebensraum, den die Eltern nicht bloß mit Verpflichtungen und Sorgen um den Lernerfolg ihrer Kinder in Verbindung bringen, sondern als Ort wahrnehmen, an dem sich alle gemeinsam um das Wohlergehen und die Förderung der Kinder bemühen.

## 8   Fortbildung für Lehrer/innen

Die empirischen Untersuchungen im Rahmen des Projekts INSETRom dienten unter anderem dazu, herauszufinden, welche Thematiken Lehrer/innen in einer Fortbildung, die sich mit dem Unterricht von Roma-Schüler/innen auseinandersetzt, für besonders relevant erachten. Zwei Schwerpunktbereiche wurde dabei deutlich: Erstens, mehr über Roma, ihre Geschichte, Kultur, Sprache und Lebensweise (einschließlich Unterrichtsmaterialien dazu) zu erfahren, und zweitens, Strategien zur stärkeren Einbindung von Roma-Eltern in das Schulgeschehen und zur Reduzierung von Fehlstunden der Roma-Schüler/innen zu entwickeln. Den Projektleiter/innen war es zudem wichtig, Vorurteile und Stereotype, Benachteiligungen durch gesellschaftliche und schulische Strukturen sowie interkulturellen Unterricht zu thematisieren.

In einem Pilotversuch wurden im Herbst 2008 an drei Halbtagen Fortbildungen für eine Gruppe von 15 Lehrer/innen unterschiedlicher Schulen und Schultypen angeboten. Es wurden Roma-Angehörige in die Schulung als Teilnehmer/innen und als Vortragende mit eingebunden, und zwar sowohl eine Roma-Muttersprachenlehrerin und Roma-Assistent/innen, die im Schulbereich tätig sind, als auch Leiter/innen von Roma-Vereinen, die sich mit Lernförderung und Romanes-Sprachunterricht für Roma-Migranten/innen und autochthone Roma beschäftigen. So konnte vermieden werden, dass nicht Schulungsleiter/innen und Lehrer/innen, die keine Roma-Angehörigen sind, sich über Roma als „die Anderen" oder „die Fremden" unterhalten. Durch den Austausch zwischen Roma und Nicht-Roma ermöglichte die Schulung vielfältige Lernerfahrungen. Im Überblick werden hier einige wichtige Aspekte dargestellt:

- Was als „Roma-Kultur" bezeichnet wird, ist sehr vielschichtig und unterliegt, wie jede Kultur, einem stetigen Wandel. Es lohnt sich, verschiedene Aspekte von Kultur auseinanderzuhalten und ihnen Beachtung zu schenken. So kann man über Roma-Musik oder Tanz als Elemente der Hochkultur sprechen; über traditionelle Lebensweisen der Roma als „fahrendes Volk"; über kulturell überformte Verhaltensregeln, den Umgang mit Emotionen oder das Verhältnis der Geschlechter zueinander; über Symbolsysteme und Sprachverwendung; über kulturelles Kapital, Insiderwissen und Machtverhältnisse zwischen Roma und Nicht-Roma (siehe zu Konzeptionen von Kultur: Erickson 2001). Aber auch Unterschiede zwischen den Generationen (Jugendkultur etc.) und kulturelle Veränderungen durch Migrationserfahrungen und gesellschaftlichen Wandel sind hier mitzuberücksichtigen.
- Verschiedene Verhaltensweisen von Roma-Angehörigen werden mitunter von Lehrer/innen ethnisiert oder kulturalisiert; z.B. „Schulische Bildung hat in der Roma-Kultur keinen hohen Stellenwert" als Erklärung dafür, dass Kinder nicht regelmäßig zum Unterricht oder Eltern nicht bei Sprechtagen erscheinen. Dabei werden weder vergangene gesellschaftliche Erfahrungen von Diskriminierung und Exklusion, vom Verbot, Schulen zu besuchen oder der Segregation von Roma in eigene Schulklassen beachtet, noch ihre gegenwärtigen benachteiligten Lebensumstände, die allesamt zum Misstrauen gegenüber der von der Mehrheitsgesellschaft kontrollierten Institution Schule führen können.
- Roma-Schüler/innen verbergen teilweise noch immer ihre Identität und fühlen sich nicht sicher, offen über ihre Gruppenzugehörigkeit zu sprechen. Ein Schulunterricht, in dem nie über Roma gesprochen wird, weil Lehrer/innen kaum etwas über Roma wissen oder Befürchtungen haben, über

Roma zu reden, könnte zu Stigmatisierungen führen, begünstigt Tabuisierung und fördert die Unsicherheit von Roma-Schüler/innen.

- Die unterschiedlichen Sprachkenntnisse von Roma-Migranten/innen werden von Lehrer/innen zuwenig wahrgenommen und nur selten als Ressource gesehen, Defizite in der Unterrichtssprache Deutsch hingegen hervorgehoben. Dabei fehlt das Bewusstsein, dass die jeweilige Sprachverwendung durch den schulischen Kontext bestimmt wird und jene Schüler/innen benachteiligt sind, die eine Erstsprache haben, die in österreichischen Schulen keine Verwendung findet.

- Die Einbindung von Roma-Muttersprachenlehrer/innen und Roma-Assistent/innen erweist sich sowohl in der Lernhilfe als auch in der Elternarbeit als äußerst hilfreich. Barrieren zwischen Schule und Eltern können so leichter überwunden und Eltern eher von der Wichtigkeit der Lernunterstützung für ihre Kinder überzeugt werden.

## 9    Abschließende Bemerkungen

Der österreichische Volksschullehrplan beinhaltet eine Reihe von Hinweisen zu interkultureller Unterrichtsgestaltung und zur Einbeziehung der unterschiedlichen Erstsprachen der Schüler/innen (vgl. Luciak/Binder 2006). Als Unterrichtsmethoden eignen sich offenes Lernen und schülerzentrierte Arbeitsformen, wie auch kooperative Lernformen im Projekt- oder Gruppenunterricht. Im Unterricht kann an persönliche Erfahrungen der Schüler/innen angeknüpft werden, wobei sich auch Lehrer/innen als Lernende verstehen sollten. Der Sprachenvielfalt in der Klasse sollte mit Wertschätzung der Herkunftssprachen von Kindern mit Migrationshintergrund begegnet werden.

Der Lehrplan bietet eine Vielzahl an Möglichkeiten, um auch Bezüge zur Geschichte, Kultur, Identität und Sprache der Roma herzustellen. Eickhorst verweist auf didaktisch-methodische Formen wie autobiografisches Erzählen, kreatives Schreiben oder Sammeltätigkeit, die sich besonders gut dafür eignen, „die Herausbildung der Identität bzw. des eigenen Selbstkonzepts im Grundschulalter zu unterstützen" (Eickhorst 2007, S. 31). Wenn Kinder dazu ermuntert werden, von sich und wichtigen „Begebenheiten aus ihrem Leben" zu berichten, entwickeln sie ein Selbstkonzept und erlangen Selbstbewusstsein (ebd.). Ebenso eignen sich dafür Schreibaufgaben, die einen Bezug zum Lebenszusammenhang der Kinder aufweisen und bei denen auch die jeweiligen Sprachenkenntnisse der Kinder Berücksichtigung finden, oder das Sammeln und Präsentieren von Texten, Geschichten, Bildern, Kunst und Musikbeispielen, die in direktem Bezug zur eigenen Lebensgeschichte stehen (vgl. ebd., S. 31f.). „Arbeitsteilige Aufgaben,

die nur mit Hilfe der spezifischen Kompetenzen von zwei- oder mehrsprachigen
Schüler/innen gelöst werden können" (Luciak/Binder 2006, S. 1), fördern hingegen den interkulturellen Dialog.

Im Rahmen der Fortbildung von Lehrer/innen des INSETRom-Projekts
wurden Lehrer/innen dazu angehalten, in einer darauffolgenden Implementie-
rungsphase im Unterricht auf Elemente der Kultur und Sprache der Roma einzugehen. Bei einem abschließenden Treffen berichtete eine Lehrerin, dass sie im
Unterricht einen Text wählte, in dem vier Worte in Romanes vorkamen. Sie
bemerkte, dass eine Roma-Schülerin lächelte und fragte sie, warum sie lacht,
wenn es doch in dem Text um den Tod gehe, worauf ihr die Schülerin entgegne-
te, dass es das erste Mal in ihrer Schulzeit sei, dass etwas in Romanes auf einem
Arbeitsblatt stehe. Für Kinder, die sich oft gezwungen sehen, Teile ihrer Identität
zu verbergen, ist es besonders wichtig, das Gefühl vermittelt zu bekommen, dass
sie und Angehörige ihrer Gruppe anerkannt und wertgeschätzt werden. Auch die
Einbeziehung von erwachsenen Roma-Angehörigen in Unterrichtsaktivitäten
kann dafür förderlich sein.

Bislang gibt es wenige Unterrichtsmaterialien und Schulbücher, die sich auf
die Geschichte, Kultur und Sprache der Roma beziehen. In den vergangenen
Jahren wurden jedoch im Projekt „Rombase" didaktische Materialien für Leh-
rer/innen und Roma-Mediator/innen erstellt (siehe Romani-Project 2004). Auch
vom Europarat wurden Materialien veröffentlicht, die einen guten Einblick in die
Geschichte, Kultur und Sprache der Roma bieten (siehe Council of Europe
2008).

Im Umgang mit diesen Materialien erscheint es jedoch wichtig, kein einsei-
tiges Kulturverständnis zu vermitteln bzw. kulturalistische Deutungen vorzunehmen und Fremdheit zu erzeugen. Es gilt zu vermeiden, Roma-Schüler/innen,
die sich möglicherweise selbst nicht mehr als fremd wahrnehmen, anhand ihrer
Differenzen zu charakterisieren (vgl. Freise 2005, S. 23) bzw. in einem falschen
Verständnis von interkulturellem Unterricht die „asymmetrischen und zuallererst
als Zusammenhang der Ungleichheit zu verstehenden Verhältnisse zwischen
Mehrheitsangehörigen und Minderheitsangehörigen" (Castro Varela/Mecheril
2005, S. 409) zu reproduzieren. Anstatt bloß „die andere, fremde Kultur" in den
Blickpunkt zu nehmen, sollte die Unterrichtsgestaltung stärker darauf abzielen,
die Beziehungsverhältnisse zwischen den verschiedenen Gruppen zu thematisieren, sowie Selbstreflexion und Perspektivenwechsel fördern. Interkultureller
Grundschulunterricht zielt darauf ab, miteinander und voneinander zu lernen,
Gemeinsamkeiten zu entdecken und Unterschiede zu verstehen und zu respektie-
ren.

## Literatur

Bancroft, A. (2005): Roma and Gypsy –Travellers in Europe: Modernity, Race, Space and Exclusion. London.

BGBl. 439/1991 (Bundesgesetzblatt für die Republik Österreich): Änderung der Verordnung, mit welcher die Lehrpläne der Volksschule, der Hauptschule und der Sonderschulen erlassen werden. Wien. Verfügbar unter: http://www.ris. bka.gv.at/Dokumente/BgblPdf/1991_440_0/1991_440_0.pdf , 30. 6. 2009

BMUKK (Bundesministerium für Unterricht, Kunst und Kultur) (2008): Informationsblätter des Referats für Migration und Schule Nr. 1/2008. Gesetzliche Grundlagen schulischer Maßnahmen für SchülerInnen mit anderen Erstsprachen als Deutsch, 12. aktualisierte Aufl. Verfügbar unter: http://www.bmukk.gv.at/medienpool/ 6416/info1_2008.pdf , 30. 6. 2009

Castro Varela, do Mar M./Mecheril, P. (2005): Minderheitenangehörige und „professionelles Handeln". Anmerkungen zu einem unmöglichen Verhältnis. In: Leiprecht, R./Kerber, A. (Hg.): Schule in der Einwanderungsgesellschaft. Ein Handbuch. Schwalbach, S. 406-419.

Council of Europe (2008): Factsheets on Roma. Romani Project, Universität Graz in Kooperation mit Council of Europe project „Education of Roma children in Europe". Verfügbar unter: http://romafacts.uni-graz.at/for-Rhistory/for-Rhist-001start.htm , 30. 6. 2009

Dikkers, A. G. (2007): The Education of Roma and Sinti Children in Germany: Choosing Among Alternative Programs. In: Bhatti, G. et al. (Eds.): Social Justice and Intercultural Education, Stoke on Trent/Sterling, S. 169-182.

Eickhorst, A. (2007): Interkulturelles Lernen in der Grundschule. Ziele – Konzepte – Materialien. Bad Heilbrunn.

Erickson, F. (2001): Culture in society and in educational practices. In: Banks, J./Banks C. M. (Eds.): Multicultural education: Issues and perspectives. New York, S. 31–58.

Binder, S./Daryabegi, A. (2003): Interkulturelles Lernen – Beispiele aus der schulischen Praxis. In: Fillitz, T. (Hg.): Interkulturelles Lernen. Zwischen institutionellem Rahmen, schulischer Praxis und gesellschaftlichem Kommunikationsprinzip. Innsbruck, S. 33–84.

Freise, J. (2005): Interkulturelle Soziale Arbeit. Theoretische Grundlagen – Handlungsansätze – Übungen zum Erwerb interkultureller Kompetenz. Band 36. Schwalbach.

Hawighorst, B. (2009): Perspektiven von Einwandererfamilien. In: Fürstenau, S./ Gomolla, M. (Hg.): Migration und schulischer Wandel: Elternbeteiligung. Wiesbaden, S. 51-67.

Herzog-Punzenberger, B. / Wroblewski, A. (2009): OECD Thematic Review on Migrant Education. Country Report Austria. Commissioned by the Federal Ministry for Education, the Arts and Culture. Vienna.

Luciak, M. (2008): Roma in Sonderschulen – eine Herausforderung für die Heilpädagogik Mittel- und Osteuropas. In: Biewer, G. u. a. (Hg.): Begegnung und Differenz: Menschen – Länder – Kulturen. Beiträge zur Heil- und Sonderpädagogik. Bad Heilbrunn, S. 33–60.

Luciak, M. (2009a): „Ich bin in Liebe gezeugt worden, ich will keine Minderheit sein".
In: STIMME von und für Minderheiten, Nr. 71, S. 9.

Luciak, M. (2009b): Behinderung oder Benachteiligung? SchülerInnen mit Migrationshintergrund und ethnische Minderheiten mit sonderpädagogischem Förderbedarf in Österreich. In: SWS-Rundschau, Heft 3/2009.

Luciak, M./Binder, S. (2006): Anregungen für die praktische Umsetzung des Unterrichtsprinzips „Interkulturelles Lernen" und fächerübergreifende interkulturelle Projekte. Wien. Verfügbar unter: http://www.projekte-interkulturell.at/data/upload/docs/luciak_binder.pdf , 30. 6. 2009

Luciak, M./Khan-Svik, G. (2008): Intercultural Education and Intercultural Learning in Austria – Critical Reflections on Theory and Practice. Intercultural Education, Volume 19, Number 6, S. 493-504.

Luciak, M./Liegl, B. (2008): Summative Report: Teacher In-Service Training for Roma Inclusion (INSETRom). Comenius Project Report. Vienna. Verfügbar unter: http://www.iaie.org/insetrom/index.html , 30. 6. 2009

Luciak, M./Kramann, M. (2009): Lernhilfeprogramme für Roma-SchülerInnen. Unveröffentlichter Evaluationsbericht im Auftrag der Stadt Wien (MA17). Wien.

ORF Online (2009): Preise für private Nachhilfe stark gestiegen. Erschienen am 25.05.2009. Verfügbar unter: http://help.orf.at/?story=9008, 30. 6. 2009

Romani-Project (2001): Rombase. Ethnologie und Gruppen: Roma in Österreich. Graz. Verfügbar unter: http://romani.uni-graz.at/rombase/ , 30. 6. 2009

Romani-Project (2004): Rombase Pädagogik. Handreichung für LehrerInnen und Roma-MediatorInnen. Graz. Verfügbar unter: http://romani.uni-graz.at/rombase/ped/index.de.html, 30. 6. 2009

Statistik Austria (2009): Bildung in Zahlen. Tabellenband 2007/ 08. Verfügbar unter: http://www.statistik.at/web_de/statistiken/bildung_und_kultur/index.html , 15. 5. 2009

Projekt-Webseite
Comenius-Project Teacher In-Service Training for Roma Inclusion (INSETRom), verfügbar unter: http://www.iaie.org/insetrom/, 30. 6. 2009

# „Die 10 kennen wir schon vom Kindergarten." – Zur Anschlussfähigkeit von Kindergarten und Grundschule aus der Perspektive von Kindern mit Deutsch als Zweitsprache

*Kerstin Graf*

## 1 Einleitung

„Die 10 kennen wir schon vom Kindergarten", sagt Kevser etwa einen Monat nach der Einschulung, als ihre Klasse aufgefordert wird, die Seite 10 aufzuschlagen. Diese und viele weitere Äußerungen von Schüler/innen in der Schuleingangsphase haben mich während einer ethnographischen Feldstudie in Rheinland-Pfalz zur Sprachförderung von Kindern mit Migrationshintergrund im Übergang zwischen Kindertagesstätte und Grundschule darauf aufmerksam werden lassen, wie Erst- und Zweitklässler/innen im pädagogischen Alltag der Grundschule versuchen, Anschlüsse zu ihren (Vor-)Erfahrungen aus der Kindertagesstätte herzustellen, zu entdecken und zu konstruieren.

Im vorliegenden Beitrag werden, nach einem kurzen Überblick (2) zum Übergang zwischen Kindergarten und Grundschule, anhand von Protokollausschnitten verschiedene Alltagspraktiken der Schüler/innen im Umgang mit Anschlussmöglichkeiten im bildungsbiographischen Übergang vorgestellt (3). Zusammenfassend soll am Schluss (4) herausgearbeitet werden, wo die beteiligten Pädagog/innen aus dem Elementar- und Primarbereich ansetzen könnten, um die häufig diskutierte Anschlussfähigkeit im Sinne der Kinder umzusetzen.

Zwar beziehen sich die von mir gesammelten Daten in der Hauptsache auf Kinder mit Migrationshintergrund, weil meine ethnographische Feldstudie entsprechend ausgerichtet ist, ich wage aber vorab die These, dass sich die Erfahrungen zur Anschlussfähigkeit, die Kinder nicht deutscher Herkunftssprache im institutionellen Alltag der Schule in der Übergangszeit zwischen dem Vor- und Grundschulbereich machen, denen von Kindern mit Deutsch als Erstsprache deutlich ähneln.

## 2 Anschlussfähigkeit im Übergang zwischen Kindertagesstätte und Grundschule

Beim Übergang vom Kindergarten in die Grundschule handelt es sich um einen vertikalen institutionellen Übergang (vgl. z.b. Speck-Hamdan 2006, S. 20ff.). Dadurch, dass der Elementar- und Primarbereich in Deutschland bis vor kurzem wenig miteinander verzahnt waren (vgl. Deckert-Peaceman 2007, S. 6), ergeben sich verschiedene Barrieren zwischen den beiden Institutionen: unterschiedliche Visionen und Lernkulturen, strukturelle Hindernisse durch geteilte Zuständigkeiten und Kommunikationshindernisse (vgl. Roßbach 2006, S. 285). Diese erschweren den Übergang zwischen den beiden Institutionen.

Gegenwärtig wird der Begriff „Übergang" häufig durch den Begriff der „Transition" ersetzt. Bezugstheorie ist hierzu der Transitionsansatz, der Transitionen als komplexe Wandlungsprozesse versteht, die auftreten, „wenn Lebenszusammenhänge eine massive Umstrukturierung erfahren – ein Kind z.B. vom Kindergartenkind zum Schulkind wird" (Griebel/Niesel 2004, S. 35). Anstehende Veränderungen betreffen dabei die Ebene des Individuums, die Ebene der Beziehungen und die der Lebensumwelten (vgl. Griebel 2006, S. 37). Übergänge aus dieser entwicklungspsychologischen Sicht sind sowohl markante Veränderungen innerhalb der Familie als auch Veränderungen die eigene Person betreffend oder vertikale Übergänge im gestuften Bildungssystem (vgl. Berwanger/ Griebel 2009, S. 8). Die erfolgreiche Bewältigung dieser Übergange ist ein Prozess, der nur von den beteiligten Personen gemeinsam geleistet werden kann (vgl. ebd., S. 9). Bezogen auf den Schulanfang sind dies das Kind, seine Eltern, die Erzieher/innen und Lehrer/innen. Roßbach (2006, S. 287) stellt heraus, dass der Transitionsansatz sich insbesondere dazu eignet, eine pädagogische Gestaltung der Transitionsbegleitung zu konzipieren. Insgesamt aber halten Faust und Roßbach den Transitionsansatz für zu unspezifisch, um die Besonderheiten des Übergangs vom Kindergarten in die Grundschule zu erfassen (vgl. z.B. Faust/ Roßbach 2004, S. 99ff.), denn die Bildungsbedeutung, die curricularen Anforderungen und die kognitiven und inhaltlichen Dimensionen dieses speziellen Übergangs werden vernachlässigt (vgl. Faust 2008, S. 227). Entsprechend soll im vorliegenden Beitrag der Begriff Übergang beibehalten werden, wobei wesentliche Aspekte des Transitionsansatzes mitzudenken sind, u.a., dass der Übergang vom Elementar- zum Grundschulbereich als Aufgabe aller am Prozess beteiligten Personen zu verstehen ist.

Der Begriff Anschlussfähigkeit, so Hacker (2005, S. 286), markiert – im Gegensatz zu Schulreife bzw. Schulfähigkeit – den vorläufigen Schlusspunkt der Diskussion zur Schulanfangszeit. Gemeint ist, dass nicht die Kinder schulfähig werden müssen, um den Übergang zwischen Kindergarten und Grundschule zu

meistern, sondern dass die beiden Institutionen anschlussfähig sind, so dass der
Übergang „im Sinne eines verträglichen Anschlusses und eines gelingenden
Neuanfangs" (Speck-Hamdan 2006, S. 21) gestaltet ist. Unterschieden wird zwischen struktureller, konzeptioneller, inhaltlicher und curricularer Anschlussfähigkeit (vgl. u.a. Hacker 2004 u. 2008, Roßbach 2006, Panagiotopoulou/Graf
2008). Auf der strukturellen Ebene ist die Einführung der »neuen« Schulein-
gangsstufe zu nennen, die den Kindern den Übergang in die Grundschule erleichtern soll, wobei die Veränderungen lediglich die Schuleingangsphase betreffen. Die in den vergangenen Jahren veröffentlichten Bildungs-, Erziehungs- oder
Orientierungspläne für den Elementarbereich zielen auf die inhaltliche und curriculare Anschlussfähigkeit von Vor- und Grundschulbereich ab: Kindliche Lern-
und Bildungsprozesse sollen durch vertikale Verbindungen zu den späteren
Schulfächern anschlussfähig werden. Die konzeptionelle Anschlussfähigkeit
schließlich meint eine institutionsübergreifende konzeptionelle Verbindung der
praktizierten Ansätze, indem didaktisch-methodische Grundlagen, unterschiedliche Bildungskonzepte und -inhalte, Strukturen und Prinzipien aufeinander abge-
stimmt werden.

Letzteres kann nur durch Kooperationen vor Ort zwischen den beteiligten
Institutionen gewährleistet werden. Empfehlungen zur Zusammenarbeit von
Kindergarten und Grundschule gibt es für die verschiedenen Bundesländer seit
Ende der 1970er Jahre. In praxisnahen Veröffentlichungen werden vielfältige
Kooperationsformen vorgeschlagen (vgl. Faust 2008, S. 231), die jedoch nicht so
häufig vorkommen, „als das von einer breiten Kooperation zwischen Kindergarten und Grundschule gesprochen werden kann" (Roßbach 2006, S. 283). Faust
(2008, S. 231) weist darauf hin, dass die personelle Kooperation von Erzie-
her/innen und Lehrer/innen als wichtigstes Element anzusehen ist, wobei Hacker
(2005, S. 287) bemängelt, dass diese Zusammenarbeit überwiegend produktori-
entiert ist (z.B. Planung des Einschulungsgottesdienstes), obwohl letztlich nur
prozessorientierte Kooperationsformen Veränderungen bewirken können. Im
Zuge der Veröffentlichung von Bildungs-, Erziehungs- oder Orientierungsplänen
wurde in den vergangenen Jahren ein verbindlicherer Rahmen zur Kooperation
vom Kindergarten- und Grundschulbereich geschaffen (vgl. Faust/Roßbach
2004, S. 93). Für Rheinland-Pfalz, wo meine ethnographische Feldstudie angesiedelt ist, bedeutet dies, dass die Zusammenarbeit von Elementar- und Primarbereich im Hinblick auf den Übergang sowohl im Kindertagesstätten- als auch

im Schulgesetz sowie im Sozialgesetzbuch festgeschrieben ist (vgl. MBFJ 2006a).[1]
Insgesamt ist festzustellen, dass die bislang ergriffenen bildungspolitischen Maßnahmen sich hauptsächlich auf die Gestaltung des Übergangs beziehen, nicht aber explizit die Anschlussfähigkeit zwischen dem Elementar- und Primarbereich fordern. Denner und Schumacher (2004, S. 70) konstatieren, dass sich die Anschlussfähigkeit von Bildungsprozessen durch Bildungspläne zwar zentral vorbereiten lässt, den Anschluss der Bildungsprozesse aber jeder Lerner selbst vollziehen muss, möglichst unterstützt durch eine einfühlsame kompetente pädagogische Begleitung. Bezogen auf das Bundesland Rheinland-Pfalz, aus dem die vorliegenden Untersuchungsergebnisse stammen, fällt in diesem Zusammenhang auf, dass die Begriffe „Anschluss" oder „Anschlussfähigkeit" in den gesetzlichen Vorgaben sowie Erlassen und den Bildungs- und Erziehungsempfehlungen für Kindertagesstätten nicht vorkommen (vgl. MBFJ 2004; MBFJ 2006a).

## 3    Anschlüsse zwischen Kindergarten und Grundschule aus der Kinderperspektive

Die in diesem Abschnitt vorgestellten Beobachtungsprotokollausschnitte sind Szenen aus der bereits angesprochenen ethnographischen Feldstudie zur Sprachförderung von Kindern mit Migrationshintergrund im Übergang zwischen Kindertagesstätte und Grundschule. Über fünf Monate hinweg habe ich, beginnend im März 2007, in einer Kindertagesstätte in Rheinland-Pfalz sechs Fokuskinder mit türkischsprachigem Hintergrund im institutionellen Alltag teilnehmend beobachtet (vgl. Panagiotopoulou/Graf 2008; Christmann/Graf 2010). Von August 2007 bis Januar 2008 habe ich meine Beobachtungen in zwei ersten Klassen fortgesetzt, in die die Kinder eingeschult wurden. Im März 2009 bin ich nochmals für eine fokussierte Beobachtungsphase ins Forschungsfeld zurückgekehrt, um durch gezielte Beobachtungen noch offene Fragen klären zu können.
Die ausgewählten Protokollausschnitte stammen sowohl aus der langfristigen als auch aus der fokussierten Beobachtungsphase und sind exemplarisch für viele ähnliche Situationen, die ich über den gesamten Untersuchungszeitraum hinweg im Unterrichtsalltag der Grundschule beobachten konnte. Im Folgenden soll es darum gehen, die Anschlussfähigkeit zwischen Kindergarten und Grund-

---

1    Es sei angemerkt, dass von pädagogisch genutzten Diskontinuitäten, die vom Individuum bewältigt werden können, auch Entwicklungsanregungen ausgehen. Eine maximale Reduktion von Unterschiedlichkeiten könnte beim Übergang von einer Bildungsstufe in die nächste folglich auch entwicklungshemmend sein (vgl. Griebel & Niesel 2004, S. 136f.; Roßbach 2006, S. 285f.).

schule aus der Perspektive der Kinder zu rekonstruieren. Protagonisten sind fast ausschließlich Kinder, die mit Deutsch als Zweitsprache aufwachsen. Zu Beginn des ersten Schuljahres baute die Klassenlehrerin der Eichhörnchenklasse, Frau E., regelmäßig Bewegungsspiele in ihren Unterricht ein. So auch im nachstehenden Protokollausschnitt, in dem Stopptanz gespielt wird. Frau E. nennt dieses Bewegungsspiel anschaulich „Zu Steinen werden".

> Die Klassenlehrerin kündigt das Bewegungsspiel „Zu Steinen werden" an und lässt sich von Marielle eine Musik-CD geben, die das Mädchen von zuhause mitgebracht hat. Frau E. stellt die Musik an und die Kinder beginnen sich im Raum zu bewegen, mehr oder weniger tänzerisch. Nachdem von dem Lied einige Takte zu hören waren, ruft Ilmiye begeistert ihrer Lehrerin zu: „Das kennen wir vom Kindergarten!" Frau E. fragt zurück: „Das kennt ihr schon vom Kindergarten?" „Wir kennen sogar das Tanz!", verkündet Ilmiye strahlend. Frau K. antwortet unbestimmt, dass sie das ja ein andermal machen könnten, dann stoppt sie die Musik und alle Kinder erstarren in ihren Bewegungen. Als das Lied weiter abgespielt wird und die Kinder sich wieder frei durch den Raum bewegen, stellen sich Ilmiye und Reyhan einander gegenüber auf und machen gekonnt dieselben Tanzschritte. Ilmiye versucht dabei den Liedtext mitzusingen. Beim nächsten Mal, als Frau E. die Musik stoppt, erklärt sie das Bewegungsspiel für beendet und schickt die Kinder an ihre Plätze. Ilmiye geht, das Lied von der CD singend, an ihren Tisch zurück. Dabei bewegt sie das Klassenstofftier, das sie sich vom Pult genommen hat, im Takt. „A E I O U", wiederholt Ilmiye zweimal als Teil des Liedes, während sie das Klassentier an seinen Platz hinter sich im Regal setzt. Frau E. gibt Marielle die CD zurück und bedankt sich dabei fürs Mitbringen. Protokollausschnitt vom 12.09.2007 (Eichhörnchenklasse)

Das Bewegungsspiel „Zu Steinen werden" wurde in den ersten Schulwochen in der Klasse von Frau E. regelmäßig gespielt. Vermutlich kam Marielle daher auf die Idee, eigene Musik für dieses Spiel mitzubringen, was die Klassenlehrerin gerne aufgreift. Zufällig wird dadurch ein Lied abgespielt, das einige Kinder der Klasse schon aus dem Kindergarten kennen. Mehr noch, sie kennen nicht nur das Lied, sondern auch die zugehörigen Tanzschritte. Begeistert und stolz teilt Ilmiye dies ihrer Lehrerin während der ersten Bewegungsphase mit. Ilmiye schafft dabei einen Anschluss zwischen Kindertagesstätte und Grundschule im Übergang von einer zur anderen Institution: Sie verbindet Neues mit Vertrautem, das Bewegungsspiel „Zu Steinen werden" mit dem aus der Vorschuleinrichtung bekannten Lied bzw. Tanz. Dies mag ihr Sicherheit geben, neben dem vielen Unbekannten der Schuleingangsphase auch Bekanntes wiederzufinden (vgl. auch Speck-Hamdan 2006, S. 22), Freude bereitet es ihr auf jeden Fall. Frau E. zeigt durch ihre Rückfrage, dass sie Ilmiyes Äußerung „Das kennen wir vom Kindergarten!" trotz der Musik gehört hat, greift aber die folgende, stolze Mitteilung, dass die Kinder sogar den Tanz kennen, nur unbestimmt vertröstend auf, stoppt

dann die Musik und damit gleichzeitig auch das Gespräch mit Ilmiye. Als die
Musik wieder erklingt, nutzt Ilmiye die folgende Bewegungsphase, um ihre in
der Kindertagesstätte erworbenen Kenntnisse der Tanzschritte und des Liedtextes
von sich aus in den Unterricht der Grundschule einzubringen. Mit Reyhan, die in
derselben Kita-Gruppe war, tanzt sie gekonnt mitten im Klassenraum, unweit
ihrer Lehrerin. Sollte Frau E. zuvor nicht genau gewusst haben, was Ilmiye mit
„Wir kennen sogar das Tanz!" meinte, so wird es ihr nun vorgeführt, ohne dass
die zwei Mädchen ihre Lehrerin zum Zugucken auffordern, denn sie tanzen für
sich, bis die Musik ein nächstes Mal stoppt und Frau E. das Bewegungsspiel
beendet. Frau E. muss die Mädchen tanzen gesehen haben, denn während der
Bewegungsphasen beim Stopptanzspiel guckt sie aufmerksam, wie die Kinder
sich bewegen. Die Tanzkenntnisse aus der Kita werden von ihr dennoch nicht
aufgegriffen, so dass eine inhaltliche Anschlussfähigkeit zwischen Kindergarten
und Grundschule in dieser Situation von Seiten der Lehrkraft nicht hergestellt
wird, obwohl fast ein Drittel der Klasse aus derselben Kindertagesstättengruppe
stammt und Ilmiye zweimal das Personalpronomen „wir" verwendet und dadurch deutlich macht, dass sie nicht die einzige ist, die Lied und Tanz aus dem
Kindergarten kennt. Bedenklich stimmt ebenfalls, dass das tänzerische Können
der Mädchen keine Wertschätzung durch die Lehrerin erfährt, weder verbal noch
durch die denkbare Bitte, den Tanz den Klassenkameraden vorzuführen. Berwanger und Griebel (2009) stellen heraus, dass die Bewältigung des Übergangs
neben personalen auch von sozialen Ressourcen abhängig ist. Als unterstützende
soziale Ressource nennen sie ausdrücklich die Wertschätzung, die ein Kind
durch pädagogische Fachkräfte erfährt (vgl. ebd., S. 10). Auch Denner und
Schumacher (2004) führen im Kontext pädagogischer Überlegungen zur Kinder-
garten- und Schulkultur die Frage an: „Erfahren die vorangegangenen Bildungsprozesse und Lernerfolge der Kinder Wertschätzung und wie wird diese ggf.
»gelebt«?" (ebd., S. 63). Die ernüchternde Antwort ist in Bezug auf die vorliegende Beobachtungsszene und fast den gesamten Korpus an Beobachtungsprotokollen: Weder noch. Von einer „einfühlsamen Begleitung" (ebd., S. 70) durch
das pädagogische Personal im Übergang zwischen den Bildungsstufen kann auf
Grundlage des vorliegenden Datenmaterials in Bezug auf die Wertschätzung
vorangegangener Bildungsprozesse und Lernerfolge nicht gesprochen werden.
Dabei weißt Speck-Hamdan (2006, S. 22) zu Recht darauf hin, dass die Schule
auf diese Vorerfahrungen angewiesen ist und an sie anknüpfen muss. In diesem
Zusammenhang fällt noch ein weiterer inhaltlicher Anknüpfungspunkt zwischen
Kindergarten und Grundschule in der obigen Szene ins Auge: Teil des Liedes
sind die Vokale A, E, I, O, U. In der von mir teilnehmend beobachteten Kindergartengruppe wurden die Vokale gegen Ende des Kindergartenjahres durch gemeinsam erstellte Anlautplakate thematisiert. Im Deutschunterricht dieser be-

obachteten ersten Klasse hatten die Kinder, neben den Buchstabeneinführungen, von Beginn an alle Buchstaben durch das TINTO Buchstabenhaus (Cornelsen Verlag 2003) zur Verfügung. In der genannten Anlauttabelle stehen die Vokale an exponierter Stelle oben im Dach. Eine Verknüpfung des von Marielle mitge-brachten Liedes, der zugehörigen, in der Kita gelernten Tanzschritte und dem Erstlese-Schreibunterricht wäre also denkbar. Frau E. scheint aber nicht die Ab-sicht zu haben, die mitgebrachte Musik noch einmal zu verwenden, denn sie gibt am Ende der Szene Marielle die CD dankend zurück. Das unbestimmte Verspre-chen Ilmiye gegenüber, sie könnten den Tanz ja ein andermal machen, wird dadurch Makulatur, *die Anschlussfähigkeit von Kita und Grundschule von den Mädchen zwar erkannt, genutzt und vorgeführt, von der Lehrerin aber nicht in den Unterricht mit einbezogen.*

Immer wieder haben die von mir beobachteten Kinder in der Kindertages-stätte erworbene Kenntnisse im Unterricht der Grundschule eingesetzt und da-durch inhaltliche, und im folgenden Protokollausschnitt auch curriculare An-schlüsse zwischen dem Elementar- und Primarbereich hergestellt:

Frau E. möchte am 18.12.2007 mit den Kindern das Lesen des Datums üben. [...] Sie fragt die Klasse, wofür „Zwölfter" steht. Die Kinder schweigen. Erst als Frau E. sagt: „Achzehnter De...?" ruft Ilmiye: „Dezember!" Daraufhin bittet Frau E. sie, alle Monate aufzusagen. Ilmiye nennt schnell und sicher alle Monate in der richtigen Reihenfolge. Dabei tippt sie ihre Fingerspitzen der Reihe nach an, so wie sie es in der Sprachförderung in der Kita gelernt hat. Als Ilmiye alle Monatsnamen aufge-zählt hat, dankt Frau E. ihr und erklärt der Klasse, dass „Zwölfter" für den letzten Monat im Jahr steht. Protokollausschnitt vom 18.12.2007 (Eichhörnchenklasse)

Das Lesen des Datums zu Unterrichtsbeginn ist für die Kinder noch neu. Frau E. hat erst in der Adventszeit damit begonnen und bis zum 18.12. nicht besprochen, wofür die Ordinalzahlen stehen. Daher muss Frau E. den Wortanfang als Hin-weis geben, bevor zumindest Ilmiye weiß, dass die gesuchte Antwort „Dezem-ber" ist. (Möglicherweise wissen es auch andere Kinder nach diesem Hinweis, sind aber nicht so schnell wie Ilmiye, die zudem, entgegen den Gesprächsregeln der Klasse, reinruft.) Die sprachliche Verknüpfung von Ordinalzahl und Monats-name scheint ihr vertraut zu sein. Hinter der Bitte an Ilmiye, alle Monate aufzu-sagen, steht vermutlich die Absicht von Frau E., den Kindern auf diese Weise zu erklären, dass der Dezember als letzter Monat im Jahr durch „12." repräsentiert wird, wie das Ende des Protokollausschnitts zeigt. Für Ilmiye stellt diese Aufga-be kein Problem dar. Schnell und sicher nennt sie die zwölf Monate. Dabei, und das ist an dieser Szene interessant, nutzt sie effektiv auf eine in der Sprachförde-rung der Kita gelernte Memorierungsstrategie. Das heißt, Ilmiye greift von sich aus auf in der Kindertagesstätte erworbene Kenntnisse im Unterricht der ersten

Klasse zurück. Dadurch stellt sie eine inhaltliche Anschlussfähigkeit zwischen Kindergarten und Grundschule her, indem sie anschlussfähiges Wissen anwendet.

Aus pädagogisch-didaktischer Sicht könnte man noch weiter gehen und nicht nur von inhaltlicher, sondern auch von curricularer Anschlussfähigkeit sprechen, denn das Thema Jahreszeiten, und in diesem Zusammenhang auch die Monate des Jahreskreises, wird sowohl in den Bildungs- und Erziehungsempfehlungen für Kindertagesstätten in Rheinland-Pfalz (vgl. MBFJ 2004, S. 88) als auch im Teilrahmenplan Sachunterricht (vgl. MBFJ 2006b, S. 28) genannt.

Die Klassenlehrerin Frau E. knüpft, indem sie Ilmiye bittet, die Monate aufzusagen, an die Vorerfahrungen des Kindes an. Neben Ilmiye haben aber noch drei weitere Kinder der Klasse an derselben Sprachförderung in der Kita teilgenommen. Dass sie dieselbe Memorierungsstrategie zum Aufsagen der Monate verwendet hätten, lässt sich nur vermuten. Hätte die Klassenlehrerin durch Kooperation mit der Kindertagesstätte gewusst, dass die Monate bereits im Vorschulbereich thematisiert wurden, hätte sie auch für diese Kinder den institutionsübergreifenden Bezug herstellen und sie, gemeinsam mit den übrigen Schülern der Klasse, motivieren können, auf ihr in der Kita erworbenes Wissen samt Memorierungsstrategie zurückzugreifen.[2] Dadurch hätte sie, wie im Teilrahmenplan Sachunterricht gefordert, „das Lernen der Kinder kompetenzorientiert wahr[genommen] und [...] auf dem aktuellen Kenntnis- und Fähigkeitsstand auf[gebaut]" (MBFJ 2006b, S. 31). So aber lässt sich vermuten, dass in dieser Situation nur Ilmiye die Anschlussfähigkeit zwischen Kindergarten und Grundschule wahrgenommen und genutzt hat.

Dass die Kinder von sich aus Bezüge zur Kita herstellen, die Lehrkräfte aber nicht über Inhalte und Programme der vorschulischen Bildung informiert sind und daher anschlussfähige Settings nicht lernförderlich in den Unterricht miteinbeziehen können, zeigt auch die folgende, in der Dachseklasse beobachtete Szene aus dem zweiten Schuljahr.

Als alle Kinder im Stuhlkreis sitzen, stellt Frau F. eine Box mit einer Lernkartei in die Kreismitte. In der Box stecken außer den DinA5-großen Karteikarten noch drei Fingerpüppchen mit blauen Vogelköpfen. „Finki!", jubelt Ugo leise. „Finken", korrigiert ihn ein Kind in seiner Nähe. Ugo hört den Hinweis nicht oder überhört ihn. Er wendet sich an Safira: „Guck! Finki!" Ugo strahlt. Safira guckt auf die Fingerpuppen, lächelt und nickt leicht mit dem Kopf. Frau F. bittet Nils zu erklären, was man mit der Kartei machen kann, denn gestern, als die Kartei eingeführt wurde, war nur

---

2    Eine Kooperation durch Hospitation und Gespräche zwischen der an der Feldstudie beteiligten Kindertagesstätte und Grundschule findet zwischen den Erzieherinnen und den Sozialpädagoginnen der Grundschule statt. Einen Austausch zwischen den Lehrerinnen und Erzieherinnen über pädagogische, inhaltliche oder methodische Fragen gibt es bislang nicht.

die halbe Klasse da. Nils erklärt, dass man sich eine Karte aussucht und dazu eine Geschichte schreibt. Frau F. fragt ihn, ob er auch noch wisse, was die drei Finken bedeuten. Nils schüttelt den Kopf. [...] Frau F. unterstreicht, dass so ein Fingerpüppchen, wenn man es neben sich auf den Tisch legt, bedeutet: „Achtung, ich schreibe, ich muss mich konzentrieren." Ruben meldet sich und wird von Frau F. drangenommen. „Ich hatte den Gleichen im Kindergarten, nur großer", teilt er Frau F. mit und zeigt dabei auf eine Fingerpuppe. Die Lehrerin antwortet: „Ja, das hat der Ugo schon gesagt." „Der hieß Pinki", erzählt Ruben weiter. „Pinki. Hmhm", nimmt Frau F. Rubens Äußerung auf, greift dann hinter sich nach drei Schreibheften und gibt das oberste Berrin mit der Bitte, ihre gestern geschriebene Geschichte vorzulesen. Protokollausschnitt vom 13.03.2009 (Dachseklasse)

Zum Beginn der Deutschstunde am 13.03.2009 wird eine neue Lernkartei erklärt, die der Hälfte der Klasse bereits vom Vortag bekannt ist. Auf der Pappbox steht „SCHREIB-FINK" und neben den Karteikarten stecken in dem Kasten „Finki-Fingerpuppen" (vgl. Hogh 2008). In der Deutsch als Zweitsprache-Förderung im Kindergarten, an der Ugo und Safira teilgenommen haben, wurde Sprachfördermaterial (vgl. Ueffing et al. 2004) aus demselben Verlag verwendet. Zu dem Material gehörte eine „Finki-Handpuppe", die entsprechend den Namen „Finki" trug und von der Sprachförderkraft zur Freude der Kinder vielfach eingesetzt wurde.

Entsprechend groß ist Ugos Begeisterung, als in der Grundschule Unterrichtsmaterial mit „Finki" als Fingerpüppchen angeboten wird. Obwohl er schon am Vortag bei der Einführung der Schreib-Fink-Kartei dabei war, jubelt er leise für sich den Namen „Finki", bevor er sich strahlend an seine Kindergartengefährtin Safira wendet, die am Vortag nicht da war, und sie auf das aus der Kita vertraute Material hinweist. Auch sie erkennt lächelnd „Finki" wieder. Auffällig ist, dass Ugo von einem anderen Kind korrigiert wird, als er zum ersten Mal „Finki" sagt. Das Kind kennt vermutlich die Handpuppe „Finki" nicht und hat daher die Bezeichnung „Finken" am Tag zuvor von der Klassenlehrerin übernommen, die, wie weiter unten im Protokoll zu lesen ist, von „Finken" spricht, obwohl im Handbuch zu der Kartei wiederholt von „Finki" die Rede ist (vgl. Hogh 2008) und auch Ugo diesen Namen verwendet. Nachdem die Funktion der Lernkartei und der Fingerpüppchen im Kreisgespräch geklärt wurde, meldet sich Ruben[3], der nicht zu der Halbgruppe gehört, die die Kartei schon kennt. Er berichtet seiner Lehrerin, dass es bei ihm im Kindergarten auch so eine Handpuppe gab (darauf lässt das „nur großer" schließen). Sie erwidert ihm knapp, dass Ugo das auch schon gesagt habe, doch Ruben möchte weiter von seinen Kita-Erinnerungen erzählen und fügt den Namen der Handpuppe hinzu. Frau F. wiederholt zwar den

---

3   Ruben war in einer anderen Vorschuleinrichtung wie Safira und Ugo.

genannten Namen, geht aber nicht weiter darauf ein. Sie dreht sich von Ruben weg und leitet durch das Überreichen des Schreibheftes an Berrin zur nächsten Unterrichtsphase über.

In diesem Protokollausschnitt wird deutlich, dass auch im zweiten Schuljahr noch eine Anschlussfähigkeit zwischen Elementar- und Primarbereich besteht, in diesem Fall durch Unterrichtsmaterialien. Die Kinder erkennen das Material aus der Kita wieder, teilen ihre Erinnerungen, wie Ugo und Safira, und lassen auch ihre Lehrerin daran teilhaben. So entdecken sie selbst Gemeinsamkeiten zwischen Kindergarten und Grundschule und schaffen eine Verbindung zwischen beiden Welten. Allerdings treffen die Vorerfahrungen und Erinnerungen der Kinder an die Kita-Zeit kaum auf Interesse bei der Klassenlehrerin und erfahren somit keine Wertschätzung, ähnlich dem in der Kita gelernten Tanz aus dem Protokollausschnitt vom 12.09.2009. Dabei hätte das Wissen der Lehrkraft um die Anschlussfähigkeit des Unterrichtsmaterials durchaus lernförderlich sein können, denn auch im weiteren Verlauf der Stunde war spürbar, wie ungewöhnlich motiviert Ugo aufgrund der ihm vertrauten „Finki-Fingerpuppen" war. Die Bildungs- und Erziehungsempfehlungen für Rheinland-Pfalz, die auch den Primarstufenlehrer/innen bekannt sein sollten (vgl. MBFJ 2006a), weisen darauf hin, dass die Kontinuität des Lernens im Übergang zwischen Kindergarten und Grundschule zu sichern ist (vgl. MBFJ 2004, S. 129). Die Verwendung anschlussfähiger didaktischer Materialien wäre eine Möglichkeit, diese Kontinuität zu gewährleisten. Dazu wäre die Kooperation zwischen den am Übergang beteiligten Institutionen vor Ort zu intensivieren (vgl. Fußnote 2), beispielsweise durch regelmäßige Gespräche zwischen Lehrerinnen und Erzieherinnen, gegenseitige Hospitationen und, wie Speck-Hamdan vorschlägt (2006, S. 29), „die gegenseitige Information über verwendete Förderprogramme". So hätte die Klassenlehrerin vorab von „Finki" erfahren können. Doch im abschließenden leitfadenstrukturierten Interview im März 2009 gab sie an, nicht einmal gewusst zu haben, dass die von mir beobachteten Kinder in der Kindertagesstätte DaZ-Förderung hatten. Die Anschlussfähigkeit zwischen Kindergarten und Grundschule herzustellen war in dieser exemplarischen Szene also wiederum Sache der Kinder, ohne dabei auf Gehör und wirkliches Interesse der Lehrerin zu stoßen.

Geteilte Erinnerungen, wie sie im vorigen Protokollausschnitt unterschwellig beobachtbar waren, tauchten auffällig häufig im November des ersten Schuljahres in den informellen Gesprächen der Kinder im Unterricht auf. Möglicherweise fand der Austausch über die Kindergartenzeit zu diesem Zeitpunkt vermehrt statt, weil einerseits die Kita zeitlich weit genug weg war, andererseits aber das Neue, Unbekannte der Institution Grundschule noch nicht so vertraut, so dass die geteilten Erinnerungen Sicherheit geben konnten. Die unten stehende

Interaktion zeigt, dass die Kinder ihre Erinnerungen nicht nur untereinander, sondern auch mit mir teilen wollten.

> Ugo zeigt auf Alessias Pullover, auf den Ernie und Bert aufgedruckt sind, und fragt mich: „Kennst du das von Kindergarten?" Ich gucke ihn fragend an. Er erklärt mir, dass er das dort immer auf dem Computer gespielt habe. Iso stimmt ihm zu, dass es das Spiel im Kindergarten gab. Ich weiß nun, worauf Ugo sich bezog und bestätige die Aussagen der beiden: „Ja, stimmt, im Kindergarten gab es ein Lernspiel am Computer mit Ernie und Bert." Ugo guckt mich irritiert an. Asena meint: „Ernie und Bert, voll cool." Iso sagt zu ihr: „Hab ich, hab ich in Computer gespielt in ..." Asena unterbricht ihn, aber ich kann akustisch nicht verstehen, was sie sagt.
> Protokollausschnitt vom 20.11.2007 (Dachseklasse)

Ugo entdeckt auf dem Pullover einer Mitschülerin eine ihm aus der Kindertagesstätte vertraute Abbildung. Mit der Frage an mich, ob ich die Abbildung ebenfalls aus dem Kindergarten kenne, stellt er in der Interaktion den Anschluss zu seinen Kita-Erfahrungen her und versucht gleichzeitig, seine Erinnerungen mit mir zu teilen. Ich verstehe aber zunächst nicht, worauf er anspielt, so dass Ugo und Iso, der in derselben Kindergartengruppe wie Ugo war und mit am Gruppentisch sitzt, mir gemeinsam erklären, dass es ein Spiel mit Ernie und Bert am Computer im Kindergarten gab. Dies führt dazu, dass nun die beiden ihre Erinnerungen teilen, bevor auch mir das Lernspiel am Kita-Computer wieder einfällt und ich die Jungen in ihrer Erinnerung bestärke. Dass Ugo daraufhin irritiert guckt, führe ich darauf zurück, dass ihm das Wort „Lernspiel" nicht vertraut ist. Als die Sitznachbarin von Iso, die nicht in derselben Vorschuleinrichtung war, sich in unser Gespräch einklinkt, möchte Iso seine Erinnerungen auch mit ihr teilen, auch ihr gegenüber den Bezug zur Kindertagesstätte herstellen. Er setzt an, Asena zu erzählen, dass er das Spiel mit Ernie und Bert am Computer im Kindergarten gespielt hat. Allerdings lässt Asena ihn nicht ausreden.

Das Teilen von Erinnerungen und die Suche nach Anschlussfähigkeit zwischen Kindergarten und Grundschule kann man als „Überbrückung zwischen Alt und Neu, zwischen Vertraut und Unvertraut" (Speck-Hamdan 2006, S.22) deuten. Dieser Brückenschlag gibt Sicherheit. Die Klassenkameraden, mit denen man auch schon im Kindergarten war, stellen dabei eine wichtige soziale Ressource für den bildungsbiographischen Übergang dar (vgl. Berwanger/Griebel 2009, S. 10): Sie geben durch die geteilten Erinnerungen (Rück-)Halt, die Kita-Erfahrungen werden von ihnen wertgeschätzt. Auch neue Kameraden zeigen ihre Akzeptanz und Wertschätzung für die Bezüge zum Elementarbereich, und sei es nur durch ein ehrliches „Ernie und Bert, voll cool."

Für die Kinder, die mich schon aus dem Kindergarten kennen, stelle auch ich eine soziale Ressource im Übergang zwischen Kindertagesstätte und Grundschule dar, die mit ihnen die Erinnerungen an die Kindergartenzeit teilt und ihnen Aufmerksamkeit schenkt. Über den langen Zeitraum der teilnehmenden Beobachtung bin ich für sie zu einer Vertrauens- und Bezugsperson geworden, die ihnen vertrauter ist als ihre neuen Lehrerinnen.

Wie wichtig ich den Kindern als aus der Vorschulwelt bekannte Forscherin bin, zeigen auch die folgenden zwei kurzen Ausschnitte. Die erste Szene stammt aus der dritten Schulwoche im ersten Schuljahr. Diese Szene lässt vermuten, dass ich als vertraute Person im Übergang zwischen Vor- und Grundschulbereich den Erstklässler/innen Sicherheit in der unsicheren Zeit des Übergangs gebe. Die zweite Szene hat sich an dem Tag abgespielt, an dem ich zum ersten Mal nach 14 Monaten wieder im Forschungsfeld war.

> Die Kinder ziehen sich im Treppenhaus ihre Jacken an, um in die Pause zu gehen. Ilmiye kommt zu mir und meint, während sie sich ihre Jacke überstreift: „Du warst bei unser Kindergarten." Kevser, die schon auf dem Weg zur Treppe ist, dreht sich noch einmal um: „Du warst auch bei meine." Protokollausschnitt vom 04.09.2007 (Eichhörnchenklasse)

> Frau F. fragt, wer meinen Namen wisse. „Frau Graf!", ruft Ugo direkt. Frau F. bestätigt dies und Ugo fügt hinzu: „Ich kenn die vom Kindergarten." „Ich auch!", ist Safira zu vernehmen. Frau F. sagt dazu nichts, sondern verteilt Wortkarten in der Kreismitte. Protokollausschnitt vom 09.03.2009 (Dachseklasse)

Diese zwei Szenen stehen stellvertretend für eine Vielzahl an Situationen, in denen die Kinder mir gegenüber immer wieder betont haben, dass sie mich schon aus dem Kindergarten kennen. Dies schien ihnen sehr wichtig zu sein. So wichtig, dass sich Kevser im ersten der zwei Protokollausschnitte noch einmal umdreht, um zu unterstreichen, dass ich auch in ihrem Kindergarten war – obwohl Ilmiye ausdrücklich von „unser Kindergarten" gesprochen und damit alle ihre ehemaligen Kita-Kameraden eingeschlossen hat, auch Kevser. Und so eindrücklich, dass Ugo im zweiten Protokollausschnitt seiner Lehrerin extra mitteilt, dass er mich schon vom Kindergarten kennt, obwohl er auch hätte sagen können: „Ich kenn die aus der ersten Klasse.", denn schließlich habe ich die Kinder in der ersten Klasse über einen ähnlich langen Zeitraum hinweg beobachtet wie in der Kindertagesstätte. Der Anknüpfungspunkt an die erste Klasse scheint Ugo, und auch Safira, aber nicht so wichtig wie der Anschluss zur Kindergartenwelt zu sein und so verweisen sie nur auf letzteres.[4] Auffällig ist in dem Protokollausschnitt vom 09.03.2009, dass die Lehrerin zwar meinen von Ugo genannten Namen bestätigt, darauf, dass er mich schon aus dem Kindergarten kennt, aber

---

4   Eine ähnliche Szene hat sich am selben Tag auch in der Eichhörnchenklasse abgespielt: Ilmiye verweist beim Wiedersehen mit mir auf den Kindergarten, nicht auf die erste Klasse.

nicht eingeht, obwohl sie weiß, dass ich einige Kinder der Klasse schon in der Vorschulzeit beobachtet habe. Hier stoßen wiederum die Erinnerungen der Kinder an ihre Kindergartenzeit auf kein Interesse bei der Lehrkraft, die von den Schüler/innen hergestellte Anschlussmöglichkeit zur Kindertagesstätte wird nicht aufgegriffen.

Der letzte ausgewählte Protokollausschnitt soll abschließend noch einmal verdeutlichen, wie die Kinder nach Anschlussmöglichkeiten zum Kindergarten im Unterricht der Grundschule gesucht haben.

> Bevor die Kinder an ihre Plätze zurückkehrten, hatte Frau E. mit ihnen besprochen und nochmals geübt, wie mit der Anlauttabelle verschriftet wird und dann angekündigt, dass sie dies nachfolgend im TINTO Arbeitsheft selbständig versuchen sollen. Nun, da alle Kinder wieder sitzen, sagt Frau E., dass die S. 10 im Arbeitsheft bearbeitet würde. „Die 10 kennen wir schon vom Kindergarten", bemerkt Kevser. Sie legt den Kopf auf den Tisch und gähnt. Protokollausschnitt vom 26.09.2007 (Eichhörnchenklasse)

In dieser Szene geht es um die Seite 10 des TINTO Arbeitsheftes Schreiben (Cornelsen Verlag 2003). Die Kinder haben bis dato bereits mehrere Seiten in dem genannten Arbeitsheft bearbeitet und sind auch mit dem Verschriften mit Hilfe der Anlauttabelle vertraut. Frau E.'s Hinweis, dass nun die Seite 10 im Arbeitsheft bearbeitet würde, bezieht sich – zumindest aus Erwachsensicht – eindeutig auf die Seitenzahl und nicht auf den zu übenden Inhalt der Seite. Kevser jedoch stellt fest: „Die 10 kennen wir schon vom Kindergarten." und legt anschließend ihren Kopf müde und antriebslos auf den Tisch. Genauso wie Ilmiye im ersten vorgestellten Protokollausschnitt vom 12.09.2007 zweimal das Personalpronomen „wir" verwendet hat, schließt auch Kevser ihre Kameraden aus der Kita mit ein und macht dadurch deutlich, dass eine Anschlussmöglichkeit zur Kita nicht nur für sie, sondern auch noch für mindestens fünf weitere Schüler der Klasse besteht.[5] Kevser konstruiert so aus der Tatsache, dass die Zahlen von eins bis zehn im Kindergarten thematisiert wurden und der Ankündigung der Seitenzahl 10 einen inhaltlichen Anschluss zwischen ihren Lernerfahrungen im Vorschulbereich und den Aufgabenstellungen in der ersten Klasse. Es ist möglich, dass sie gedacht hat, dass auf der Seite 10 nun auch die Zahl 10 geübt wür-

---

5    Da Zahlen zu den Erfahrungsfeldern des situationsorientierten Lernens gehören und Mathematik – Naturwissenschaft – Technik einer der Bildungs- und Erziehungsbereiche in den Bildungs- und Erziehungsempfehlungen für Kindertagesstätten in Rheinland-Pfalz ist (vgl. MBFJ 2004, S. 57ff. und S. 88), ist es möglich, dass auch in anderen Kindertagesstättengruppen die Vorläuferfähigkeiten in Mathematik gefördert und dabei die Zahlen thematisiert wurden. Die curriculare Anschlussfähigkeit zum Mathematikunterricht der Primarstufe könnte dadurch gesichert sein.

de. Dann würde ihre Müdigkeit und Unlust für Langeweile sprechen. Ebenso ist denkbar, dass ihr bewusst war, dass es im Arbeitsheft ums Schreiben geht, sie aber die Nennung der Zahl 10 für sich genutzt hat, eine Verbindung zum Kindergarten herzustellen. In diesem Fall wäre sie einfach nur müde und unmotiviert zu schreiben. Wichtig ist an dieser Situation, dass das Hören eines Zahlwortes für Kevser ausgereicht hat, um die Anschlussfähigkeit zwischen Kindertagesstätte und Grundschule für sich festzustellen, obwohl diese im eigentlichen Sinne gar nicht gegeben ist. Dies zeigt das große Bedürfnis der Kinder nach Anschlussfähigkeit zwischen den von ihnen besuchten Institutionen des Elementar- und Primarbereichs.

## 4   Fazit

Gerade auch der letzte Protokollausschnitt hat gezeigt, wie sehr die Kinder im Übergang zwischen Kindergarten und Grundschule nach Kontinuität suchen. Sie pendeln in der Übergangsphase zwischen den Polen Alt – Neu, Vertraut – Unvertraut und in das Gefühl von Freude und Stolz nun ein Schulkind zu sein, mischen sich Unsicherheit und Trauer, das Vertraute hinter sich gelassen zu haben. Das Entdecken von Anschlussmöglichkeiten, der Rückgriff auf in der Kindertagesstätte Gelerntes, geteilte Erinnerungen und die Feldforscherin als vertraute Person geben ihnen Sicherheit.

Speck-Hamdan (2006, S. 30) postuliert: „Anschlussfähigkeit über institutionelle Grenzen hinweg zu sichern ist eine Aufgabe, die nur unter Beteiligung aller Partner gelingen kann. Dazu gehören Kita und Grundschule, aber *vor allem auch* die Familie und *das Kind*. Neben der Unterschiedlichkeit, die es zu achten gilt, kommt es vor allem auf *das Gemeinsame* an, das es *zu entdecken* gibt" (Hervorhebungen K.G.). Der vorliegende Beitrag hat offengelegt, dass die Kinder die Aufgabe, „Anschlussfähigkeit über institutionelle Grenzen hinweg zu sichern" (ebd.) durch vielfältige Strategien wie Kenntnisse aus der Kindertagesstätte in der Grundschule einbringen, inhaltliche Anschlussfähigkeit herstellen oder das (Mit-)Teilen von Erinnerungen vorbildlich nachkommen. Sie scheinen im Übergang zwischen Elementar- und Primarbereich Meister darin zu sein „das Gemeinsame [...] zu entdecken" (ebd.). Ihnen, neben ihren Familien, die Verantwortung für einen gelingenden Übergang zu übertragen, indem man einfordert, dass es „vor allem auch" (ebd.) Aufgabe des Kindes sei, die Anschlussfähigkeit zu sichern, erscheint vor dem Hintergrund der vorliegenden Untersuchung äußerst fraglich. Meines Erachtens sollte man, wenn es um Anschlussfähigkeit geht, den Kindern Gehör schenken, um Hinweise auf mögliche Anschlüsse zwischen Inhalten, Materialien und pädagogisch-didaktischen Konzepten zu erhalten und dem Bedürfnis der Kinder nach Kontinuität (zur Produktivität von Diskontinuitäten vgl. Fußnote 1) und dem (Mit-)Teilen von Erinnerungen zu entsprechen. Dies würde mit der geforderten einfühlsamen Begleitung der Kinder in der Übergangszeit (vgl. z.b. Denner/Schumacher 2004, S. 70) übereinstimmen und ihren Äußerungen in Bezug auf Anschlussmöglichkeiten Wertschätzung entgegenbringen.

So ist die Forderung von Hacker nach einer engeren Verzahnung der Zusammenarbeit von Kindergarten und Grundschule (vgl. Hacker 2001, S. 90) im Sinne der Kinder zu unterstreichen. Doch auch die Beteiligung der Kinder, ob nun ein- oder mehrsprachig aufwachsend, ist in diesem Zusammenhang wichtig, so dass sie ihre eigenen Vorstellungen von Anschlussfähigkeit im Übergang zwischen Kindertagesstätte und Grundschule beitragen können.

## Literatur

Berwanger, D./Griebel, W. (2009): Übergänge erfolgreich begleiten und gestalten. In: Kinderzeit 1/2009. S. 8-10.

Christmann, N./Graf, K. (2010): Sprachliche Förderung für Vorschulkinder mit Migrationshintergrund in Deutschland und Luxemburg. In: Heinzel, F./Panagiotopoulou, A. (Hg.): Qualitative Bildungsforschung im Elementar- und Primarbereich. Hohengehren. S. 192-205.

Deckert-Peaceman, H. (2007): „Schulkind werden". Schulanfang in Deutschland. In: Die Grundschulzeitschrift Heft 209. S. 4-8.

Denner, L./Schumacher, E. (2004): Übergänge zwischen Bildungsinstitutionen - bildungspolitische, pädagogische, didaktische und curriculare Überlegungen. In: Denner, L./Schumacher, E. (Hg.): Übergänge im Elementar- und Primarbereich reflektieren und gestalten. Beiträge zu einer grundlegenden Bildung. Bad Heilbrunn/OBB. S. 52-74.

Faust, G. (2008): Übergänge gestalten – Übergänge bewältigen. Zum Übergang vom Kindergarten in die Grundschule. In: Thole, W./Roßbach, H.-G./Föllig-Albers, M./Tippelt, R. (Hg.): Bildung und Kindheit. Pädagogik der Frühen Kindheit in Wissenschaft und Lehre. Opladen und Farmington Hills. S. 225-240.

Faust, G./Roßbach, H.-G. (2004): Der Übergang vom Kindergarten in die Grundschule. In: Denner, L./Schumacher, E. (Hg.): Übergänge im Elementar- und Primarbereich reflektieren und gestalten. Beiträge zu einer grundlegenden Bildung. Bad Heilbrunn/OBB. S. 91-105.

Griebel, W. (2006): Übergänge fordern das gesamte System. In: Diskowski, D./Hammes-Di Bernado, E./Hebenstreit-Müller, S./Speck-Hamdan, A. (Hg.): Übergänge gestalten. Wie Bildungsprozesse anschlussfähig werden. Weimar und Berlin. S. 32-47.

Griebel, W./Niesel, R. (2004): Transitionen. Fähigkeit von Kindern in Tageseinrichtungen fördern, Veränderungen erfolgreich bewältigen. Weinheim und Basel.

Hacker, H. (2001): Die Anschlussfähigkeit von Kindergarten und Grundschule. In: Faust-Siehl, G./Speck-Hamdan, A. (Hg.): Schulanfang ohne Umwege. Mehr Flexibilität im Bildungswesen. Beiträge zur Reform der Grundschule. Band 111. Frankfurt am Main. S. 80-94.

Hacker, H. (2004): Die Anschlussfähigkeit von vorschulischer und schulischer Bildung. In: Faust, G./Götz, M./Hacker, H./Roßbach, H.-G. (Hg.): Anschlussfähige Bildungsprozesse im Elementar- und Primarbereich. Bad Heilbrunn/OBB. S. 273-284.

Hacker, H. (2005): Die Anschlussfähigkeit von Kindertagesstätte und Grundschule. In: Einsiedler, W./Götz, M./Hacker, H./Kahlert, J./Keck, R.W./Sandfuchs, U. (Hg.): Handbuch Grundschulpädagogik und Grundschuldidaktik. 2. überarb. Aufl. Bad Heilbrunn. S. 286-291.

Hacker, H. (2008): Bildungswege vom Kindergarten zur Grundschule. 3. neubearb. Aufl. Bad Heilbrunn.

Hogh, E. (2008): Schreib-Fink. Freies Schreiben von Anfang an. Kartei mit Handbuch. Oberursel.

Ministerium für Bildung, Frauen und Jugend, Rheinland-Pfalz (MBFJ 2004): Bildungs- und Erziehungsempfehlungen für Kindertagesstätten in Rheinland-Pfalz. Weinheim und Basel.

Ministerium für Bildung, Frauen und Jugend, Rheinland-Pfalz (MBFJ 2006a): Kita!Nachrichten 02/06. URL: http://www.kita.rlp.de/fileadmin/downloads/kita_Nachrichten02_06.pdf, Abruf: 23.10.2007

Ministerium für Bildung, Frauen und Jugend, Rheinland-Pfalz (MBFJ 2006b): Rahmenplan Grundschule. Teilrahmenplan Sachunterricht. Mainz. URL: http://grundschule.bildung-rp.de/fileadmin/user_upload/grundschule.bildung-rp.de/Downloads/Rahmenplan/GSch_Teilrahmenplan_Sachunterricht.pdf, Abruf: 14.07.2009

Panagiotopoulou, A./Graf, K. (2008): Umgang mit Heterogenität und Förderung von Literalität. In: Hofmann, B./Valtin, R. (Hg.): Checkpoint Literacy. Tagungsband zum 15. Europäischen Lesekongress 2007 in Berlin. Berlin. S. 110-122.

Roßbach, H.-G. (2006): Institutionelle Übergänge in der Frühpädagogik. In: Fried, L./Roux, Susanna (Hg.): Pädagogik der frühen Kindheit. Handbuch und Nachschlagewerk. Weinheim und Basel. S. 280-292.

Speck-Hamdan, A. (2006): Neuanfang und Anschluss: zur Doppelfunktion von Übergängen. In: Diskowski, D./Hammes-Di Bernado, E./Hebenstreit-Müller, S./Speck-Hamdan, A. (Hg.): Übergänge gestalten. Wie Bildungsprozesse anschlussfähig werden. Weimar und Berlin. S. 20-31.

Ueffing, C. M./Bauer, I./Presch, S./Zimmermann, B. (2004): Das bin ich. Ganzheitliche Sprachförderung im Kindergarten. Oberursel.

# Vom Tanzen in ,Russland' und Lächeln in ,Japan' – Ethnisierende Differenzinszenierungen im Kindergartenalltag

*Melanie Kuhn*

## 1 Einleitung

,Ethnizität' fungiert im ,deutschen' Erziehungs- und Bildungssystem als zentrale Strukturkategorie für Bildungsungleichheit, entlang derer diejenigen Kinder, die keine privilegierte Mehrheitszugehörigkeit für sich beanspruchen können, systematisch benachteiligt und diskriminiert werden (vgl. Gomolla/Radtke 2009). Die Kategorie ,Ethnizität' strukturiert somit Bildungschancen. Zugleich ist ,Ethnizität' aber auch auf ihre bildende Wirkung hin zu befragen, beispielsweise dann, wenn diese Kategorie auf der Mikroebene des elementarpädagogischen Alltags implizit oder explizit zum Gegenstand von Erziehungs- und Bildungsprozessen wird und wenn im Zuge dessen gesellschaftliche Herrschaftsverhältnisse (re-)produziert und für Kinder erfahrbar werden.

Hier setzt der vorliegende Beitrag an und geht der Frage nach, *was* jungen Kindern *auf welche Weise* am Bildungsort Kindergarten[1] über ,ethnische' Differenz vermittelt wird. Als empirische Grundlage für folgende Überlegungen dient ein laufendes ethnographisch gefasstes Promotionsprojekt, in dem in sozialkonstruktivistischer und ethnomethodologischer Perspektive u.a. untersucht wird, mit welchen Konstruktionsprozessen die Differenzkategorie ,Ethnizität' durch die Erzieher/innen im Kindergartenalltag interaktiv hervorgebracht wird. Dabei können in analytischer Perspektive zwei unterschiedliche Herstellungsmodi dieser Differenzkategorie unterschieden werden. Es kann auf der einen Seite nachgezeichnet werden, *wie* ,ethnische' Differenz in Bezug auf einzelne

---

[1] Im ,deutschen' Bildungssystem sind die vorschulischen Erziehungsinstitutionen nicht dem staatlichen Bildungswesen, sondern dem Sozialwesen, hier dem Bereich der Kinder- und Jugendhilfe, zugeordnet. Der Besuch eines Kindergartens ist freiwillig und zumeist kostenpflichtig, es besteht ein Rechtsanspruch auf einen Kindergartenplatz für dreijährigen Kinder bis zu ihrer Einschulung. Gleichzeitig findet der Begriff Kindertagesstätte Verwendung, der z.T. synonym für den Begriff des Kindergartens verwendet wird, z.t. aber auch markiert, dass solche Einrichtungen neben Kindergartengruppen für drei- bis sechsjährige Kinder auch Krippenplätze für Kinder unter drei Jahren bereithalten, sowie Hortgruppen, in denen Schüler/innen außerhalb der Schulzeiten betreut werden.

oder mehrere anwesende Kinder in bestimmten Situationen *individuumsbezogen* interaktive Bedeutung erhält. In der aktuellen Studie war dies beispielsweise dann der Fall, wenn der Geburtsort der Mutter eines Kindes ‚mit Migrationshintergrund' von den Erzieher/innen in Kreisgesprächen thematisiert wurde. Zum anderen wird ‚Ethnizität' aber auch auf eine eher unspezifische, *nicht-individuumsbezogene* Weise im Kindergartenalltag relevant (gemacht), wenn beispielsweise beim Frühstücksprojekt „Mäuse multikulti" verschiedene Länder über landestypische Gerichte vorgestellt werden, ohne dass dabei in direkter Weise auf anwesende Kinder Bezug genommen wird.

Der vorliegende Beitrag widmet sich letzterem Herstellungsmodi und rekonstruiert, *wie* ‚Ethnizität' nicht-individuumsbezogen im Alltag des Kindergartens erzeugt wird und welche Repräsentationen ‚ethnischer' Differenz darüber produziert werden. Analysiert wird hierfür eine Beobachtungssequenz, in der die Kindergartengruppe zum Kinderlied „Wir fliegen um die ganze Welt" von Volker Rosin (2009) gemeinsam singt und tanzt.

Um ein differenziertes Verständnis von der vielschichtigen und unterschiedlichen Verwendungsweise von ‚Ethnizität' im Kindergartenalltag erlangen zu können, ist eine kontextualisierende Analyse der interaktiven Herstellungsprozesse dieser Kategorie erforderlich. Das in diesem Beitrag fokussierte, kollektive Singen und Tanzen vollzieht sich während der sogenannten ‚Kinderdisko', die einen konstitutiven Teil der in dieser Kindergartengruppe ritualisierten Praxis des Kindergeburtstagsfeierns darstellt. Eine fruchtbare Theoretisierungsmöglichkeit für solche ritualisierten Praktiken bietet die Perspektive des Performativen, die den Inszenierungs- und Aufführungscharakter von Bildungs- und Lernprozessen ins Zentrum der Aufmerksamkeit rückt (vgl. Wulf/Zirfas 2007).

Diesem Ritual der Kindergeburtstagsfeier – so die hier vertretene These – wohnt dabei eine spezifische Doppelfunktion von *Wissensproduktion* und *Gruppenkonstitution* gleichermaßen inne, die bei der kollektiven Inszenierung des Liedes „Wir fliegen um die ganze Welt" besonders deutlich hervorzutreten scheint. In einer performativitätstheoretischen Lesart kann auf der Ebene der Wissensproduktion rekonstruiert werden, *wie* ‚ethnische' Differenz beim Singen und Tanzen dieses Liedes hergestellt und inszeniert wird. Gleichzeitig wird auf Ebene der Gruppenkonstitution aufgezeigt werden, *welche* gemeinschaftskonstituierenden Effekte für die Kindergartengruppe mit diesen ethnisierenden Differenzinszenierungen verbunden sind.

Im Folgenden werden zunächst methodische und methodologische Überlegungen der laufenden Studie erläutert (2) und die Perspektive des Performativen skizziert (3). Vor diesem Hintergrund wird eine Beobachtungssequenz interpretiert und entlang zweier Funktionsmomente von Ritualen, der Wissensproduktion und der Gruppenkonstitution systematisiert werden (4). Daraufhin werden abschließende Überlegungen angestellt (5).

## 2   ‚Ethnizität' in ethnomethodologischer Perspektive - Methodische und methodologische Überlegungen

Die Ethnomethodologie analysiert die ‚Methoden', mit denen Akteure soziale Bedeutung herstellen und gesellschaftliche Realität schaffen und erhalten (Garfinkel 1967). West und Fenstermaker (1995) fassen im Konzept des „doing difference" ‚Ethnizität' – wie andere gesellschaftliche Differenzkategorien auch – als eine interaktive Teilnehmerleistung, die in Präsentations- und Attributionsprozessen von den Akteur/innen hervorgebracht wird. So kann die Kategorie ‚Ethnizität' unter dem Theorem „Doing Ethnicity" in ihrer interaktiven Herstellung analysiert werden (vgl. Diehm 2000, Weisköppel 2001, Weber 2003, Diehm/Kuhn 2005, 2006). Der Ethnomethodologie liegt die Annahme zu Grunde, dass diesen Methoden, mit denen Wirklichkeit erschaffen wird, Praktiken inhärent und den Akteuren nicht reflexiv verfügbar sind. Die Akteure wissen also nicht, „(...) *wie* sie tun, *was* sie tun" (Kelle 2004, S. 637). Davon ausgehend, dass den pädagogischen Praktiker/innen ihr Involviertsein in die gesellschaftliche Realitätskonstruktion nicht bewusst ist, stehen die *Handlungspraktiken* der Erzieher/innen *im Vollzug* des Kindergartenalltags im Fokus des Promotionsprojekts und des vorliegenden Beitrags – und nicht etwa deren kognitiven Konzepte über ‚Ethnizität'. Es interessiert in diesem Fall also nicht das Denken der Akteur/innen oder ihre Intentionen, sondern vielmehr ihr konkretes Handeln im pädagogischen Alltag. Daher beschränkt sich der gewählte methodische Zugang auf das Verfahren der teilnehmenden Beobachtung.

Das Erkenntnisinteresse der Ethnomethodologie ist in dieser Lesart in erster Linie auf den „gewöhnlichen" Alltag gerichtet. Analytisches Ziel dabei ist, das *Wie* zu beschreiben, mit dem Akteure im Feld Wirklichkeit schaffen. Als adäquate Forschungsstrategie für ein Interesse an *Wie*-Fragen und an konkreten Alltagsinteraktionen bietet sich das Verfahren der Ethnographie an, bei der sich längere Feldphasen mit Auswertungsphasen in einem iterativen Vorgehen abwechseln. Mit einer mikroanalytischen Beschreibung der im Feld ablaufenden Interaktionen soll eine methodische Befremdung des scheinbar Vertrauten ermöglicht werden (vgl. Amann/Hirschauer 1997, S. 12). Unter der klassischen methodologischen Prämisse Clifford Geertz' (1983, zitiert nach Amann/Hirschauer 1997, S. 20) „What the hell is going on here?" wurde der elementarpädagogische Interaktionsalltag zwischen Februar 2007 und August 2008 in drei vierwöchigen Beobachtungsphasen in zwei Kindertagesstätten einer westdeutschen Großstadt teilnehmend beobachtet.[2]

## 3    Eine performative Perspektive auf Erziehungs- und Bildungsprozesse im Kindergarten

Der vorliegende Beitrag erweitert seine ethnomethodologische Perspektive auf ‚Ethnizität' um einen performativen Blickwinkel auf den Interaktionsalltag des Kindergartens. Unter der Perspektive des Performativen werden elementarpädagogische Erziehungs- und Bildungsprozesse als kollektive Inszenierungen und Aufführungen der Akteure gelesen. Das Augenmerk richtet sich dabei u.a. auf die wirklichkeitskonstitutiven Prozesse dieser Inszenierungs- und Aufführungspraktiken, auf deren Machtgebundenheit, auf den insbesondere für die Interpretation der vorliegenden Sequenz höchst relevanten Zusammenhang von körperlichem und sprachlichem Handeln (vgl. Wulf/Zirfas 2006, S. 291).

Mit Wulf und Zirfas bringen performative Handlungen Sinn durch sich selbst hervor und erzeugen darüber soziale Wirklichkeit (Wulf/Zirfas 2007, S. 17). Pädagogische Wirklichkeit konstituiere sich entsprechend im Vollzugsgeschehen performativer Akte, die, so Wulf und Zirfas weiter, *ritualisiert* von den sozialen Akteuren inszeniert werden (vgl. ebd.). Der Kindergarten als Institution kann dabei, ähnlich wie es für die Grundschule schon empirisch nachgezeichnet wurde (vgl. Wulf 2008, S. 71), als ein überaus stark ritualisierter Lern- und Bildungsort gelten. Es sind insbesondere zwei der im Rahmen der Berliner Ritualstudie von Wulf et al. (2001, 2004, 2007) rekonstruierten sozialen Funktionen von Ritualen, die sich für eine Schärfung des eigenen Erkenntnisinteresses als weiterbringend erweisen: Rituale vermögen zum einen ein kollektiv geteiltes Wissen und kollektiv geteilte Handlungspraxen zu erzeugen und zu inszenieren und ermöglichen darüber eine Reproduktion der sozialen Ordnung (vgl. Zirfas/ Wulf 2001, S. 198). Über ihren inszenatorischen Charakter erzeugen Rituale zum anderen Abgrenzungen und bringen so Gemeinschaft hervor (vgl. ebd., S. 204).

Diese beiden Funktionsmomente von Ritualen, die Erzeugung kollektiven Wissens und kollektiver Handlungspraktiken sowie die Konstitution von Gemeinschaft, lassen sich in der ritualisierten Praxis gemeinschaftlichen Feierns rekonstruieren, wie an der im Folgenden zu interpretierenden Beobachtungssequenz einer ‚Kinderdisko' aufgezeigt werden kann. Die ‚Kinderdisko' stellt einen integralen Bestandteil der in dieser Kindergartengruppe etablierten und

---

2    Besonderer Dank gilt an dieser Stelle den Erzieher/innen für ihre keineswegs selbstverständliche Bereitschaft, ihr pädagogisches Handeln im Alltag von einer Forscherin beobachten zu lassen.

ritualisierten Praxis des Feierns von Kindergeburtstagen dar. In solchen ritualisierten Praktiken des Feierns „(...) entstehen Aufführungen, in denen Menschen
zum Ausdruck bringen, wie sie gesehen werden wollen und wie ihr Verhältnis
zueinander ist. Auch hier werden Gemeinsamkeiten erzeugt und Gemeinschaften
geschaffen. Das Performative zeichnet sich in diesen Zusammenhängen durch
Körperlichkeit, Referentialität, Flüchtigkeit, Kreativität, Darstellung, Ereignis-
haftigkeit, Emergenz und Wiederholung/Ritualisierung aus" (Wulf/Zirfas 2006,
S. 295).

Wulf und Zirfas unterscheiden Rituale als wiederholbare Geschehnisse zwischen Akteuren von Aufführungen als Geschehnisse zwischen Akteuren und
Zuschauern. Konstitutiv für beide Inszenierungsformen des Sozialen ist die leib-
liche Kopräsenz der am Geschehen Beteiligten, die eine Handlung gemeinsam
vollziehen und über körperlich-mimetische Prozesse eine gemeinsam geteilte
Wirklichkeit hervorbringen (Wulf/Zirfas 2007, S. 17). Als mimetische Prozesse
fassen Zirfas und Wulf (2001, S. 198) „(...) kreative Nachahmungsprozesse der
Durch-, Aus- und Aufführungen, die schließlich die Kontinuität und Differenzia-
lität sozialer Wirklichkeit hervorbringen und gestalten." Dadurch wohnt ihnen
zum einen ein Darstellungsaspekt inne, zum anderen sind sie als Bewegungen zu
beschreiben, die auf andere, vorgängige Bewegungen Bezug nehmen (Gebauer/
Wulf 1998, S. 11f.).

Für das eigene Erkenntnisinteresse an der Herstellung der Kategorie ‚Ethnizität' in elementarpädagogischen Erziehungs- und Bildungsprozessen ist das
Mimesiskonzept in der Theorie des Performativen insofern weiterführend, als
damit eine starke Annahme zugrunde gelegt wird, *wie* Kinder sich Welt aneig-
nen, bzw. diese in kreativen Prozessen konstruieren. Mimetisches Lernen vollzieht sich dabei über Zuschauen, Mitmachen, Ausführung und Aufführen von
Bewegungs- oder Verhaltensmustern. Wulf und Gebauer betonen, dass es sich
bei kindlichen Wiederholungen nicht um eine einfache Imitation vorgegebener
Verhaltens- oder Bewegungsmuster handle, sondern vielmehr um eine „Anähn-
lichung", eine kreative Gestaltung, die immer auch etwas Neues schaffe (vgl.
Gebauer/Wulf 1998; Göhlich 2007). Im Kontext einer (elementar-)
pädagogischen Praxis, so ist mit Göhlich zu konstatieren, spielen Kinder

> „(...) performativ mit dort – auch und gerade seitens der Erwachsenen, der Pädago-
> gInnen – aufgeführten Mustern. Sie vollziehen das Muster praktisch nach; sie führen
> es körperlich auf und inkorporieren es dabei; zugleich deuten sie das Muster dabei in
> individueller oder kollektiver Weise aus bzw. um" (Göhlich 2007, S. 137).

Liest man in performativer Perspektive nun elementarpädagogische Erziehungs-
und Bildungsprozesse als von den Kindern und Erzieher/innen kollektiv hervorgebracht, dann steht auf methodologischer Ebene die Frage nach dem *Wie* dieser

kollektiven Inszenierungen im Mittelpunkt einer empirischen Rekonstruktion (vgl. Wulf/Zirfas 2006, S. 295). In dieser Frage nach dem *Wie* der Inszenierung spiegeln sich die erkenntnistheoretischen Annahmen einer Prozesshaftigkeit der Herstellung sozialer Wirklichkeit und der reflexiven Nicht-Verfügbarkeit dieser Inszenierungsprozesse für die Akteure/innen – Annahmen, wie sie in gleicher Weise einer ethnomethodologischen Perspektive auf ‚Ethnizität' zu Grunde liegen. [3]

In der Erweiterung einer ethnomethodologischen Perspektive auf ‚Ethnizität' um eine performative Perspektive auf elementarpädagogische Erziehungs- und Bildungsprozesse kann am Bespiel der vorliegenden Beobachtungssequenz einer ‚Kinderdisko' rekonstruiert werden, *wie* ein elementarpädagogischer Bildungsprozess über die interaktive Herstellung von ‚Ethnizität' inszeniert und aufgeführt wird. Über diesen Inszenierungsprozess, so wird zu zeigen sein, wird eine ethnisierte Differenz ‚anderer' Nationalstaaten auf machtvolle Weise produziert und darüber die Kindergartengruppe nach innen homogenisiert. Hierfür werden zwei unterschiedliche Interpretationsebenen zu unterscheiden sein: Es ist zum einen zu rekonstruieren, welche medial vermittelten Konstruktionen von ‚Ethnizität' sich auf Textebene im Kinderlied von Volker Rosin finden. Zum anderen ist zu analysieren, *wie* die pädagogischen Professionellen in der kollektiven Aufführung des gemeinsamen Singens und Tanzens dieses Liedes an diese Konstruktionen anschließen und die Differenzkategorie ‚Ethnizität' darüber performativ hervorbringen.

## 4    Ethnisierende Differenzinszenierungen über die kollektive Aufführung des Kinderliedes „Wir fliegen um die ganze Welt"

### 4.1   Die Interpretation einer Beobachtungssequenz [4]

Die Tanzfläche der ‚Kinderdisko' wird durch den Stuhlkreis, in dem zuvor Geburtstagslieder gesungen und Kuchen gegessen wurde, markiert und begrenzt. Daran beteiligt sind 15 Kinder, die drei Erzieherinnen Angelika, Irina und Nathalja und der erst vor wenigen Tagen neu in die Gruppe gekommene Praktikant Simon, der nach Abschluss seiner fachschulischen Ausbildung nun das obligato-

---

3    Bei vielen Überschneidungen beziehen sich die Theorien des Performativen und der Ethno-
      methodologie z.T. auf divergierende erkenntnistheoretische Positionen. Zu den hier vernach-
      lässigten Unterschieden beider Ansätze siehe Fritzsche 2007.
4    Dank gilt an dieser Stelle meinen Kolleginnen, die in unterschiedlichen Interpretationskontex-
      ten an der Interpretation dieser Sequenz mitgewirkt haben: Christine Hunner-Kreisel, Birte
      Klingler, Claudia Machold, Veronika Magyar-Haas und Vera Müncher.

rische einjährige Anerkennungsjahr für die staatliche Anerkennung als Erzieher ableistet.

(...) Dann dreht die Erzieherin Angelika die CD lauter und kündigt die „Kinderdisko" an. Sie und die anderen Pädagog/innen winken die Kinder heran, Angelika ruft ihnen „Kommt', wir tanzen" zu. Die Kinder springen von ihren Stühlen auf und begeben sich in den von den Stühlen begrenzten Raum in der Mitte des Kreises. Beim ersten Lied tanzen alle im Kreis und bewegen sich dabei so, wie im Liedtext initiiert: Bei „ganz klein" geht Angelika in die Hocke, was dann fast alle Kinder auch nach machen, bei „ganz groß" geht Angelika auf den Zehenspitzen und streckt ihre Arme nach oben, bei „hüpfen wie ein Hase" geht Angelika in die Hocke und hüpft durch den Kreis. Alle Erwachsenen und fast alle Kinder bewegen sich zur Musik im Kreis, nur Mirja bleibt über die ganze ,Kinderdisko' hinweg auf ihrem Stuhl sitzen und schüttelt stumm ihren Kopf, als die Erwachsenen ihr „Komm' Mirja, mach' doch mit" zurufen oder ihr im Vorbeigehen immer wieder die Hände zustrecken.

In der Perspektive des Performativen kann die Lernform, die hier von der Erzieherin Angelika angeregt wird, als nachahmendes, mimetisches Lernen beschrieben werden. Zu mimetischem Verhalten angeregt werden die Kinder beim gemeinsamen Tanzen in zweifacher Weise: Mimetisch zum Rhythmus und textuellem Inhalt der Musik und mimetisch zu den Körperbewegungen der Erzieherin Angelika. Wulf (2007, S. 46) konstatiert, dass beim Tanzen „(...) [d]er mimetische Prozess des Erwerbs und der Koordination von Bewegungen und ihrer Ausrichtung auf den Rhythmus der Musik ein neues praktisches Wissen aus kognitiven, emotionalen und sensomotorischen Elementen [erzeugt] (...)". Mit Wulf kann die ,Kinderdisko' als ein konjunktiver Erfahrungsraum der Kindergruppe beschrieben werden, bei der mehrere Erfahrungsebenen zugleich angesprochen werden. So werden die Begriffe „groß" und „klein" für die Kinder akustisch, visuell und nicht zuletzt körperlich in ihrer Relationalität über den individuellen und kreativen Nachvollzug der von der Erzieherin zum Text des Liedes initiierten Bewegungsabfolgen erfahrbar.

Als die Melodie des nächsten Liedes beginnt, ruft Angelika: „Es geht los, wir starten die Motoren." Sie geht mit angewinkelten Knien leicht in die Hocke, hält ihre angewinkelten Arme vor sich, dreht ihr rechtes Handgelenk mehrmals und macht: „brumm, brumm, brumm." Einige der sich im Kreis laufend oder hüpfend bewegenden Kinder brummen nun auch laut, drehen ebenfalls eines oder beide Handgelenke, andere halten dazu inne und gehen wie Angelika in die Hocke. Dann ertönt der Liedtext: *„Wir fliegen nach Amerika, nach Amerika. Wir fliegen nach Amerika, nach*

*Amerika.*"[5] Dazu laufen alle Kinder und Erwachsenen mit ausgebreiteten Armen im Kreis umher, manche singen mit, andere machen noch „brumm". Als das Lied mit „*Good morning boys and girls, good morning boys and girls.* Good morning, good morning, good morning boys and girls*" weiter geht, schüttelt Angelika dem Kind, das ihr im Kreis am nächsten ist, die Hand. Daraufhin schütteln sich alle diejenigen, die sich beim Tanzen durch den Kreis begegnen, gegenseitig die Hände.

Der imaginierte Flug ‚*nach Amerika*' wird von den Akteur/innen durch das Bewegen im Kreis mit ausgebreiteten Armen körperlich inszeniert. Das Medium Kinderlied symbolisiert ‚Amerika' über eine Begrüßungsformel in ‚englischer' Sprache und produziert über diese Verknüpfung ein bestimmtes Wissen über ‚Amerika': Die Verwendung ‚englischer' Worte deutet an, dass ‚Amerika' hier keineswegs als geographische Bezeichnung für den Kontinent ‚Amerika' gebraucht wird, sondern für die vermeintlich monolingual englischsprachigen ‚USA' steht.[6] In dieser groben, aber im Alltagssprachgebrauch durchaus gängigen Verkürzung spiegelt sich die hegemoniale Dominanz der ‚USA' wieder, die so als prototypische nationalstaatliche Repräsentantin für den gesamten ‚amerikanischen' Kontinent konstruiert wird. Die nicht ‚englischsprachigen' Nationalstaaten ‚Süd- und Mittelamerikas' bleiben in diesem Konstruktionsprozess ausgeblendet. Die Verknüpfung des Fluges nach ‚Amerika' mit der Begrüßungsformel „*Good morning boys and girls*" konstruiert ein freundliches, oder zumindest ein höfliches in Empfang genommen werden eines zweigeschlechtlich differenzierten Kinderkollektivs in der *dortigen* Mehrheitssprache ‚Englisch'. Angelika greift diese ‚englischsprachige' Begrüßungsformel auf und überführt diese mit der in ‚Deutschland' gängigen sozialen Konvention des Händeschüttelns in ein körperliches Begrüßungsritual.

Dann tönt es weiter aus dem Lautsprecher: „*Wir fliegen jetzt nach Russland, jetzt nach Russland. Wir fliegen jetzt nach Russland, jetzt nach Russland.*" Dazu rennen oder hüpfen wieder alle mit ausgebreiteten Armen durch den Kreis. „Wie tanzt man in Russland?" ruft Angelika laut in die Runde. Und als es dann mit „*Oh kalinka, kalinka, kalinka maya, oh kalinka, kalinka, kalinka maya, oh kalinka, kalinka, kalinka*

---

5    Teilnehmende Beobachtung bewegt sich im Spannungsfeld zwischen Schreiben und Beobachten. In situ war es nicht möglich, den gesamten Liedtext in den Feldnotizen festzuhalten. Für die Erstellung des Beobachtungsprotokolls wurden die notierten Stichworte zum Text des Liedes „Wir fliegen um die ganze Welt" aus einem Liederbuch des Interpreten Volker Rosin (2009, S. 26f.) ergänzt. Der Text des Liedes wird im Folgenden kursiv wiedergegeben.

6    Diese Interpretation vernachlässigt ‚Kanada' als ‚englischsprachigen' Teil ‚Nordamerikas'. Da allerdings ‚Kanada' mit den beiden offiziellen Staatssprachen ‚Englisch' und ‚Französisch' anders als die ‚USA' mehrsprachig verfasst ist, und im Kinderlied allein auf das ‚Englische' Bezug genommen wird, erscheint die Lesart, dass die ‚USA' hier verkürzt als Synonym für den Kontinent ‚Amerika' fungieren, m.E. als plausibel.

*maya, oh kalinka, kalinka, kalinka maya*"[7] weitergeht, legt sie ihre Hände an die Hüften und wirft zum Takt der Musik immer abwechselnd ein Bein ausgestreckt nach vorne. Alle stehen im Kreis und tanzen, manche Kinder werfen die Beine hoch wie Angelika, andere hüpfen auf der Stelle, manche singen mit, viele lachen laut beim Tanzen.

Die zum imaginierten Flug ,*nach Russland*' laut gerufene Frage Angelikas „Wie tanzt *man* in Russland?" impliziert, dass es eine gängige und eindeutig bestimmbare soziale Praxis des Tanzens in ,Russland' gäbe und dass die Kinder prinzipiell wissen könnten, wie in ,Russland' üblicherweise getanzt wird. Bei dieser Frage scheint es sich allerdings eher um eine rhetorische zu handeln, deren Beantwortung von den Kindern gar nicht erst erwartet wird, denn beantwortet wird sie von Angelika selbst – allerdings nicht verbal, sondern über eine körperliche Aufführung des populären, traditionellen ,russischen' Volkslieds „Kalinka".

In der Verknüpfung von Angelikas Frage, wie man in ,Russland' tanze und ihrer körperlichen Aufführung der folkloristischen „Kalinka" werden Angelikas Tanzbewegungen zum Volkslied „Kalinka" als Prototyp des ,russischen' Volkstanzes inszeniert.

Daraufhin ist zu hören: „*Wir fliegen jetzt nach Japan, nach Japan. Wir fliegen jetzt nach Japan, nach Japan.*" Alle bewegen sich dazu mit ausgebreiteten Armen durch den Kreis, Angelika ruft dazu: „Alle nett lächeln!". Als das Lied begleitet von mehreren Gongschlägen weitergeht mit „*Will sil allel Jalpanel, will sil allel Jalpanel, will sil allel Jalpanel, will sil allel Jalpanel*", legt Angelika ihre Arme eng an ihren Körper, dreht ihre Hände nach außen, so dass ihre Handflächen waagrecht nach unten und ihre Fingersitzen nach außen zeigen. In sehr kleinen tippelnden Schritten geht sie so im Kreis. Dabei lächelt sie mit sehr breit gezogenen Lippen und wippt mit ihrem Kopf von links nach rechts. Alle Kinder und Erwachsenen tippeln dann ähnlich wie Angelika im Kreis. Simon, der Praktikant im Anerkennungsjahr, nimmt dann beide Arme wieder weg von seinen Seiten, nimmt seine Hände hoch zum Gesicht, legt seine beiden Zeigefinger an seine Augen und zieht seine Lidfalten für einen Moment nach hinten, während er weiter im Kreis tippelt. Dann nimmt er die Arme wieder eng an seinen Körper, drückt die Handflächen nach unten und dreht die Fingerspitzen nach außen.

Mit ihrem Ruf in die Runde „Alle nett lächeln" gibt Angelika hier eine verbale Anweisung für eine beim Flug nach ,Japan' einzunehmende Mimik und rekurriert damit auf das Stereotyp einer Kultur des stetigen Lächelns in ,asiatischen' Ländern. Mit dem Satz „*Will sil allel Jalpanel*" wird nun auf Ebene des Liedtextes konstatiert, dass *alle* dem *Wir* der tanzenden Zugehörigen nun *,Japaner'*

---

7     „kalinka, kalinka, kalinka maya" kann mit „Wacholder, Wacholder, Wacholder mein" ins ,Deutsche' übersetzt werden.

seien. Das stellt insofern einen deutlichen Bruch mit den anderen Strophen dar, als darin der Flug in ein Land nicht mit der Übernahme der jeweiligen Nationalität verbunden war. Dieses imaginierte ‚Japaner-Sein' wird im Lied repräsentiert über eine Imitation des vermeintlichen lautmalerischen Klangs der ‚japanischen' Sprache, indem jedem Wort in diesem ‚deutschen' Satz der Buchstabe „L" zugefügt wird. Zwar wurden auch ‚Amerika' und ‚Russland' über eine gängige ‚englischsprachige' Begrüßungsformel und die auf ‚Russisch' gesungene folkloristische „Kalinka" über die jeweilige landestypische Sprache symbolisiert – zur Symbolisierung ‚Japans' werden hier allerdings keine real gebräuchlichen ‚japanischen' Worte verwendet. Vielmehr bildet in diesem Fall die ‚deutsche' Sprache den Referenzpunkt, von dem aus die im Liedtext als ‚japanisch' attribuierte Sprache auf eine ironisierende, verniedlichende und stereotyp abwertende Art und Weise konstruiert wird.

Die vom Lied medial hergestellte, über Melodie und Text vermittelte Symbolisierung ‚Japans' wird von Angelika auch hier über eine körperliche Inszenierung performativ hergestellt. Mit ihrem stilisierten, maskenhaften Lächeln, dem mechanischen Kopfwackeln und Tippeln erzeugt Angelika ein höchst stereotyp überzeichnetes Bild von Menschen in ‚Japan', das von der Kindergartengruppe mimetisch nachvollzogen wird. In dieser ungemein starken parodistischen Überzeichnung, die sowohl im Lied selbst angelegt ist, als auch von Angelika erzeugt wird, wird ‚Japan' letztlich der Lächerlichkeit preisgegeben und abgewertet – auch wenn diese Inszenierung möglicherweise auch von den Kindern als eine parodistische erkannt werden mag.

Angelika erschafft hier performativ ein Bild von Menschen in ‚Japan', indem sie als *kulturell* konstruierte Merkmale (vermeintlich landestypische Praktiken des Lächelns und des Gehens) körperlich zur Aufführung bringt. In einem mimetischen Akt vollzieht auch der Anerkennungspraktikant Simon diese von Angelika vorgegebenen Bewegungsmuster nach, erweitert sie dann aber auf ganz beträchtliche Weise, indem er zum Tippeln, Lächeln und Kopfwackeln für einen Moment seine beiden Augenlieder mit den Fingern nach hinten zieht. Mit diesem Rekurs auf die Augenstellung hebt Simon nun auf als unveränderlich konnotierte *körperliche* Merkmale zur Inszenierung des ‚Japanischen' ab. Damit schließt er an einen rassistischen Diskurs an, in dem eben gerade die Augenstellung in abwertender Weise als Marker des ‚Asiatischen' konstruiert wird. Letztlich vermittelt der Praktikant Simon den Kindern, dass es eine *legitime* Praxis ist, Menschen ‚anderer' Länder über äußerliche, körperliche Merkmale zu bestimmen – unabhängig davon, ob letztlich eines der Kinder von Simons Inszenierung Notiz genommen hat. Dies steht insofern in Frage, als zumindest kein Kind sichtbar für die Beobachterin Simons Inszenierung nachvollzogen hat.

Die nächste Strophe folgt mit *„Wir fliegen jetzt nach Österreich, jetzt nach Österreich. Wir fliegen jetzt nach Österreich, jetzt nach Österreich „* und die Kinder und Erwachsenen rennen mit ausgebreiteten Armen durch den Kreis. Dann ertönt zu Blasmusikklängen: *„Hoch auf den Bergen, da klingt es so: Hollahiha hollaho. Heut' sind wir lustig, heut' sind wir froh, hollahihaho".* Angelika nimmt ihre Hände erst an die Hüften und schwingt abwechselnd ein nach innen angewinkeltes Bein nach vorne. Dann klatscht sie dabei mit den Handflächen auf ihre Füße. Das ‚Schuhplatteln' scheint allen ein wenig schwer zu fallen, aber die meisten nehmen abwechselnd die Beine hoch und klopfen sich mit den Händen auf die Schenkel oder versuchen, auch ihre Füße oder Hausschuhe zu berühren.

Auch ‚Österreich' wird, ähnlich wie ‚Russland' zuvor, über eine traditionelle Volkstümlichkeit symbolisiert. Allerdings wäre hier eher von einem Pseudo-Folklorismus zu sprechen, denn anders als im Falle der zwar traditionellen, aber immer noch gängigen ‚russischen' „Kalinka", handelt es sich hier um rein fiktiv konstruierte Liedzeilen. Zur Konstruktion von Volkstümlichkeit ist es offensichtlich nicht zwingend erforderlich, ‚real' gebräuchliche Volkslieder zu bemühen. Für die Symbolisierung ‚österreichischer' Volksmusik erscheint es vielmehr ausreichend, mit bestimmten stereotypen Merkmalen zu operieren: Blasmusik und Jodeln auf melodischer Ebene und auf inhaltlicher Ebene des Textes ein Verweis auf die Berge und die Propagierung eines ‚zünftigen' Frohsinns.

Die vom Kinderlied medial über Text und Musik vermittelte Volkstümlichkeit ‚Österreichs' wird von Angelika über die körperliche Inszenierung des sogenannten ‚Schuhplattlers' hervorgebracht. Im Zusammenwirken des Kinderliedes mit der kollektiven – nach Eindruck des Protokolls für die Kinder z.T. mühevollen – Inszenierung dieses Tanzes von Erwachsenen und Kindern, wird der ‚Schuhplattler' auf performative Weise als der prototypische ‚österreichische' Tanz schlechthin konstruiert.

Dann tönt es *„Wir fliegen jetzt nach Hause, jetzt nach Hause. Wir fliegen jetzt nach Hause, jetzt nach Hause"* und Angelika ruft: „Alle mit der rechten Hand winken." Alle rennen im Kreis, die meisten winken dabei mit einer Hand. „Und alle auf den Boden setzen", ruft Angelika nach Luft ringend, als das Lied endet. Als alle sitzen, ruft sie in die Runde: „Ein Danke für den guten Piloten!"

Die letzte Strophe des Liedes „Wir fliegen um die ganze Welt" steht in einem deutlichen Gegensatz zu den vorherigen: Nachdem alle anderen Länder im jeweils ersten Teil einer Strophe benannt und im zweiten Teil jeder Strophe über vermeintlich landestypische kulturelle Praxen vorgestellt und klassifiziert worden sind, bleibt hier der Ort des zu Hauses, das ‚Eigene' unmarkiert. Die Nicht-Benennung der ‚eigenen' Position, von der aus das *Wir* konstruiert und die einzelnen Länder über Stereotype repräsentiert werden, macht diese Position zu

einem quasi objektiven Ort des Sprechens, von dem aus das ‚Andere' auf vermeintlich allgemeingültige, universelle Weise erzeugt wird. Auf diesen machtvollen und immer auch hierarchisierten Konstruktionsmodus des ‚Anderen' wurde insbesondere innerhalb der Postkolonialen Theorie (vgl. Said 2003; Castro
Varela/Dhawan 2005; Spivak 2008) und in kritisch-reflexiven Debatten innerhalb der Kulturanthropologie und Ethnologie über die sog. Repräsentationsprob-
lematik (vgl. Berg/Fuchs 1993; Fabian 1993) mehrfach hingewiesen. Mit dieser
Nicht-Markierung des ‚Eigenen' korrespondiert, dass der Ort des zu Hauses –
anders als bei den Ländern zuvor – nun nicht über vermeintlich landestypische
kulturelle Praxen, über ‚eigene' Sprech-, Bewegungs-, Verhaltens- oder Traditi-
onsweisen, repräsentiert wird.

Die mediale Darstellung der „Reise um die ganze Welt" erzeugt über die
beiden Aspekte der (Nicht-)Benennung und der (Nicht-)Repräsentation eine
doppelte Differenz zwischen dem ‚eigenen zu Hause' und den in dieser Inszenierung imaginär bereisten ‚anderen Ländern'.

Die Herstellung der Differenzkategorie ‚Ethnizität' in dieser ritualisierten
Inszenierung der ‚Kinderdisko' lässt sich über die Perspektive des Performativen, über die Funktionsmomente ritualisierter Praktiken, die Erzeugung kollektiven Wissens und kollektiver Handlungspraktiken und die Konstitution von Gemeinschaft, zusammenfassend systematisieren:

## 4.2 Systematisierung: Wissensproduktion und Gemeinschaftskonstitution über die Inszenierung ‚ethnisierter' Differenz

### Wissensproduktion

Die Herstellung der Differenzkategorie ‚Ethnizität' erfolgt in diesem Kinderlied
in einem zweischrittigen Modus von Benennung eines Landes und dessen Symbolisierung über bestimmte kulturelle Praktiken. Über diese zweischrittige mediale Konstruktion werden diese Praktiken dann jeweils als spezifisch ‚landestypische' erzeugt. Erweitert über eine körperliche Inszenierung dieser kulturellen
Praktiken durch die Erzieher/innen wird ein ‚Anderssein' der Menschen in den
jeweiligen Ländern performativ hervorgebracht: über das Sprechen ‚anderer'
Sprachen, über ‚andere' Bewegungs- und Verhaltensmuster, über ‚andere' Traditionen und – so gipfelt es in der Konstruktion Simons – über ‚anderes' Aussehen.
Angeregt zum mimetischen Nachvollzug dieser stereotypisierten Differenzinszenierungen, wird *konstruierte* ethnisierte Differenz für die Kinder über die Praktik
des Tanzens auf kognitiver, körperlicher und nicht zuletzt auch emotionaler
Sinnesebene erfahrbar.

Rekapituliert man nun nochmals vergleichend, *wie* die Differenzkategorie ‚Ethnizität' in Bezug auf die einzelnen Länder hier inszeniert wurde, sticht ins Auge, wie heterogen die Phänomene sind, die der Erzeugung der Differenzkategorie ‚Ethnizität' dienen können. Die Art und Weise der Repräsentation, die Auswahl des jeweiligen Differenzmerkmals, über die im Liedtext getroffene Entscheidung, welches Land repräsentiert wurde, mag auf den ersten – sehr wohlmeinenden – Blick möglicherweise beliebig erscheinen. Sie ist es aber keinesfalls. Gebauer und Wulf (1998, S. 236) weisen vielmehr darauf hin, dass „(...) [mit] der Schaffung dieser Repräsentationen Gefühle und Einstellungen dem Anderen gegenüber zum Ausdruck gebracht und dargestellt [werden]." Über die willkürliche und hoch selektive Erzeugung unterschiedlicher Facetten ‚ethnisierter' Differenz wird so auf machtvolle Weise zum einen eine Hierarchie zwischen den einzelnen Ländern produziert. Zum anderen können diese unterschiedlichen Repräsentationsweisen auch als ein impliziter Ausdruck des Verhältnisses zwischen dem unbenannten „zu Hause" und den einzelnen Ländern gelesen werden. ‚Ethnische' Differenz erscheint in diesem Kinderlied eindeutig nicht als egalitäre. Skizziert sei dies zusammenfassend an den folgenden fünf Aspekten:

‚Ethnizität' wird in der Aufführung des Kinderliedes über das Differenzmerkmal *‚Sprache'* konstruiert: Allerdings wird mit ‚Amerika' nur eines der Länder über einen sprachlich und grammatikalisch korrekten – und im Alltag auch gebräuchlichen – Satz in seiner Mehrheitssprache repräsentiert. ‚Japan' hingegen wird vorgestellt über eine verunglimpfende, parodistische Imitation des vermeintlichen lautmalerischen Klanges ‚japanischer' Sprache ausgehend vom ‚Deutschen'. Die höchst ungleiche Wertigkeit dieser beiden Sprachen für das unbenannte „zu Hause" tritt deutlich zu Tage: Die Globalisierungssprache ‚Englisch', so kann konstatiert werden, scheint es wert zu sein, den Kindern auf korrekte Weise vermittelt zu werden – das ‚Japanische' hingegen darf legitimiert lächerlich gemacht und diskriminierend abgewertet werden.

Weiter dient der Herstellung von ‚Ethnizität' das Differenzmerkmal *‚Traditionen'*: Während aber ‚Amerika' über die gewöhnliche Alltagspraktik einer Begrüßung als modernes und zivilisiertes Land konstruiert wird, werden ‚Russland' und ‚Österreich' in folkloristischer Manier über die traditionelle „Kalinka" und den „Schuhplattler" symbolisiert. Wird das eine Land über eine zeitgenössische Alltagspraktik, die anderen aber über volkstümliche Praktiken repräsentiert, verweist dies unweigerlich auf eine Modernisierungsdifferenz. Die folkloristische Repräsentation ‚anderer Nationen' über die Vorstellung volkstümlicher Sitten und Gebräuche war eine im Programm der Interkulturellen Pädagogik gängige – wie auch deutlich kritisierte – Praxis (vgl. Diehm/Radtke 1999; Mecheril 2004).

Liest man das sehr raumgreifende Tanzen zur ‚russischen' „Kalinka" und dem ‚österreichischen' „Schuhplattler" als eine vermeintlich landestypische ‚*Bewegungspraktik*', erscheint die ‚Japan' symbolisierende kulturelle Praxis des Bewegens, über die hier ethnisierte Differenz hergestellt wird, in einem starken Gegensatz dazu zu stehen. Über die als ‚japanisch' konstruierte kulturelle Praktik des Bewegens, des Raum minimierenden Tippelns und mechanischen Kopfwackelns, wird ein Bild von ‚Japanern' gezeichnet, das von höchst eingeschränkten und marionettenhaften Bewegungsmöglichkeiten zeugt. Während in ‚Russland' und ‚Österreich' wild getanzt und in ‚Japan' vorsichtig und eingeschränkt getippelt wird, kommt ‚Amerika' überhaupt nicht über eine besondere kulturelle Praxis des Bewegens in den Blick – sondern über die in ‚Deutschland' übliche Konvention des Händeschüttelns bei Begrüßungen.

In der Symbolisierung ‚Japans' wird ein weiteres Differenzmerkmal zur Konstruktion von ‚Ethnizität' performativ hervorgebracht: Mit Angelikas Aufruf zu einem „netten Lächeln" und dessen zur Schaustellung verweist sie ausdrücklich auf eine vermeintlich landestypische japanische ‚*Mentalität*'.

Weiter wird bei keinem anderen Land außer ‚Japan' die Kategorie ‚Ethnizität' über das Differenzmerkmal ‚*Aussehen*' erzeugt. Durch seinen Rekurs auf als unveränderlich gedachte, körperliche Differenzmerkmale konstruiert Simon im Anschluss an rassistische Diskurse ein radikales ‚Anderssein' der ‚Japaner'. In der Repräsentation ‚Japans' verdichten sich die Differenzmerkmale Sprache, Bewegungspraktiken, Mentalität und Aussehen. ‚Japaner', so erzeugt es die Inszenierung dieses Kinderliedes performativ, sind die ‚Fremdesten' unter den ‚Anderen'.

*Gemeinschaftskonstitution*
Ethnisierte Differenz wird über diese vielschichtigen Konstruktionen in der kollektiven Aufführung des Kinderliedes „Wir fliegen um die ganze Welt" zum Thema des *Außens* gemacht, während die sehr heterogene Kindergartengruppe[8] nach *innen* als eine homogene Gemeinschaft konstruiert wird.

Diese Vergemeinschaftung erfolgt bei der kollektiven Inszenierung dieses Liedes auf drei Ebenen zugleich: auf der sprachlichen Ebene über die im Liedtext angelegte und auch von Angelika mehrfach aufgegriffene mehrfache Adressierung der Kindergartengruppe über ein homogenisierendes *Wir*. Auf leiblicher Ebene sorgt der implizite Aufforderungscharakter zum mimetischen Nachvollzug der von Angelika initiierten Bewegungsabfolgen für eine gemeinsame Art

---

8    Die Beschreibung der Kindergartengruppe als eine ‚heterogene' ist eine ethnisierende Zuschreibung der Forscherin, die auf den Selbstbeschreibungen der Erzieher/innen und den Eintragungen im Gruppenbuch zur Nationalität der Kinder fußt. Zur Problematik der Reifizierung von Differenz durch Forschung siehe Diehm/Kuhn/Machold (2010).

und Weise des Tanzens. Auf räumlicher Ebene konstituiert sich die Kindergartengruppe als eine Gemeinschaft über das Aufhalten im abgegrenzten Territorium des Geburtstagskreises, das auch von der nicht mittanzenden Mirja nicht verlassen wird.

## 5 Fazit

Im vorliegenden Beitrag wurde am Beispiel einer Beobachtungssequenz mikroanalytisch rekonstruiert, *wie* entlang ‚ethnischer' Kriterien markierte Differenz jenseits individueller Bezüge im Alltag des Kindergartens von den pädagogischen Praktiker/innen hergestellt wird, also ohne dass dies an einzelnen Kindern der Gruppe festgemacht worden wäre. Durch die Erweiterung einer ethnomethodologischen Theorieperspektive auf ‚Ethnizität' um eine performative konnte die beobachtete ‚Kinderdisko' als ein von den Akteuren performativer, ritualisierter elementarpädagogischer Erziehungs- und Bildungsprozess gelesen werden. Die Kombination dieser Perspektiven ermöglichte es, die machtvollen und wirklichkeitskonstitutiven Inszenierungsprozesse ethnisierter Differenz in der kollektiven Aufführung des Kinderliedes „Wir fliegen durch dich ganze Welt" über das Zusammenwirken von sprachlichem und körperlichem Handeln zu erklären und zu theoretisieren. Es konnte herausgearbeitet werden, dass mit diesem ethnisierenden Differenzinszenierungsprozess nach außen eine Homogenisierung der Kindergartengruppe nach innen einherging.

Spiegelt man diesen *nicht-individuumsbezogenen* Herstellungsmodus von ‚Ethnizität' an den anderen Beobachtungssequenzen aus der laufenden Studie, die die *individuumsbezogene* Herstellung von ‚Ethnizität' fokussieren, erstaunt die hier rekonstruierte stereotype Inszenierung ethnisierter Differenz sehr. Zugespitzt formuliert: Ist im Hinblick auf *individuelle* Kinder – und dies sei hier explizit hervorgehoben – in beiden Kindertagesstätten eine hohe Differenzsensibilität, Reflexivität und allenfalls ein *positiv* diskriminierender Umgang mit ‚ethnisch' konnotierter Verschiedenheit zu beobachten, darf demgegenüber anscheinend dann zu stereotypen und diskriminierenden Differenzinszenierungen gegriffen werden, wenn dabei (a) *Kollektive* adressiert und konstruiert werden und sich dies (b) in einer vermeintlich spielerischen und scherzhaften Inszenierungsform, über das Singen und das Tanzen eines Kinderliedes, vollzieht. Angesichts dieser frappierenden Unterschiede in diesen beiden Herstellungsmodi von ‚Ethnizität' wären weiterführende Überlegungen darüber anzustellen, welch große Wirkmächtigkeit *medial* vermittelten Differenzkonstruktionen zukommt, wenn bei der Inszenierung dieses Kinderliedes die professionelle Reflexivität und Differenzsensibilität der Erzieher/innen so stark in Vergessenheit zu geraten scheint.

## Literatur

Amann, K./Hirschauer, S. (1997). Die Befremdung der eigenen Kultur. Ein Programm. In: Hirschauer, S./Amann, K. (Hg.): Die Befremdung der eigenen Kultur. Zur ethnographischen Herausforderung soziologischer Empirie. Frankfurt a.M., S. 7-52.

Berg, E./Fuchs, M. (Hg.) (1993): Kultur, soziale Praxis, Text. Die Krise der ethnographischen Repräsentation. Frankfurt a.M.

Castro Varela, do Mar M./Dhawan, N. (2005): Postkoloniale Theorie. Eine kritische Einführung. Bielefeld.

Diehm, I. (2000): Erziehung und Toleranz. Handlungstheoretische Implikationen Interkultureller Pädagogik. In: Zeitschrift für Pädagogik, 46. Jg., S. 251-274.

Diehm, I./Kuhn, M. (2005): Ethnische Unterscheidungen in der frühen Kindheit. In: Hamburger, F./Badawia, T./Hummrich, M. (Hg.) (2005): Migration und Bildung. Über das Verhältnis von Anerkennung und Zumutung in der Einwanderungsgesellschaft. Wiesbaden, S. 221-231.

Diehm, I./Kuhn, M. (2006): „Doing Race/Doing Ethnicity" in der frühen Kindheit. In: Otto, H.-U./Schrödter, M. (2006) (Hg.): Soziale Arbeit in der Migrationsgesellschaft. Sonderheft 8, neue praxis, S. 140-151.

Diehm, I./Radtke, F.-O. (1999): Erziehung und Migration. Eine Einführung. Stuttgart und Berlin und Köln.

Diehm, I./Kuhn, M./Machold, C. (2010): Die Schwierigkeit, ethnische Differenz durch Forschung nicht zu reifizieren – Ethnographie im Kindergarten. In: Heinzel, F./Panagiotopoulou, A. (Hg.): Qualitative Bildungsforschung im Elementar- und Primarbereich. Bedingungen und Kontexte kindlicher Lern- und Entwicklungsprozesse. Reihe: Entwicklungslinien der Grundschulpädagogik, Band 8. Hohengehren, S. 78-92.

Fabian, J. (1993): Präsenz und Repräsentation. Die Anderen und das anthropologische Schreiben. In: Berg, E./Fuchs, M. (Hg.) (1993): Kultur, soziale Praxis, Text: Die Krise der ethnographischen Repräsentation. Frankfurt a.M., S. 335-364.

Fritzsche, B. (2007): Barbies Dekonstruktion. Fiktionen des Geschlechts als Fluchtpunkt performativer Suchbewegungen in der peer culture. In: Wulf, C./Zirfas, J. (Hg.) (2007): Pädagogik des Performativen. Theorien, Methoden, Perspektiven. Weinheim und Basel, S. 110-121.

Garfinkel, H. (1967): Studies in Ethnomethodology. Prentice-Hall, Englewood Cliffs, N.J.

Gebauer, G./Wulf, C. (1998): Spiel – Ritual – Geste. Mimetisches Handeln in der sozialen Welt. Reinbek b. Hamburg.

Geertz, C. (1983): Dichte Beschreibung. Beiträge zum Verstehen kultureller Systeme. Frankfurt a.M.

Göhlich, M. (2007): Kindliche Mimesis und pädagogisches Muster. Zum Performativen als Erbe pädagogischer Institutionen. In: Wulf, C./Zirfas, J. (Hg.) (2007): Pädagogik des Performativen. Theorien, Methoden, Perspektiven. Weinheim und Basel, S. 137-148.

Gomolla, M./Radtke, F.-O. (2009): Institutionelle Diskriminierung. Die Herstellung ethnischer Differenz in der Schule. Wiesbaden.

Kelle, H. (2004): Ethnographische Ansätze. In: Glaser, E./Klika, D./Prengel, A. (Hg.) (2004): Handbuch Gender und Erziehungswissenschaft. Bad Heilbrunn, S. 636-650.

Mecheril, P. (2004): Einführung in die Migrationspädagogik. Weinheim und Basel.

Rosin, V. (2009): Turnen macht Spaß. Düsseldorf.

Said, E. (2003): Orientalism. London.

Spivak, G. C. (2008): Can the Subaltern Speak? Postkolonialität und subalterne Artikulation. Wien.

Weber, M. (2003): Heterogenität im Schulalltag. Konstruktion ethnischer und geschlechtlicher Unterschiede. Opladen.

Weisköppel, C. (2001): Ausländer und Kartoffeldeutsche. Identitätsperfomanz und Alltag einer ethnisch gemischten Realschulklasse. Weinheim und München.

West, C./Fenstermaker, S. (1995): Doing difference. Gender & Society 9, S. 8-37.

Wulf, C. (2007): Ästhetische Erziehung: Aisthesis – Mimesis – Performativität. Eine Fallstudie. In: Ders./Zirfas, J. (Hg.) (2007): Pädagogik des Performativen. Theorien, Methoden, Perspektiven. Weinheim und Basel, S. 42-47.

Wulf, C. (2008): Rituale im Grundschulalter: Performativität, Mimesis und Interkulturalität. In: Zeitschrift für Erziehungswissenschaft, 11 (1), S. 67-83.

Wulf, C./Zirfas, J. (2006): Bildung als performativer Prozess – ein neuer Fokus erziehungswissenschaftlicher Forschung. In: Fatke, R./Merkens, H. (Hg.) (2006): Bildung über die Lebenszeit. Wiesbaden, S. 291-301.

Wulf, C./Zirfas, J. (2007): Performative Pädagogik und performative Bildungstheorien. Ein neuer Fokus erziehungswissenschaftlicher Forschung. In: Wulf, C./Zirfas, J. (Hg.) (2007): Pädagogik des Performativen. Theorien, Methoden, Perspektiven. Weinheim und Basel, S. 7-40.

Wulf, C./Althans, B./Audehm, K./Bausch, C./Göhlich, M./Sting, S./Tervooren, A./Wagner-Willi, M./Zirfas, J. (2001): Das Soziale als Ritual. Zur performativen Bildung von Gemeinschaften. Opladen.

Wulf, C./Althans, B./Audehm, K./Bausch, C./ Göhlich, M./Jörissen, B./Mattig, R./Tervooren, A./Wagner-Willi, M./Zirfas, J. (2004): Bildung im Ritual. Schule, Familie, Jugend, Medien. Wiesbaden.

Wulf, C./Althans, B./Blaschke, G./Ferrin, N./Göhlich, M./Jörissen, B./Mattig, R./Nentwig-Gesemann, I./Schinkel, S./Tervooren, A./Wagner-Willi, M./Zirfas, J. (2007): Lernkulturen im Umbruch: rituelle Praktiken in Schule, Medien, Familie und Jugend. Wiesbaden.

Zirfas, J./Wulf, C. (2001): Integration im Ritual. Performative Prozesse und kulturelle Differenzen. In: Zeitschrift für Erziehungswissenschaft, 4. Jg., S. 191-208.

# „Respecting Difference" – Differenztheoretische Überlegungen am Beispiel eines pädagogischen Programms aus Nordirland

*Claudia Machold*

*„All of us are different, it's what makes us you and me"* sagen jeweils die Erzähler/innen am Ende eines jeden Media Message Cartoons (MMC) aus einer pädagogischen Initiative für 3-5 jährige Kinder in Nordirland. *‚Wir alle sind anders'* (als etwas)/ *‚Wir alle differieren'/ ‚Wir alle unterscheiden uns'* markiert Differenz als konstitutives Moment sozialer Verhältnisse. Es wird insofern konstitutiv, als dass *‚es ist, was uns zum Du und Ich macht'* und dabei gleichzeitig *‚alle'* betrifft. Die Erzähler/innen vertreten damit ein differenzanerkennendes Verständnis von Identität. Dieser Ausspruch enthält nicht nur eine Idee von dem Verhältnis von Differenz und Identität, sondern es handelt sich dabei auch um die zu erlernende Erkenntnis aus fünf MMCs, die den Kern einer gemeinsam von Early Years – the organisation for young children (Northern Ireland) und der Peace Initiatives Institute (Pii, USA) entwickelten, und derzeit in pre-school Curricula in Nordirland und Teilen Irlands implementierten pädagogischen Initiative: „The Media Initiative for Children – Northern Ireland" (MIFC-NI).

*„Respecting Difference"* (Early Years) wird hier zur normativen Orientierung der pädagogischen Initiative, die Differenz in einem gesellschaftlichen Kontext thematisiert, der bis heute vor allem gekennzeichnet ist durch die jahrzehntelangen Erfahrungen eines bewaffneten, gewaltsamen Konflikts (auch eher verharmlosend als „Troubles" bezeichnet). Wenngleich dieser am 10. April 1998 mit dem sog. „Good Friday Agreement" beendet wurde, wirkt er nach wie vor im Hinblick auf die ethnisch-religiöse Differenz protestantisch-katholisch, in einer sozial, politisch und geographisch gespaltenen Gesellschaft fort. Erscheint diese Differenzlinie zunächst dominant im Hinblick auf Nordirland, so markiert der allgemein gehaltene Titel der Initiative zugleich, dass es darüber hinaus weitere relevante Differenzen gibt. In den fünf MMCs werden neben dieser ethnisch-religiösen Differenz auch ‚Rasse', Behinderung, Ethnizität (am Bsp. der sog. ‚Traveller' Community) thematisiert.

Indem die Initiative im Hinblick auf Differenz auf diese gesellschaftlich relevanten Differenzlinien zurückgreift, nimmt sie für den Bereich der frühkindlichen Bildung auf, was sich zumindest im deutschsprachigen Raum erst beginnt durchzusetzen: Menschen in ihren ersten Lebensjahren (diese werden gemeinhin als frühe Kindheit bezeichnet), können nicht als ‚unschuldig' angesehen werden, sondern sind ebenso Teil der Aushandlung gesellschaftlicher (Macht-) Verhältnisse, wie Menschen in ihren späteren Lebensjahren. Aus konstruktivistischen und poststrukturalistischen[1] Perspektiven zeigt sich, dass Differenz im Bewusstsein und den Interaktionen bereits in diesen frühen Jahren bedeutsam ist. Da sich diese Erkenntnis vor allem im deutsprachigen Kontext erst langsam durchzusetzen und in pädagogischen Programmen umzusetzen scheint, erscheint mir der Blick in einen anderen gesellschaftlichen Kontext – hier den nordirischen – als fruchtbar im Hinblick auf die Frage, *wie Differenz in einer pädagogischen Initiative für frühkindliche Bildung thematisiert* wird[2].

Darüber hinaus erscheint dieser Blick interessant, da pädagogische Programmatiken, die Differenz zu ihrem Thema machen, wie etwa die interkulturelle, feministische, antirassistische oder Sonder-Pädagogik, Gefahr laufen, diejenigen Differenzen und die mit ihnen im Zusammenhang stehenden gesellschaftlichen Machtverhältnisse zu (re-)produzieren. Dieses gemeinhin als Differenzdilemma bekannte Phänomen stellt eine der großen Herausforderungen politisch und gerechtigkeitstheoretisch orientierter Pädagogik dar. Eine der Grundproblematiken besteht dabei darin, dass Differenz repräsentiert wird und diese Repräsentationen Gefahr laufen, an dominante Differenzvorstellungen anzuschließen. Von dieser Annahme ausgehend, werde ich zunächst eine differenztheoretische Interpretationsperspektive darstellen (1), dann zwei MMCs im Hinblick auf die Frage danach, *wie* Differenz repräsentiert wird und welches Potential sie im Hinblick auf eine Bedeutung verschiebende Repräsentation dominanter Vorstellungen zeigen, analysieren (2) und abschließend allgemeine Überlegungen im Hinblick auf die Herausforderung der (pädagogischen) Repräsentation von Differenz (in der frühkindlichen Bildung) ziehen (3). Da ich im Artikel lediglich zwei MMCs als Ausgangspunkt ihrer Reflektion heranziehe, werde ich hier *keine*

---

1     Zur Übersicht sowohl im Hinblick auf internationale Forschung als auch Intervention vgl. Mac Naughton (2006)

2     Während eines dreimonatigen Forschungsaufenthalts an der Queen's University in Belfast konnte ich sowohl Teile des Prozesses der Implementierung der MIFC-NI beobachten, in dem ich Early Years Settings besuchte, in denen das Programm gerade eingeführt und umgesetzt wurde, als auch die wissenschaftliche Begleitung des Centres for Effective Education/ School of Education/ Queen's University Belfast, an dem ich während der Zeit angesiedelt war, verfolgen. Als Forscherin, die sich aus dem deutschen Kontext heraus mit Differenz, Identität und früher Kindheit befasst, stellte diese Zeit eine hervorragende Möglichkeit dar, Erkundungen vorzunehmen, die die eigenen Sichtweisen, Perspektiven und Annahmen irritierten, bestätigten, erweiterten und neue bzw. modifizierte Erkenntnisse im Hinblick auf diese Gegenstände ermöglichten.

umfassende Thematisierung oder gar Bewertung des pädagogischen Programms insgesamt vornehmen[3].

## 1 Doing Difference: Die Media Message Cartoons als bedeutungsschaffende (Unterscheidungs-)Praxis

Zur Fundierung der folgenden Überlegungen greife ich auf kulturtheoretische Überlegungen zurück, die – inspiriert durch sprachphilosophische Ansätze – *Kultur als bedeutungsschaffende Praxis* (signifying practices) verstehen, in denen Bedeutungen durch (das *tun* von) Differenz entstehen. Ich spreche insofern im Anschluss an diese theoretische Perspektive – und nicht etwa im Sinne eines ethnomethodologischen Verständnisses – von Doing Difference.

Zu verorten ist dieses Kulturverständnis insbesondere innerhalb der britischen Cultural Studies, die ich als eine bestimmte Herangehensweise (Mecheril/Witsch 2006, S. 7) zur empirischen Beschäftigung mit der kulturellen Sphäre von sozialer Wirklichkeit verstehe. Im Zentrum dieser Herangehensweise steht ein Kulturverständnis, das Kultur als Kampf um Bedeutungen versteht, „ein nie zum Stillstand kommender Konflikt über Sinn und Wert von kulturellen Traditionen, Praktiken und Erfahrungen" (Winter 2001, S. 45). Kultur ist „eine Perspektive, die von den CS eingebracht wird, um die polyphonen, stets umstrittenen und umkämpften, komplexen Prozesse der Konstruktion von sozialen Differenzen und Identitäten zu beschreiben und zu untersuchen" (Mecheril/Witsch 2006, S. 9). Der Kulturbegriff der Cultural Studies ist eng verbunden mit sprachphilosophischen Annahmen, die die Konstruktion von Wirklichkeit sprachbegründet verstehen. Die im Rahmen des pädagogischen Programms entwickelten MMC können unter dieser Perspektive als kulturelle Praxen in Form von Medientexten verstanden werden, die Bedeutungen produzieren. Im Anschluss an Halls (2009a/b/c) Lesart des semiotischen und diskursiven Ansatzes soll im Folgenden ein differenztheoretisches Verständnis davon vorgestellt werden, *wie* Bedeutungen produziert werden.

Die grundlegende Annahme dieser theoretischen Perspektive ist es, dass *Sprache* dasjenige Medium ist, durch das *Bedeutungen* produziert werden, weil es als *repräsentatives System* operiert.

„In language, we use signs and symbols – whether they are sounds, written words, electronically produced images, musical notes, even objects – to stand for or represent to other people our concepts, ideas and feelings. Language is one of the ‚media'

---

3   An anderen Stellen ist die MIFC-NI ausführlich dokumentiert und evaluiert worden (vgl. u. a. Connolly 2009; Connolly/Fitzpatrick/Gallagher/Harris 2006; Fitzpatrick/Mearns 2007).

through which thoughts, ideas and feelings are represented in a culture. Representation through language is therefore central to the process by which meaning is produced" (Hall 2009a, S. 1). Insofern wird weiter davon ausgegangen, dass Gegenstände und Materie keine Bedeutungen an sich haben, sondern erst durch ein System von Zeichen entstehen „(…) The *meaning* depends, not on the material quality of the sign, but on its *symbolic function*. It is because a particular sound or word *stands for, symbolizes or represents* a concept that it can function, in language, as assign and convey meaning – or, as the constructionists say, signify (sign-i-fy)" (Hall 2009b, S. 26, Herv. i. O.). Bezogen auf die hier interessierenden Medientexte werde ich also davon ausgehen, dass die verwendeten visuellen und akustischen Elemente, wie bspw. die Kleidung der animierten Figuren oder ihre gesprochenen Worte, auf bestimmte Konzepte verweisen, sie symbolisieren oder repräsentieren.

Die Relevanz von *Differenz* in dieser Perspektive zeigt sich u. a. darin, dass im semiotischen Ansatz davon ausgegangen wird, dass Bedeutungen sich erst auf der Basis der Anordnung von Zeichen in einem System von Differenzen ergeben. Bedeutungen sind demnach nur aufgrund von Differenz möglich, denn man wisse, was Schwarz bedeutet, nicht weil es eine Essenz bzw. Identität von Schwarz gebe, sondern weil man es von Weiß unterscheiden könne (vgl. ders. 2009b, S. 32). Bedeutung sei damit immer relational:

> „However, his (Saussures: CM) attention to binary oppositions brought Saussure to the revolutionary proposition that a language consists of signifiers, but in order to produce meaning, the signifiers have to be organized into 'systems of differences'. It is the difference between signifiers which signify" (ebd.).

Die Aussage *„All of us are different, it's what makes us you and me"* im MMC beschreibt insofern das Verhältnis von Identität und Differenz treffend, denn es sei die Differenz, die uns zum Du und Ich mache, also Identität produziere. Das Verhältnis der Zeichen im System von Differenz versteht Hall in Anlehnung an Derrida nicht etwa als neutral, sondern als hierarchisch: „There is always a relation of power between the poles of binary opposition (Derrida 1974, zit. n. ders. 2009c, S. 235)[4]. Dies zeigt sich bspw. wiederum an der Beziehung zwischen Weiß und Schwarz. Weiß-Sein hat sich historisch – in rassistischen Diskursen und Praxen – als das dominante Konzept in Relation zu Schwarz-Sein herausgebildet und ist bis heute relevant für gesellschaftliche Machtverhältnisse und die mit ihnen zusammenhängenden dominanten und dominierten Subjektpositionen.

---

4   Fruchtbar ist sicherlich die Ergänzung des semiotischen, durch Foucaults diskursiven Ansatz, da dabei die Frage nach den „relations of power" im Unterschied zu den „relations of meaning" (Hall 2009b, S. 43) und ihre Relevanz für Prozesse der Subjektivierung (ders. 2009b, S. 54f.) genauer in den Blick genommen werden kann. Aus Gründen des Umfangs dieses Artikels werde ich darauf jedoch nicht weiter eingehen.

Ein sog. MMC kann nun auf der Basis der hier nur kurz dargelegten theoretischen Annahmen als *signifying practice* ' verstanden werden. Der Cartoon stellt
eine Praxis dar, durch die Konzepte repräsentiert werden. Er funktioniert also
wie Sprache, indem durch bestimmte Elemente das repräsentiert wird, was gesagt werden soll. Die Elemente funktionieren dabei wie Zeichen, „Signs stand
for or represent our concepts, ideas and feelings in such a way as to enable others
to ,read', decode or interpret their meaning in roughly the same way that we do"
(Hall 2009a, S. 5). Insofern gibt es im Hinblick auf pädagogisch inszenierte
Medientexte sicherlich eine Intention derjenigen, die sie gemacht haben. Zentral
bei dieser Perspektive ist jedoch, dass das Subjekt keinen autonomen Zugang zur
Sprache hat und insofern Bedeutungen nicht steuern kann. Dies wird auch bei
der Frage nach dem Verhältnis vom Sender zum Empfänger wichtig. Anders als
in klassischer Kommunikationstheorie wird nicht von einem linearen Prozess der
Datenübermittlung ausgegangen:

> „Language, then, is the property of neither the sender nor the receiver of meanings.
> It is the shared cultural ,space' in which the production of meaning through langua-
> ge – that is, representation – takes place. The receiver of messages and meanings is
> not a passive screen on which the original meaning is accurately and transparently
> projected. The ,taking of meaning' is as much a signifying practice as the ,putting
> into meaning'" (ders. 2009a, S. 10).

Hall entwirft hier ein dialogisches Modell zwischen Sender und Empfänger[5].
Wenngleich es auf beiden Seiten keinen privilegierten Zugang zu den Bedeutungen gibt, so funktioniert der Dialog jedoch aufgrund von „shared cultural codes"
(ebd.), die sich historisch herausgebildet haben. Hierbei wird sodann auch deutlich, dass unter Repräsentation keine eins zu eins Abbildung verstanden werden
kann, sondern, dass jede Wiederholung bzw. Verwendung von Zeichen zwar
anschließt an Bedeutungsstrukturen, diese jedoch nicht original abzubilden vermag. Dieses Verständnis von Repräsentation als Re-Präsentation (vgl. Bro-
den/Mecheril 2007) (i. S. der Gleichzeitigkeit von Abbildung und Bedeutungs-
verschiebung) ist sodann auch die „Bedingung und Möglichkeit, pädagogisch
und politisch Handeln zu können" (dies. 2007, S. 11)[6].
    Diese Annahme hat nun auch methodologische Konsequenzen. Wenn ich
im Weiteren die MMCs interpretiere, kann meine Lesart weder etwas darüber
aussagen, was sich die Macher/innen der Cartoons *wirklich* dabei gedacht haben,
noch, welche Wirkung sie auf ihre Rezipient/innen ausüben. Möglich ist mir

---

5    Vgl. auch Hall (2004a/2004b)
6    Den Fragen nach der Nicht-Fixierbarkeit von Bedeutungen, der Problematisierung von Reprä-
     sentation und die daraus entstehende Un-Möglichkeit der Rekonstruktion medial erzeugter Be-
     deutungen geht Hoffarth (2009) differenziert nach.

jedoch, meine Interpretationen argumentativ zu plausibilisieren und darin Erkenntnisse für das allgemeine Nachdenken über die Thematisierung von Differenz in der frühen Kindheit zu entwickeln[7].

In Anlehnung an Hall gehe ich für die weitere Analyse zusammenfassend
davon aus, dass kulturelle Praxen im Allgemeinen bedeutsame Praxen sind, die
Differenz produzieren, indem sie Differenz *tun*. Mit anderen Worten:

> „Kulturelle Praktiken sind Weisen der Unterscheidung, sie erzeugen Unterschiede
> und werden durch Unterscheidungen erzeugt. Kulturelle Praxen zu untersuchen
> heißt insofern: in alltagsweltlichen Handlungen ersichtlich werdende und diese
> Handlungen konstituierende Unterscheidungsweisen zu analysieren" (Mecheril/
> Witsch 2006, S. 14).

Der Medientext kann also als kulturelle Praxis verstanden werden, der Differenzen produziert, indem er Differenz *tut*. Er stellt eine Unterscheidungsweise dar,
die Unterschiede erzeugt und durch Unterschiede erzeugt wird. Die erkenntnis-
leitende Frage für die weitere Analyse lautet wie folgt: *Wie wird Differenz repräsentiert?*

## 2   Doing Difference by „Respecting Difference"?! Eine differenzkritische Lesart der beiden Media Message Cartoons „Kim joins in" und „Playing the same game"

Bei den Media Message Cartoons[8] handelt es sich um jeweils einminütige ani-
mierte Filme, die im Jahr 2004 zum ersten Mal über das Fernsehen in Nordirland
ausgestrahlt und ergänzt durch Bildungsmaterialien in fünf frühkindlichen Bil-
dungssettings mit Kindern thematisiert wurden[9].

### 2.1   Media Message Cartoon „Kim joins in"

> Ein Chor singt „Boys and girls come out and play, we're all in the park today". Von
> der Kameraeinstellung auf eine Baumkrone schwenkt die Kamera in die Vogelper-
> spektive auf einen Spielplatz. Ein Schriftzug erscheint: „Kim joins in." Auf den
> durch braune Erde von einer Wiese zu unterscheidenden vier quadratischen Flächen

---

7   Darüber hinaus basieren die Lesarten auf gemeinsamen Sitzungen der Interpretationsgruppe
    um Susann Fechter, Birte Klingler, Melanie Kuhn, Vera Müncher und Veronika Magyar-Haas
    und der von mir zusammen mit Thomas Ley an der Fakultät für Erziehungswissenschaft/ Uni-
    versität Bielefeld geleiteten Forschungswerkstatt.
8   Alle fünf MMCs können unter dem folgenden Link angesehen werden: http://www.pii-
    mifc.org/. Copyright: Peace Initiatives Institute (Pii, USA).
9   Zum weiteren Prozess der Implementierung vgl. Connolly/Fitzpatrick/Gallagher/Harris 2006.

stehen Spielgeräte. In einem der Quadrate befinden sich vier Personen auf vier Schaukeln[10]. Eine Figur mit halblangem braunem Haar, pinker Hose und pinkem langärmligem Oberteil kommt frontal auf einer Schaukel sitzend ins Bild. Sie stellt sich als Jenny vor: „I am Jenny ...". Im nächsten Bild ist Jenny zu sehen, wie sie von hinten nach vorne mit dem Köper Richtung Kamera gerichtet schaukelt. Sie sagt: „... and I fly high. I nearly touch the trees." Sie sitzt auf der aus Sicht der Kamera[11] rechten von zwei sichtbaren Schaukeln in einem Schaukelgestell. Der Platz neben ihr ist frei. Als sie sagt „My friends Tom and Jim ..." schwenkt die Kamera nach links auf die Fortsetzung der Schaukel. Auf je einer Schaukel sitzen die als Tom (links) und Jim (rechts) identifizierten Figuren. Jim trägt ein blaues Cap, unter dem gelbe Haare hervorgucken. Tom hat kurze dunkelbraune Haare und trägt eine große blaue, runde Brille. Sein rechtes Auge ist durch ein blaues Pflaster beklebt. Während die Kamera das gesamte Schaukelgestell in den Blick nimmt, sagt Jenny: „... can't fly as high as me." Als das nächste Bild gezeigt wird, sagt Jenny: „Kim's the new girl in our street." Zu sehen ist eine weitere Figur, die frontal mit ihrem Oberkörper in die Kamera schaut. Sie hat kurze schwarze Haare, die rechts und links auf ihrem Kopf durch zwei rosa-lila Haargummis zu kleinen Zöpfen gebunden sind. Sie trägt einen langärmligen gelben Pullover, auf dem sich ein gelber feuerspeiender Drachen absetzt. In ihrer rechten Hand hält sie einen Lenkdrachen. Jenny sagt: „She comes here all the time." Gleichzeitig zoomt die Kamera Kim weg und sichtbar werden ihr ganzer Körper und der Lenkdrachen, auf dem sich ein Tigergesicht auf gelbem Untergrund und chinesische Schriftzeichen befinden. Sie trägt eine gelbe Hose und pinke Schuhe. Jenny sagt: „I never go and play with her, ..." Jenny ist sitzend auf der Schaukel mit ihrem Oberkörper frontal im Bild zu sehen. Ihr Mund ist geschlossen und ihre Mundwinkel laufen jeweils nach unten. Sie zieht leicht den Kopf zurück. Jenny sagt: „... cause her skin's not like mine", als die Kamera wieder Kim mit den anderen im Hintergrund in das Bild nimmt. Sie hält den Griff des Drachens und eine Schnur führt nach oben aus dem Bild. Sie schaut an der Schnur nach oben. Kims Haut erscheint hellgelb. Es ist zu sehen, wie der Drachen sich in einem Baum verhakt. Jenny sagt: „Kim's kite is stuck in the tree." Kim kommt frontal in das Bild, ihr Mund schließt sich und ihre Mundwinkel ziehen sich nach unten. Sie dreht sich daraufhin um und geht in Richtung Jenny, die mit dem Oberkörper nach hinten gelehnt und mit geschlossenem Mund Kim anguckt. Jenny sagt: „She turns and calls to me, ..." Jennys Mund verzieht sich zu einem „O" und dann öffnet sich ihr Mund und die Mundwinkel gehen nach oben. Während sie sagt „... cause I'm the best at climbing." Anschließend ist die Kamera in einem Baumhaus positioniert und man sieht Jenny, die an einer Leiter in das Haus hochklettert

---

10 Die Grundlage meiner Analyse stellen die MMC dar, die ich hier aus Gründen der Darstellbarkeit in einen Text überführe. Methodologisch zu beachten ist dabei, dass gewissermaßen zwei Ebenen der Interpretation von mir eingeführt werden: Zuerst kann die Transkription als solche bezeichnet werden, da ich dem von mir Gesehenen einen bestimmten Sinn zuweise. Auf der zweiten Ebene liegen sodann meine Interpretationen und Modellierungen (Mecheril 2003) des Transkripts.

11 Angaben zu Rechts und Links werden im Folgenden immer aus der Perspektive der Kamera und damit aus der Perspektive der Zuschauer/in gemacht.

und die drei anderen, wie sie zu ihr hoch schauen. Jenny sagt: „I help her pill it free." Die Kamera zeigt, wie Jenny oben im Baumhaus mit dem Lenkdrachen in ihrer rechten Hand steht. Sie zoomt zurück und während man einen Ausruf der anderen drei Figuren hört, kommen sie zum Vorschein. Kim winkt Jenny zu. Im nächsten Bild steht links im Bild Tom, rechts daneben Jim, dann Jenny leicht vor Jim positioniert und rechts vor ihr Kim. Alle sind in Großaufnahme zu sehen. Jenny hält einen Griff von einem Drachen in der Hand. Die Schnur läuft nach oben aus dem Bild. Alle schauen ihr nach. Alle Münder sind mit den Mundwinkeln nach oben geöffnet und weiße Zähne sind zu sehen. Jenny sagt: „Now we're all playing together …" Die Kamera blendet über zu der Schaukel, auf der nun alle Plätze besetzt sind und alle vier unterschiedlich hin und her schaukeln. Jenny sagt: „… Jim, Tom, Kim and me. All of us are different, it's what makes you and me." Der Chor singt: „Boys and girls come out and play, together in the park today." Die Kamera nimmt wieder die Vogelperspektive auf den Playground ein.

Es sind verschiedene Differenzen, die in diesem MMC relevant und durch verschiedene stilistische Mittel repräsentiert werden. Gleich zu Beginn wird durch verbale Zeichen des Chors die Unterscheidung zwischen Jungen und Mädchen („boys and girls") benannt und insofern die Geschlechterdifferenz relevant gesetzt. Weiter wird über die visuellen und verbalen Zeichen „park" (als legitimer Ort, an dem Kinder sich bewegen), „play" (als für Kinder legitime Tätigkeit) und „boys and girls" (im Gegensatz zu Männern und Frauen) an Vorstellungen von Kindsein und damit an die Generationendifferenz (vgl. Kelle 2005; Alanen 2005) angeschlossen. Wie auch diese beiden Differenzen, könnte dieses MMC auch im Hinblick auf weitere Differenzen – wie körperliche Beeinträchtigung (vgl. Brille und Pflaster) – und der Frage, wie genau sie repräsentiert werden, untersucht werden. Dominant erscheint mir in diesem MMC jedoch die mit „skin" in Zusammenhang stehende Differenz, der ich im Weiteren nachgehen werde. M. E. zeigt sich, dass hier an rassismusrelevante gesellschaftliche Vorstellungen des Verhältnisses ethnischer Mehrheit und Minderheit angeschlossen und damit Gefahr gelaufen wird, diese zu reproduzieren. Dieser MMC stellt keine Repräsentation harmlosen kindlichen Spiels dar, in der Haut zum Ausschlusskriterium wird, sondern vielmehr werden visuelle und akustische Zeichen verwendet, die in dieser medial inszenierten situierten Praxis an gesellschaftliche Ordnungsverhältnisse anschließen. Der MMC kann insofern auch als Repräsentation einer Geschichte von (gesellschaftlicher) *Integration* in einem Migrationskontext gelesen werden. Dies lässt sich anhand von drei Momenten des MMC aufzeigen:

*Aufrechterhalten des Verhältnisses von ethnischer Minderheit und Mehrheit*
Zu Beginn stellt sich eine Figur als Jenny vor. Sie ist diejenige, die die Narration verbalisiert und aus ihrer Perspektive erzählt. Konstruiert wird im Weiteren

durch Jenny eine Wir-Gruppe (Jenny, Jim und Tom sind befreundet, sitzen zusammen auf einer Schaukel und sind nicht neu an diesem Ort), innerhalb derer Jenny sich selber als kompetent im Hinblick auf Schaukeln und Klettern inszeniert. Jenny kommt aufgrund ihrer Sprecherinnenposition und dieser Selbstbeschreibung in diesem MMC eine mächtige Position zu. Sie ist diejenige, die Definitionsmacht hat und über Zugehörigkeitsordnung urteilen kann. Jenny wird so zur Repräsentantin einer Mehrheit. In ihrer Zuschreibung gegenüber Kim in Verknüpfung mit visuellen Zeichen der Animation zeigt sich (s. unten), dass Kim in diesem Verhältnis zur Repräsentantin der chinesischen Minderheit in Nordirland wird. Kontextualisiert man also diese Narration, so zeigt sich, dass hier ethnische Differenz nicht nur in Bezug auf die bereits benannte ethnisch-religiöse Differenz katholisch-protestantisch relevant ist. Vielmehr gibt es neben diesen beiden auch als ‚majority ethnic' bezeichneten Gruppen noch weitere als ‚minority ethnic' bezeichnete Gruppen, wie „Irish Travellers, Chinese, Indians, Black Africans and Pakistanis" (vgl. Connolly 2002, S. 7). Wenngleich es in dem MMC keine Hinweise darauf gibt, ob Jenny einer der beiden Mehrheiten angehört, so stellt sie jedoch hier im Hinblick auf die Anzahl der Personen ihrer Sprecherinnenposition die Mehrheit dar.

Weiter wird ein Integrationsprozess der Minderheiten-Position erzählt: Kim scheint solange zufrieden mit ihrer Position, bis sie sich nicht mehr alleine zu helfen weiß. Als ihr Lenkdrachen sich verfängt, geht sie auf Jenny zu und bittet sie um Hilfe. Im Moment der Anerkennung von Jennys Kompetenz überwindet diese die Ausgrenzung von Kim und hilft ihr. Das Verhältnis von Mehrheit zu Minderheit wird über das Hilfskonzept hier gestärkt. So werden Minderheiten häufig als hilfsbedürftig (und nicht in ihrer Handlungskompetenz) konstruiert, worüber sich die gesellschaftliche Mehrheit in ihrem Fürsorge-Ideal inszenieren kann. Dieses Ereignis führt im Weiteren dazu, dass alle Figuren zusammen stehen und laut Jenny zusammen spielen (*„all playing together"*). Visuell zeigt sich jedoch, dass Jenny diejenige ist, die den Lenkdrachen in den Händen hält und im Mittelpunkt steht. Sie bleibt insofern in ihrer dominanten Position. Nichtsdestotrotz ist Kim nun integriert, was sich symbolisch noch deutlicher zeigt, als sie den leeren Platz auf der Schaukel einnimmt. Wenngleich ein Platz grundsätzlich zur Verfügung steht, ist der zu zahlende Preis der Integration ein recht hoher: die Anerkennung der gegenwärtigen Machtverhältnisse repräsentiert durch Jennys fortgesetzter dominanter Position. Darüber hinaus zeigt sich, was bereits im Titel markiert ist: Kim ‚*beteiligt sich'* („*joins in"*), integriert sich also selber.

*Rassifizierung und Kulturalisierung einer Repräsentantin der chinesischen Community*

Zur Beschreibung von Kim greift Jenny auf verschiedene Differenz markierende Attribute zurück: *‚neu in der Straße sein'*, *‚fortwährend an diesen Ort kommen'*. Weiter identifiziert sie Kim über die Relation zu sich selber, denn sie spiele *‚nie'* mit ihr. Als Begründung für dieses Verhalten nennt Jenny, *‚weil ihre Haut nicht wie meine ist'*. Sie führt damit die Differenz ein: Jennys-Haut/Nicht-Jennys-Haut. Verstärkt wird diese Abgrenzung durch Jennys deutlich abwehrende Mimik, als Kim auf sie zukommt. Die Bestimmung von Kims Hautfarbe ausgehend von der dominanten Position, als das Nicht-Dominante (Nicht-Jennys-Hautfarbe) kann als rassistische Praxis gelesen werden, weil darüber das Andere deutlich als das Nicht-Eigene markiert und so Ausschluss hier legitimiert wird. Darüber hinaus findet über die Verknüpfung des verbalen Zeichens *„skin"* mit weiteren visuellen Elementen, wie gelb schimmernde Haut, gelbe Kleidung mit Drachenmotiv, Drachen mit Tigergesicht und chinesische Schriftzeichen, ein rassismusrelevantes bzw. rassistisches „Different-Machen" bzw. *othering* (vgl. Spivak 1999, zit. n. Castro Varela/Dhawan 2005, S. 60) von Kim statt. Die Kombination dieser stilistischen Elemente kann als Rassifizierung und Kulturalisierung von Kim als Repräsentantin der chinesischen Community gelesen werden. Zurückgegriffen werden dabei sowohl auf physiognomische als auch kulturelle Merkmale, die auch als Zeichen in rassistischen Diskursen fungieren. Angeschlossen wird hier im Hinblick auf physiognomische Merkmale an Kategorisierungen der Menschheit, die bestimmten sog. ‚Rassen' Hautfarben zuwiesen: „Wie Walter Demel gezeigt hat, sind die Hautfarben der „Rassen" das allmählich sich herausbildende Ergebnis eines Farbgebungsprozesses. Hatten noch viele Entdeckungsreisende die Hautfarbe der Chinesen als weiß, wie die der Europäer, beschrieben oder differenzierend zwischen hell, gelblich, bräunlich bis dunkel abgestuft, so wurden die Beschreibungen in den Rassenklassifikationen eindeutig auf „gelb" fixiert. Die Haut der Chinesen ist nur leicht getönt, ihr mittlerer Pigmentierungsgrad entspricht dem südeuropäischer Menschen. Die Hautfarbe der Chinesen wäre also ähnlich zu beschreiben wie die der Spanier oder Griechen. Die Europäer verstanden sich aber als „Weiße". So wurden Südeuropäer (unabhängig vom Pigmentierungsgrad ihrer Haut) „weiß" und Chinesen mussten zum Kontrast „gelb" werden. Das Eigenbild bestimmt das Fremdbild: Die Eigenbezeichnung „weiß" wurde exklusiv für Europäer reserviert" (Kattmann 1999, S. 74). Die Verknüpfung von als chinesisch identifizierten Menschen mit einer gelben Hautfarbe und ihr darüber begründeter Ausschluss kann insofern als rassistisch verstanden werden. Mit dem Blick auf den nordirischen Kontext zeigt sich, dass die sog. chinesische Community aktuell die größte ethnische Minderheitengruppe in Nordirland darstellt und bereits seit den 1960er Jahren nach Nordirland einwanderte. Die Situation dieser Gruppe ist dabei immer auch gekennzeichnet durch Rassismuserfahrungen (vgl. Manwah Watson/McKnight 1998; Chan 2006; Connolly 2002).

*Bagatellisierung rassifizierter Zugehörigkeit – Gleichheit in der Ungleichheit*
Im Abschluss des MMC verkündet Jenny die (pädagogische) Message: *‚Wir sind alle unterschiedlich, das ist es, was uns zum Du und Ich macht'*. Pädagogisch wird diese Geschichte durch diese Formulierung so eingeholt, dass Differenz als etwas Normales verstanden werden soll, weil es uns alle auszeichne. Insofern wird für die Anerkennung der Differenz plädiert. Eine differente Hautfarbe wird dann zu einer anzuerkennenden Differenz neben anderen. Dies hat m. E. zwei problematische Momente zur Konsequenz. Erstens wird dabei die Idee rassifizierter Hautfarben als natürlich aufrechterhalten, indem diese Logik nicht grundsätzlich in Frage gestellt wird. Darüber hinaus findet sodann eine Essentialisierung von Kim statt, die ‚andere' Hautfarbe wird zu einem Wesensmerkmal ihrer Zugehörigkeit. Zweitens, wird diese rassismusrelevante Differenz gleichgesetzt mit anderen Differenzen, wie z. B. ein Augenpflaster zu haben. M. E. läuft diese Art der Gleichsetzung von Differenz Gefahr, zu ihrer Bagatellisierung beizutragen, da das je spezifische Machtverhältnis darin verwischt wird. Different zu sein, wird als Gleichheitsprinzip hergestellt und dadurch werden die spezifischen Ungleichheitsverhältnisse verkannt.

Im Hinblick auf die Frage, *wie* in diesem MMC Differenz repräsentiert wird, hat sich m. E. gezeigt, dass hier visuelle und verbale Zeichen verwendet werden, die dominante Vorstellungen von ethnischer Zugehörigkeit im Hinblick auf Mehrheit und (chinesische) Minderheit wiederholen. Repräsentiert wird insofern eine gesellschaftliche Wirklichkeit, die es gelten würde zu verändern. Wenngleich über die Intentionalität der Macher/innen hier keine Aussage getroffen werden kann, muss pädagogisch gefragt werden, welchen Effekt eine derartige Repräsentation haben kann. Dabei geht es um die Frage nach dem Verhältnis von (notwendiger) Repräsentation und Re-Präsentation (als Versuch der verändernden Darstellung von Repräsentationsverhältnissen). Bevor ich auf diese Frage eingehen werde, kann über die Analyse des zweiten MMC eine andere Variante der Repräsentation von Differenz nachgezeichnet werden.

## 2.2 Media Message Cartoon „Playing the same game"

Aus[12] dem Hintergrund kommt eine Stimme, die sich als Jim vorstellt. Sie sagt: „I am Jim and I'm the leader." Jim kommt in Großaufnahme frontal mit Kopf und

---

12  Der MMC beginnt mit dem gleichen Auftakt, wie der erste von mir dargestellte.

Oberkörper ins Bild. Er trägt ein blaues Cap, unter dem gelbe Haare hervorgucken und einen blauen langärmligen Pullover, der an den beiden Enden der Ärmel rot abgesetzt ist. In seiner rechten Hand hält er einen Stab, der von den sich abwechselnden Farben Rot, Blau und Weiß umkringelt ist. Am oberen und unteren Ende befindet sich eine Kugel. Als die Kamera wegzoomt, wird Jims gesamter Körper sichtbar. Er trägt eine blaue Hose und dunkelblaue Schuhe. Er steht und bewegt den Stab in seiner rechten Hand in Hüfthöhe in einer Bewegung, die eine Acht in die Luft malt. Die Kamera zoomt weiter zurück und eine weitere Person kommt in das Bild. Jim sagt: „Kim is banging on the drum." Kim sitzt hinter einer Trommel. Die Trommel ist von oben nach unten mit einem roten, weißen, blauen Streifen umzogen. Kim hält in jeder Hand einen Holzstick und schlägt diese abwechselnd auf die obere Fläche der Trommel. Ihre Augen folgen den Stöcken. Sie trägt einen langärmligen Pullover und eine gelbe Hose. Sie wendet ihren Kopf zu ihrer rechten Seite in die Richtung von Jim und zurück. Jim bewegt weiterhin seinen Stab. Beide sind nebeneinander positioniert. Jim sagt: „Jenny and Tom will play this game." Frontal stehen zwei weitere Personen in Großaufnahme zur Kamera. Links steht Tom. Er hat dunkelbraune Haare und trägt eine große blaue, runde Brille. Sein rechtes Auge ist durch ein blaues Pflaster beklebt. Sein Mund ist geschlossen und verläuft an den Enden nach unten. In seiner rechten Hand hält er einen Holzschläger, der in etwa die Größe seines Körpers hat. In seiner linken Hand hält er einen gelben Ball. Er trägt einen weiß und grün geringelten Pullover. An seiner linken Seite steht Jenny, die braune, kinnlange Haare trägt. Ihr Mund ist geschlossen und an den Enden nach unten verlaufend. Sie trägt einen langärmligen Pullover und eine Hose, die beide in Pink und Lila gehalten sind. Jim sagt: „They have their own fun." Jenny und Tom werden gezeigt, wie sie zusammen mit dem Schläger und Ball spielen. Jim sagt: „My stick gets stuck on the roof of the slide. I can't reach it there." Jim ist frontal in Großaufnahme im Bild. Die Kamera zoomt ihn weg und folgt damit seinem Stab, der durch Jims Wurf auf dem Dach eines Klettergerüsts landet. Kim hält die Holzsticks neben die Trommel und blickt zu Jim. Die Kamera zoomt wieder auf Jim, der mit seinen Augen nach oben links schaut und seinen Mund geschlossen hat. Jim sagt: „Tom comes running over. I'm feeling scaaared." Tom ist mit dem Rücken zur Kamera in Großaufnahme im Bild. In seiner rechten Hand hält er den Holzschläger an seiner rechten Körperseite hoch. Im Hintergrund ist Jim zu sehen. Die Kamera folgt Tom, wie er auf Jim zuläuft. Die Kamera läuft schneller als Tom direkt auf Jim zu, der bei dem Wort „scaaared" die Hände auf Schulterhöhe nach vorne nimmt und mit den Handinnenflächen Hin- und Herbewegungen Richtung Kamera macht. Sein Mund ist geöffnet und die Enden sind nach unten gezogen. Jim sagt: „He hooks my stick and knocks it down." Tom ist oben auf dem Klettergerüst und schiebt den Stab mit seinem Holzschläger nach unten auf den Boden. Jim sagt: „Tom smiles …" Tom ist frontal mit seinem Kopf und Oberkörper im Bild. In seiner rechten Hand hält er den Holzschläger, der an seinem oberen und unteren Ende jeweils aus dem Bild verschwindet. Jim sagt: „… and I do, too." Jim ist in Großaufnahme mit seinem Kopf und Oberkörper im Bild. Seine Augen sind groß aufgerissen und der Mund ist zu einem in sich zusammengezogenen „O" geformt. Mit einem Lidschlag zieht sich der Mund nach oben auf bis seine Zähne zum Vorschein kommen. Jim sagt: „All four of us together ..." Die vier Personen sind im Mittelpunkt des Bildes und stehen in einem Kreis. Sie halten sich an den Händen. Jim sagt: „... start again that new. Now we are all playing together. It's much more fun, ..." Die Kamera befindet sich im Kreis. Sie gehen im Uhrzeigersinn und laufen so nacheinander an der Kamera vorbei. Jim sagt: „... you see. All of us are different, it's what ..." Jim steht oben auf einer Rutsche und Jenny sitzt vor ihm. Jenny rutscht herunter und Jim hebt daraufhin seine rechte Hand, blickt hinter ihr her und winkt. Jim sagt: „...makes us you and me." Tom, Jenny und Kim stehen am Ende der Rutsche. Tom hält Jims Stab in Richtung der Rutsche nach oben. Auf der anderen Seite hält Kim Toms Holzschläger nach oben und Jenny, neben Kim stehend, blickt auch nach oben. Jim hält mit gespreizten Fingern seine Arme in die Luft. Er sitzt oben auf der Rutsche und rutscht herunter.

Wenngleich auch in diesem MMC verschiedene Differenzen relevant sind, werde ich auf eine dominante hin fokussieren. Zentral wird hier die ethnisch-religiöse Differenz zwischen Protestanten und Katholiken thematisiert. Die Art der Repräsentation unterscheidet sich insofern von dem vorherigen MMC, als dass visuelle Zeichen im Mittelpunkt stehen und das Verhältnis zwischen den beiden Gruppen als nicht-hierarchisch und darüber hinaus veränderbar gelesen werden kann. Der Anschluss an die gesellschaftlichen Ordnungsverhältnisse wird so impliziter und begünstigt möglicherweise eher eine Re-Präsentation.

*Eine (politisch) enthaltsame Repräsentation von Gruppenzugehörigkeiten*
Ist man nicht vertraut mit den symbolischen Zeichen der Gruppenzugehörigkeiten im Nordirland-Konflikt, so ließe sich dieses MMC als Geschichte zweier gleichgroßer Gruppen von Kindern verstehen, die zunächst getrennt voneinander sind, sich jedoch im Verlauf der Geschichte zusammen finden. Kontextualisiert man jedoch diese Narration, so wird schnell ihre (implizit) politische Dimension deutlich. Thematisiert wird hier *sectarianism*, der in Bezug auf Nordirland wie folgt verstanden werden kann: „Sectarianism in Ireland refers to all of those changing sets of ideas and practices which, whether intentionally or unintentionally, tend to construct and reproduce divisions and inequalities between ethnically-defined Catholics and Protestants" (Connolly/Maginn 1999, S. 7).
In diesem Zusammenhang kann der Nordirland-Konflikt sehr grob[13], wie folgt charakterisiert werden:

„Protestants who are the majority in Northern Ireland and tend to regard themselves as British; and Catholics who are the minority and tend to see themselves as Irish.

---

13 Die sehr viel komplexere und häufig je nach politischer und historischer Zugehörigkeit auch widersprüchlich erzählte Geschichte und Gegenwart Nordirlands wird m. E. in der deutschsprachigen Literatur sehr differenziert aus einer historisch-politischen Perspektive von Johannes Kandel aufgearbeitet, dargestellt und diskutiert (vgl. Kandel 2005).

Ultimately, it is a conflict about nationality with the majority of Protestants wanting Northern Ireland to remain part of the United Kingdom and the majority of Catholics wanting it to be re-united with the Republic of Ireland. Politically these divisions have been reflected in the fact that the major political parties in the region tend either to be Unionist (i.e. Protestant) or Nationalist (i.e. Catholic). The violent nature of the conflict has also led to the emergence of armed paramilitary groups that also reflect this broad dualism with Loyalists such as the UDA and UVF arising from the Protestant side, and Republicans, most notably the IRA and INLA, arising from the Catholic side" (Connolly 2003, S. 169f).

Kennzeichnend für *sectarianism* in diesem Kontext sind nun insbesondere Praxen, in denen bestimmte diese Differenz symbolisierende Zeichen verwendet werden, wie sich auch in diesem MMC zeigt: Jim trägt rot-blau-weiße Kleidung, die sowohl die britischen Farben, etwa der Flagge, aber auch die als britisch identifizierte schottische Fußballmannschaft Glasgow Rangers, repräsentiert. Auch die Gegenstände sind in diesen Farben gehalten. Bei dem Stab und der Trommel handelt es sich um Gegenstände, die während Paraden verwendet werden können. Auf der anderen Seite trägt Tom ein grün-weißes T-Shirt, das die irischen Farben und die Farben der als irisch identifizierten schottischen Fußballmannschaft Celtic Glasgow wiedergeben[14]. Der Holzschläger wird im irischen Hurling verwendet. Repräsentiert wird also über die Farben und Gegenstände Britisch- bzw. Protestantischsein im Gegensatz zu Irisch- bzw. Katholischsein. Erzählt wird insofern hier auch eine Geschichte des Nordirland-Konflikts. Jim ist dabei derjenige, der die Narration verbalisiert und sich als Anführer identifiziert. Er bildet eine Gruppe mit Kim, deren Farben ihrer Trommel seinem Stab entsprechen und die ihm körperlich nahe positioniert ist. Jim markiert Jenny und Tom über eine Tätigkeit („*play this game*"), über die Aussage ‚*Sie haben ihren eigenen Spaß'* und weiter über den Gegensatz „*they*" „*my*" als anders. Einen weiteren Hinweis auf die Qualität der Gruppendifferenz gibt das zentrale Ereignis, als Jims Stab auf dem Dach hängen bleibt und er Angst ausdrückt, als Tom auf ihn zu rennt. Verwendet wird sodann im Weiteren wiederum das Hilfe-Konzept als verbindendes Moment, das als Effekt zu einer neuen Gemeinschaft führt. Auffällig erscheint in diesem MMC, dass die Gruppen als mehrheitlich sich gleichgroß gegenüberstehend und neutral im Hinblick auf die verwendeten Symbole dargestellt werden. Lediglich das Moment der Angst charakterisiert das Verhältnis der Gruppen zueinander. Aber auch dies kann durch die Initiative eines Einzelnen schnell überwunden werden. Anders als zuvor im Hinblick auf die Repräsentation der chinesischen Community erscheint diese Thematisierung sehr viel enthaltsamer im Hinblick auf die Qualifizierung der

---

14 Die beiden schottischen Fußballmannschaften Celtic Glasgow und Glasgow Rangers symbolisieren den Nordirland-Konflikt.

Differenz, was sich zum Beispiel darin zeigt, dass keine Position im Hinblick auf eine mögliche hierarchische Positioniertheit der Gruppen zueinander bezogen wird.

*Eine nicht-essentialistische Repräsentation von Differenz*
Neben dieser Enthaltsamkeit in Bezug auf die Charakterisierung der Differenz zeigt sich im Unterschied zum vorherigen MMC, dass die politische Dimension und die in diesem Kontext politisierten Bedeutungen der verwendeten Symbole nicht zusätzlich verbalisiert (bei Kim wird Haut explizit zum Ausgrenzungskriterium) werden und insofern impliziter bleiben. Die symbolische Funktion der Zeichen muss gekannt werden, um die politische Dimension (die zweifelsohne nicht weniger gravierend ist) verstehen zu können.
Weiter ereignet sich zwar zunächst über die Verwendung kultureller Symbole eine Kulturalisierung[15] der Differenz, jedoch findet in der neu entstehenden Gemeinschaft am Ende ein Austausch dieser Symbole statt. Die hier relevante Zugehörigkeit wird also – anders als zuvor in Bezug auf Haut – nicht essentialistisch repräsentiert, was grundlegende Veränderungsmöglichkeiten zumindest anlegt. Im Unterschied also zum vorherigen MMC, in dem Hautfarbe essentialisiert wird und Veränderung über die Anerkennung bzw. Respekt von essentialistischer Differenz versucht wird herzustellen, zeigt sich hier das Moment der Veränderung in differenter Weise: Die kulturellen Symbole können weiter gegeben werden. Vermischung wird möglich.

## 3    Zum Problem (pädagogischer) Re-Präsentation unter Differenzbedingungen

Die pädagogische Dimension der hier behandelten Frage nach der Repräsentation von Differenz zeigt sich insbesondere dann, wenn *Präsentation* und *Repräsentation* als konstitutive Momente pädagogischer Situationen verstanden werden. Mollenhauer (1983) führt in seinem Entwurf einer Allgemeinen Pädagogik diese beiden Momente – neben drei anderen – als solche aus. So zeigt er – wenngleich in einer z. T. recht strukturalistisch anmutenden und die Generationendifferenz affirmierenden Art und Weise – dass „ein elementarer Akt pädagogischer Präsentation *die Gesten des „Zeigens"* sind, sei es in Worten, sei es mit den Mitteln der Körpersprache; daß den Gesten des Zeigens eine *sinnhafte Ordnung* zugrunde liegt, daß sie ein *strukturiertes* „Zeigen" sind; daß die Struktur

---

15    Die Bedeutsamkeit dieser kulturellen Symbole soll hier keinesfalls verharmlost werden, da sie immer wieder auch zum Anlass gewaltsamer Auseinandersetzungen wurden und bis heute werden.

dieses Zeigens in den *Lebensformen* verankert ist" (Mollenhauer 1983, S. 68, Herv. i. O.). Jede pädagogische Situation sei insofern davon gekennzeichnet, dass „die Erwachsenen" „dem Kinde" eine bestimmte Ordnung der Welt präsentieren, ihre Welt bzw. ihre Lebensformen.

> „Das gelingt jedoch nur durch *Sprache*, bzw. durch strukturierte Handlungen, in denen von Erwachsenen einerseits „jene Sache(n) von ihnen bezeichnet" werden, andererseits aber auch solche Bezeichnungen „in allerlei *Sätzen* an ihrer bestimmten Stelle" vom Kinde immer wieder gehört werden. Das heißt: Die Ordnung, die Struktur der durch „Hinweisung" hervorgebrachten Aufmerksamkeitsrichtung des Kindes wird in Sätzen der Sprache *präsentiert*. Und daß diese Präsentation in *Sätzen* erscheint, heißt, daß sie eine *Deutung* ist" (ders. 1983, S. 32, Herv. i. O.).

Die (sprachliche) Struktur und damit die repräsentierten Lebensformen sind also immer schon Interpretationen von der Welt, die bestimmte Ordnungen und Systematisierungen, die sich historisch herausgebildet haben und in Lebensweisen niederschlagen, zeigen und insofern in sozialen und damit auch pädagogischen Situationen präsentiert werden. Mollenhauer unterscheidet diesen ersten elementaren pädagogischen Schritt der *Präsentation* einer Lebensform von dem Moment der *Repräsentation*. Geschieht Präsentation immer schon quasi automatisch, weil es keine Nicht-Präsentation geben kann, so versteht er hierunter die Abbildung von Welt und damit von denjenigen Aspekten der Lebensform, die „dem Kinde" nicht zugänglich sei: „Pädagogik, so könnte man sagen, ist seit 300 Jahren die Welt „noch einmal", und zwar in stilisierten Abbildungen, ein gewaltiges ästhetisch-symbolisches Unternehmen, eine Art Riesen-Collage, die inzwischen (...), im Weltmaßstab betrieben wird" (Mollenhauer 1983, S. 53, Herv. i. O.).

Daraus ergibt sich nun jedoch das Problem, dass einerseits darüber entschieden werden muss, was die „rechte Lebensform" ist und somit dem Kinde repräsentiert werden soll, und wie diese Lebensform „richtig" repräsentiert werden kann (vgl. ders. 1983, S. 69). Dies markiert Mollenhauer als grundlegendes Problem der Repräsentation. In Abgrenzung von Comenius, der von der Abbildbarkeit einer rechten Ordnung ausgeht, plädiert Mollenhauer jedoch – auch aus der Erfahrung der Totalisierung dieser Gedanken – für die Anerkennung der Nicht-Repräsentierbarkeit von Welt als pädagogische Orientierung:

> „Wenn wir den Kindern die „Welt zeigen", dann zeigen wir ihnen nicht die Welt, sondern das, was wir dafür halten, und das, was uns an dem, was wir für die Welt halten, Kindern zeigenswert oder zuträglich *erscheint*. Die Grundformel für das, was

*heute* pädagogische Repräsentation sein kann, wäre also, dass wir Kindern sagen: „Ceci n'est pas le monde[16]„. Nur ein Abbild, nur eine Spiegelung. Und dann entsteht (…) die Frage: *Was* soll abgebildet werden, *wie* soll es abgebildet werden, damit es sinnlich erfassbar ist, und *auf welche Weise* soll das motivationsstiftend geschehen?" (ders. 1983, S. 77, Herv. i. O.).

Mollenhauers Unterscheidung von *Präsentation* und *Repräsentation* lenkt den Blick unter dem Begriff der Repräsentation auf pädagogisch motivierte Versuche der Abbildung von Welt. Wenngleich pädagogische Repräsentation dabei immer nur ein Abbild der Welt ist und insofern eine Interpretation, zeigt sich in der Interpretation der MMCs jedoch, inwiefern historisch gewachsene Interpretationen und damit Strukturen der Welt sich wiederholen. An diesem Beispiel ist deutlich geworden, dass die Thematisierung von Differenz letztlich immer auch bestehende Abbildungen, die sich nicht nur in sprachlichen, sondern auch in gesellschaftlichen Strukturen manifestiert haben, wiederholen. Gezeigt haben sich darin auch Entscheidungen darüber, was und wie abgebildet werden soll und welche Lebensformen als ‚rechte' gelten. Dabei ist das besondere an diesen MMCs, dass sie nicht nur versuchen abzubilden, wie die Welt ist, sondern auch, wie sie sein sollte. Deutlich geworden ist, dass dabei Verweise verwendet werden, die nicht zufällig sind, sondern an soziale Ordnungsverhältnisse und damit Strukturen anschließen. Gleichzeitig wird dabei aber auch der Versuch unternommen ein ‚anderes' Bild zu zeichnen. Repräsentiert werden damit Lebensformen, die für Kinder wünschenswert erscheinen. Die Lebensformen, um die es hier geht, sind eng verknüpft mit Vorstellungen von Identität und Zugehörigkeit. Versucht abzubilden wird hier also eine (neue) Version von Zugehörigkeitsverhältnissen, die versucht, Einfluss zu nehmen und damit in Auseinandersetzung um Zugehörigkeitsgrenzen (vgl. Broden/Mecheril 2007) tritt. Das Problem der Repräsentation lässt sich insofern dahingehend zuspitzen, als dass in der Entscheidung dafür, welche Lebensform wie abgebildet werden soll, immer auch Repräsentationen von Zugehörigkeits- und damit gesellschaftlichen Machtverhältnissen geschehen. Die MMCs repräsentieren damit immer auch Aushandlungen darüber *„ Wer wir sind"*.
Eingewendet werden mag vielleicht, dass Menschen in ihren frühen Lebensjahren *noch nicht* um die politische Dimension derjenigen Zugehörigkeitsverhältnisse wissen, die ihnen abgebildet werden. Dem ließe sich jedoch anhand einer ethnographisch angelegten Studie in Nordirland von Connolly/Healy (2004) entgegnen, dass Kinder bereits in ihren frühen Jahren, um die Bedeutung bestimmter Symbole wissen. Theoretisch kann mit Mollenhauer gleichzeitig festgehalten werden, dass kulturelle Bedeutungen und damit Bedeutungsstrukturen

---

16  In Anlehnung an René Magrittes Bild einer Pfeife mit dem Untertitel „Ceci n'est pas une pipe."

in jeglichen sozialen Situationen präsentiert und damit auch angeeignet werden. So beginnen auch Menschen sich in ihren frühen Jahren Bedeutungen anzueignen. Im Vergleich der beiden MMCs hat sich gezeigt, dass in dem ersten MMC sehr viel eindeutiger an ein essentialistisches Verständnis einer rassismusrelevanten Differenz angeschlossen und im Modus der Anerkennung versucht wird, für Ausschluss irrelevant gemacht zu werden. Hierbei hat sich gezeigt, dass bestehende Zugehörigkeitsverhältnisse Gefahr laufen bestätigt zu werden. Im zweiten hingegen ist dies un-eindeutiger und sieht die Möglichkeit der Vermischung und Veränderung von Zugehörigkeitsverhältnissen vor. Im Anschluss an diese Lesarten der beiden pädagogischen Medientexte ließe sich nun in Anlehnung an Mollenhauer fragen: War es das, was in dieser Weise abgebildet werden sollte? Diese Frage bleibt letztlich die einzige Möglichkeit, mit dem Problem der Repräsentation in der Pädagogik umzugehen: eine selbstreflexive Schleife, die die (unmögliche) Abbildung immer wieder auf ihre repräsentierten Lebensformen hin befragt.

**Literatur**

Alanen, L. (2005): Kindheit als generationales Konzept. In: Hengst, H./Zeiher, H. (Hg.): Kindheit soziologisch. Wiesbaden: VS Verlag, S. 65-82.

Broden, A./Mecheril, P. (2007): Migrationsgesellschaftliche Re-Präsentationen. Eine Einführung. In: Broden, A./Mecheril, P. (Hg.): Re-Präsentationen: Dynamiken der Migrationsgesellschaft. Düsseldorf: IDA-NRW, S. 7-28.

Castro Varela, Do Mar M./Dhawan, N. (2005): Postkoloniale Theorie. Eine kritische Einführung. Bielefeld: transcript Verlag.

Chan, S. (2006): „God's little acre" and „Belfast Chinatown": Diversity and Ethnic Place Identity in Belfast. Paper presented at the First EURODIV Conference „Understanding diversity: Mapping and measuring", Milan on 26-27 January 2006. http://www.feem.it/NR/rdonlyres/AA697E04-255B-4D55-B9CB-7BE439913E99/1945/5506.pdf (Stand: 09.07.2009: 8.30 Uhr)

Connolly, P. (2009): Developing programmes to promote ethnic diversity in early childhood: Lessons from Northern Ireland. Working Paper No. 52. The Hague, The Netherlands: Bernard van Leer Foundation.

Connolly, P. (2003): The development of young children's ethnic identities. Implications for early years practice. In: Vincent, C. (Hg.): Social Justice, Education and Identity. London: Routledge Falmer.

Connolly, P. (2002): 'Race' and Racism in Northern Ireland: A Review of the Research Evidence. Belfast: Office of the First Minister and Deputy First Minister.

Connolly, P./Fitzpatrick, S./Gallagher, T./Harris, P. (2006): Addressing diversity and inclusion in the early years in conflict-affected societies: A case study of the Media

Initiative for Children – Northern Ireland, International Journal for Early Years Education, 14(3), S. 263-278.

Connolly, P./Healy, J. (2004): Children and the Conflict in Northern Ireland: The Experiences and Perspectives of 3-11 Year Olds. Belfast: Office of the First Minister and Deputy First Minister.

Connolly, P./ Maginn, P. (1999): Sectarianism, Children and Community Relations in Northern Ireland. Coleraine: Centre for the Study of Conflict, University of Ulster. http://www.paulconnolly.net/publications/report_1999b/index.htm (Stand: 31.07.09: 10.46 Uhr)

Early Years – the organisation for young children: Respecting Difference. Handreichung zur Media Initiative for Children. Northern Ireland.

Fitzpatrick, S./Mearns, E. (2007): Nothern Ireland: Siobhan Fitzpatrick's and Eleanor Mearns's Story. In: Connolly, P./Hayden, J./Levin, D. (Hg.): From Conflict to Peace Building: The Power of Early Childhood Initiatives – Lessons from around the World. Redmond, WA: World Forum Foundation.

Hall, S. (2009a): Introduction. In: Hall, S. (Hg.): Representation. Cultural Representations and Signifying Practices. 9. Auflage. SAGE Publications: London/Thousand Oaks/New Delhi, S. 1-11.

Hall, S. (2009b): The Work of Representation. In: Hall, S. (Hg.): Representation. Cultural Representations and Signifying Practices. 9. Auflage. London/Thousand Oaks/New Delhi: SAGE Publications, S. 13-74.

Hall, S. (2009c): The Spectacle of The 'Other'. In: Hall, S. (Hg.): Representation. Cultural Representations and Signifying Practices. 9. Auflage. London/Thousand Oaks/New Delhi: SAGE Publications, S. 223-290.

Hall, S. (2004a): Kodieren/Dekodieren. In: Koivisto, J./Merkens, A. (Hg.): Stuart Hall. Ideologie, Identität, Repräsentation. Ausgewählte Schriften 4. Hamburg: Argument Verlag, S. 66-80.

Hall, S. (2004b): Reflektionen über das Kodieren/Dekodieren-Modell. Ein Interview mit Stuart Hall. In: Koivisto, J./Merkens, A. (Hg.): Stuart Hall. Ideologie, Identität, Repräsentation. Ausgewählte Schriften 4. Hamburg: Argument Verlag, S. 81-107.

Hoffarth, B. (2009): Performativität als medienpädagogische Perspektive. Wiederholung und Verschiebung von Macht und Widerstand. Bielefeld: transcript Verlag.

Kandel, J. (2005): Der Nordirlandkonflikt. Von seinen historischen Wurzeln bis zur Gegenwart. Bonn: Dietz.

Kattmann, U. (1999): Warum und mit welcher Wirkung klassifizieren Wissenschaftler Menschen? In: Kaupen-Haas, H./Saller, C. (Hg.): Wissenschaftlicher Rassismus. Analysen einer Kontinuität in den Human- und Naturwissenschaften. Frankfurt a.M./New York: Campus Verlag, S. 65-83.

Kelle, H. (2005): Kinder und Erwachsene. Die Differenzierung von Generationen als kulturelle Praxis. In: Hengst, H./Zeiher, H. (Hg.): Kindheit soziologisch. Wiesbaden: VS Verlag, S. 83-108.

Mac Naughton, G. M. (2006): Respect for diversity. An international overview. Berhard van Leer Foundation: den Haag. http://www.bernardvanleer.org/publication_store/-publication_store_publications/respect_for_diversity_an_international_overview/file (Stand: 15.07.09: 11.00 Uhr)

Manwah Watson, A./McKnight, E. (1998): Race and Ethnicity in Northern Ireland: The Chinese Community. In: Hainsworth, P. (Hg.): Divided Societies: Ethnic Minorities and Racism in Northern Ireland. London: Pluto Press, S. 127-151.

Mecheril, Paul (2003): Prekäre Verhältnisse. Über natio-ethno-kulturelle (Mehrfach-) Zugehörigkeit. Interkulturelle Bildungsforschung. Band 13. Münster: Waxmann.

Mecheril, P./Witsch, M. (2006): Cultural Studies, Pädagogik, Artikulationen. Einführung in einen Zusammenhang. In: Mecheril, P./Witsch, M. (Hg.): Cultural Studies und Pädagogik. Kritische Artikulationen. Bielefeld: transcript Verlag, S. 7-19.

Mollenhauer, K. (1983): Vergessene Zusammenhänge. Über Kultur und Erziehung. München: Juventa Verlag.

Peace Initiatives Institute (Pii, USA): http://www.pii-mifc.org/. (Stand: 09.07.2009: 8.35 Uhr)

Winter, R. (2001): Ethnographie, Interpretation und Kritik. Aspekte der Methodologie der Cultural Studies. In: Göttlich, U./Mikos, L./Winter, R. (Hg.): Die Werkzeugkiste der Cultural Studies. Perspektiven, Anschlüsse und Interventionen. Bielefeld: transcript Verlag, S. 43-62.

# „Celebrate Diversity" – Eine qualitative Studie über Kulturenvielfalt an kanadischen Schulen

*Jessica Löser*

Weltweit verzeichnen viele Schulen auf Grund von Migrationsprozessen einen Zuwachs an einer kulturell heterogenen Schülerschaft. Von internationalen Vergleichsstudien lässt sich ableiten, dass die Schulen in den verschiedenen Staaten unterschiedlich erfolgreich in der Förderung dieser Kinder und Jugendlichen sind. Während Schüler/innen mit Migrationshintergrund in Deutschland auffällig niedrige Ergebnisse erzielen, erhalten sie in Kanada weitaus bessere Ergebnisse, wie z.b. die Auswertung der PISA-Daten 2003 durch die OECD (2006) zeigt. Auch in Schweden erreichen Schüler/innen mit Migrationshintergrund, die innerhalb und deren Eltern außerhalb des Aufnahmelandes geboren sind, bessere Ergebnisse als in Deutschland (vgl. ebd.). Die Diskussion um eine Erhöhung der Leistungsfähigkeit dieser Schülerschaft wird in Deutschland schon seit Langem geführt. Kritisch wird wiederholt aufgezeigt, dass ausländische Schüler/innen an Gymnasien unterrepräsentiert und an Haupt- und Förderschulen überrepräsentiert sind (vgl. z.B. Kornmann/Kornmann 2003; Diefenbach 2004; Werning/ Löser/Urban 2008). Kontrovers wird diskutiert, ob die Herkunftskulturen der Kinder und ihrer Familien aus der Perspektive der Ressource, der Bereicherung oder der Assimilation gesehen werden sollten (vgl. Banks 2004; Diehm/Radtke 1999; Esser 2006; Mecheril 2004).

Im Zuge dieser Diskussion ist herauszustellen, dass der Umgang mit der Kulturenvielfalt stark vom jeweiligen nationalen Kontext geprägt ist. Folglich werden in verschiedenen europäischen und außereuropäischen Staaten unterschiedliche Antworten gefunden, wie durch die vielfältigen Beiträge dieses Bandes deutlich wird. In vielen europäischen Staaten wird, basierend auf der Annahme eines ethnisch-kulturell homogenen Nationalstaates, häufig von einer monokulturellen und monolingualen Schülerschaft ausgegangen (mit Variationen in den jeweiligen Staaten) (vgl. Gogolin 2002a). Dies kann für die Schülerschaft mit Migrationshintergrund nachteilig sein, da sie aus dieser Perspektive als *anders* zur Schülerschaft ohne Migrationshintergrund wahrgenommen wird (vgl. Mecheril 2004). Entsprechend zeigt Gogolin (2002b, S. 154) kritisch auf, dass viele nationalstaatlich verfasste Bildungssysteme in Europa „Mechanismen [enthalten], die dazu führen, dass die ‚eigenen Staatsbürger' besser gestellt sind als Menschen anderer sprachlicher und kultureller Herkunft" (vgl. auch Diehm/Radtke 1999, S. 104ff.; Gomolla/Radtke 2002; Gomolla 2005). Das Lenken der Aufmerksamkeit auf die Kulturenvielfalt im schulischen Kontext wird vor diesem Hintergrund kritisch gesehen, da es das Risiko der Ausgrenzung von der Mehrheitsgesellschaft in sich birgt.

Zu fragen ist an dieser Stelle jedoch, ob in anderen nationalen Kontexten andere Reaktionen in Bezug auf eine migrationsbedingte kulturell heterogene Schülerschaft zu finden sind. Eine transatlantische Sicht kann neue Perspektiven eröffnen und andere institutionalisierte Umgangsweisen auf Einwanderung im gesellschaftlichen und schulischen Kontext verdeutlichen. Vor diesem Hintergrund wird im Rahmen dieses Beitrags der Umgang mit Kulturenvielfalt an Schulen in Kanada auf Grundlage der Ergebnisse einer qualitativ angelegten Vergleichsstudie (vgl. Löser 2009) betrachtet.[1] In der Studie wurde der Fokus auf die bildungspolitischen und schulischen Umgangsformen in Kanada, Schweden und Deutschland gerichtet. Die Unterschiede zwischen den drei Staaten (z.B. in Bezug auf die Reaktionen von Lehrpersonen auf kulturelle Differenzen) und mögliche Erklärungen für das pädagogische Handeln standen dabei im Zentrum (ähnlich wie in den Studien von Allemann-Ghionda 2002 und Gogolin/Nauck 2000). Mit Hilfe eines qualitativ angelegten Forschungsdesigns wurden neue und vertiefende Einsichten in den schulischen Umgang mit kultureller und sprachlicher Heterogenität in den drei nationalen Kontexten erworben. Vor diesem Hintergrund wurden Experten-Gruppendiskussionen mit Lehrpersonen und Experteninterviews mit Schulleitungen durchgeführt (vgl. Meuser/Nagel 1994) und mit Hilfe der Qualitativen Inhaltsanalyse (vgl. Mayring 2003) ausgewertet. Im Rahmen dieses Artikels wird ausschließlich die Situation in Kanada näher betrachtet. Daher wird im Folgenden ein Einblick in die kanadische Migrationsgeschichte gegeben und der integrationspolitische Ansatz dargestellt. Dies stellt die Grundlage für die Analyse der bildungspolitischen und schulischen Situation dar. Anhand von Interviewzitaten werden die institutionalisierten Umgangsweisen im schulischen Kontext in Bezug auf Kinder mit Migrationshintergrund veranschaulicht. Daran schließt sich ein Fazit zu dem kanadischen Motto „Celebrate Diversity" an.

---

1   Die Studie ist mit Unterstützung des „DAAD Doktorandenstipendiums" entstanden.

# 1 Einblick in die Migrationsgeschichte Kanadas

Neben den *First Nations* (kanadische Ureinwohner) und den *Founding Nations* (die Siedler/innen aus Großbritannien und Frankreich) ist die lange Einwanderungsgeschichte Kanadas bis heute prägend für die kanadische Politik und Gesellschaft (vgl. Geißler 2003, S. 19f.; Wilson/Lam 2004, S. 15f.). In Kanada ist ein großer Anteil an Menschen mit Migrationshintergrund anzutreffen: Im Jahr 2005 beispielsweise waren 19,1% der Bevölkerung außerhalb Kanadas geboren (vgl. OECD 2007). Seit Ende der 1960er Jahre nahm die Anzahl der Migranten/innen aus Europa ab und aus Asien, Afrika, Zentral- und Südamerika zu. Bei der Gruppe der in Asien Geborenen (bezieht den Mittleren Osten mit ein) ist ein besonders deutlicher Anstieg zu verzeichnen. Im Jahr 2006 waren sie die größte Einwanderungsgruppe (58,3%) (vgl. Statistics Canada, Minister of Industry 2007, S. 5, 9; 2003, S. 6).[2] Ähnlich zu anderen Einwanderungsländern siedelt sich die Mehrzahl der Migranten/innen in den Großstädten wie Toronto, Vancouver und Montréal an (vgl. ebd.). Toronto hat sich zur kulturell heterogensten Stadt der Provinz Ontario und auch des gesamten Landes entwickelt (vgl. City of Toronto 2008a). Dies wird als Ressource gesehen. So präsentiert die Stadt ihr Motto wie folgt: „Diversity is our strength" (City of Toronto 2008b, o.S.). Vielfalt wird folglich positiv wahrgenommen.

# 2 Integrationspolitischer Ansatz in Kanada

Weltweit ist Kanada für eine wertschätzende Haltung in Bezug auf Migration bekannt. Als klassisches Einwanderungsland wurde sich auf politischer Ebene frühzeitig mit integrationspolitischen Konzepten auseinandergesetzt. Eine vertiefte Betrachtung des kanadischen Umgangs mit Kulturenvielfalt verdeutlicht jedoch, dass zu Beginn des 20. Jahrhunderts zunächst überwiegend assimilierende Konzepte zu finden waren. Ebenfalls waren ethnische Konflikte im Umgang mit Migranten/innen festzustellen, die sich u.a. gegenüber der aus China kommenden Arbeiterschaft für den Eisenbahnbau zeigten (vgl. Geißler 2003, S. 22).

Die heutzutage bekannte wertschätzende Haltung Kanadas gegenüber Migranten/innen hat sich nach und nach entwickelt. Zu nennen ist die in den 1970er Jahren implementierte Politik des Multikulturalismus. In diesem Kontext wird häufig das „cultural mosaic" hervorgehoben (Wilson/Lam 2004, S. 15). Im Jahr 1971 wurde diese Idee von Premierminister Pierre Trudeau in seiner Regie-

---

2   Basierend auf einem Bewertungssystem nach Punkten für Qualifikation von Einwander/innen wird eine am ökonomischen Nutzen orientierte Auswahl von Zuwander/innen vorgenommen (vgl. Harzig 2004, S. 216).

rungserklärung aufgenommen und 1988 in der neuen kanadischen Verfassung verabschiedet. Kanada hat sich damit als erster Staat verfassungsrechtlich zum Multikulturalismus verpflichtet und grenzt sich so von vielen anderen Staaten ab (vgl. Geißler 2003, S. 22; Harzig 2004, S. 252ff.).

Zugleich sind auch Schwierigkeiten festzustellen: Einige Minderheitengruppen werden weiterhin benachteiligt, z.b. die sog. *visible minorities* (vgl. Steiner-Khamsi 1992, S. 147). So stellen beispielsweise die *First Nations* heutzutage nur noch eine Minderheit dar und leben häufig unter schwierigen Bedingungen (vgl. Geißler 2003, S. 19). Diesen Prozessen wird aktiv entgegenzuwirken versucht, um Diskriminierungen von Minderheitengruppen zunehmend zu überwinden.

Für den vorliegenden Beitrag ist es relevant herauszustellen, dass die derzeit aktuelle Politik des Multikulturalismus der Gesellschaft Möglichkeiten eröffnet, die vorhandene Kulturenvielfalt nicht zu überwinden, sondern sie zu „zelebrieren" (vgl. Geißler 2003; Hormel/Scherr 2005). Vielfalt und die damit einhergehenden unterschiedlichen Kompetenzen innerhalb der kanadischen Gesellschaft, z.b. Sprachenvielfalt, werden als Ressource betrachtet (vgl. Hormel/Scherr 2005; Löser 2009). Die Mehrheit der Bevölkerung, so Geißler (2003), befürwortet das Konzept des Multikulturalismus. Es wird als positiv gesehen, dass die kulturelle Vielfalt nicht verneint, sondern im Gegenteil aufgegriffen und gefördert wird. Die Bereicherung des *kanadischen Mosaiks* durch neue Kulturen stellt damit einen wesentlichen Bestandteil des nationalen Selbstverständnisses der kanadischen Gesellschaft dar (vgl. ebd.; Steiner-Khamsi 1992, S. 128; Löser 2009). In diesem Zuge werden Schlagworte, wie *Celebrate Diversity*, öffentlich herausgestellt und in den Medien transportiert. So ist es zu verstehen, dass die Kulturenvielfalt national „gefeiert" wird und dies nicht – wie oben für den europäischen Kontext dargestellt – zwangsläufig zur Ausgrenzung führt (vgl. Geißler 2003; Löser 2009).

## 3    Einblick in den bildungspolitischen Umgang mit Kulturenvielfalt in Kanada

Das gesellschaftliche Feiern von Kulturenvielfalt findet sich auch auf der bildungspolitischen und schulischen Ebene provinzübergreifend wieder (vgl. Barth/Heimer/Pfeiffer 2008, S. 88). Beispielsweise orientiert sich die curriculare Gestaltung und Schulkonzeptarbeit in vielerlei Hinsicht an der Pluralität der Gesellschaft (vgl. Hormel/Scherr 2005). Es wird versucht, die *communities* der Schule bewusst in die schulische Arbeit einzubeziehen, um so die vorhandene Vielfalt des Stadtteils gezielt aufzugreifen und zu fördern. Vielfach werden Unterrichtsangebote für die Sprachen der jeweiligen *community* angeboten (vgl. ebd.). In der Provinz Ontario, welche den größten Anteil der ankommenden Einwandererschaft aufnimmt, wurde die Ausrichtung der schulischen Arbeit an einer multikulturellen Gesellschaft bereits im Jahr 1993 in den Richtlinien *Antiracism and Ethnocultural Equity in School Boards: Guidelines for Policy Development and Implementation* verdeutlicht: Im Vordergrund steht, nicht nur die Förderung der Kompetenzen eines jeden Kindes umzusetzen, sondern auch die jeweilig kulturelle und ethnische Identität zu stützen (vgl. Ontario Ministry of Education 1993, S. 5). Diese Ausrichtung zieht sich inhaltlich durch alle schulischen Maßnahmen. Als Ziel wird formuliert, allen Kindern gute und gleichberechtigte Bildungschancen, unabhängig von ihrer Herkunft, zu ermöglichen. Hierfür werden den verschiedenen Schulbezirken konkrete Handlungsanleitungen eröffnet und das vielfach zu Grunde liegende westliche Wertesystem kritisch hinterfragt. Die curricularen Vorgaben sollen derart modifiziert werden, dass eine kulturell und ethnisch vielfältige Gesellschaft gleichberechtigt im regulären Unterricht repräsentiert wird (vgl. ebd.).

Der Schulbezirk in Toronto mit der kulturell und sprachlich heterogensten Schülerschaft der Provinz, fällt diesbezüglich besonders positiv auf. In diesem Schulbezirk wird vielfach auf stattfindende Diskriminierungen aufmerksam gemacht und diese abzubauen versucht. Dieses geschieht u.a. mit Hilfe des *Equity Foundation Statement & Commitments to Equity Policy Implementation*. Zentral ist für die Arbeit in den Schulen Torontos, dass nicht nur die Differenzlinien Kultur und Sprache aufgezeigt werden, sondern viele Weitere. Die Überwindung von Diskriminierungen in diesem Schulbezirk richtet sich an alle von Benachteiligung bedrohten Minoritätengruppen. Folglich findet keine Reduzierung auf kulturelle Aspekte statt. Die pluralistische Gesellschaft wird wahrgenommen und als Chance zu nutzen versucht. Konkrete Hilfestellungen für die Familie und die Schule erleichtern die pädagogische Zusammenarbeit (vgl. auch Barth/Heimer/Pfeiffer 2008, S. 89f.; Rutkowsky 2008, S. 134ff.). Zu nennen ist hier beispielsweise der *Settlement Worker in School*, der explizit Familien bei der gesellschaftlichen Teilhabe zu helfen versucht, indem eine Brücke zwischen Familie und Schule hergestellt wird (vgl. Löser 2008; Ontario Council of Agencies Serving Immigrants 2005). Im Rahmen der qualitativen Studie von Löser (2009) zeigt sich, dass sich die positive Grundhaltung in Bezug auf eine pluralistische Gesellschaft in den Gruppendiskussionen zwischen Regelschullehrkräften, Sonderpädagogen/innen und Zweitsprachlehrkräften in ähnlicher Form wiederfinden lässt. Auch hier kommt die Grundhaltung „Celebrate Diversity" zum Tragen.

## 4    Einblick in den schulischen Umgang mit Kulturenvielfalt in Kanada

Die durch die Politik des Multikulturalismus geforderte Aufrechterhaltung und das *Feiern* der Kulturenvielfalt finden sich auf vielfältige Weise in den Äußerungen der Lehrpersonen wieder, in denen sie ihr pädagogisches Handeln beschreiben. Im Sinne des kulturellen Mosaiks werde nicht nur akzeptiert, dass Migranten/innen die Kulturen- und Sprachenvielfalt ausbauen, es sei sogar gesellschaftlich erwünscht. So hebt eine Lehrkraft in der Gruppendiskussion in Bezug auf die alltägliche Arbeit in heterogenen Klassen hervor: „And for everybody in the classroom to know that this [speaking another language; J.L.] is great. That the expectation doesn't need to be that they have to speak English all of the time."[3]

Die Sprachen- und auch Kulturenvielfalt wird als Ressource dargestellt. Eine Ressource sei beispielsweise die Sprachenvielfalt daher, weil die Herkunftssprache für den persönlichen und familiären Gebrauch sowie für spätere berufliche Chancen hilfreich sei. „(...) speaking another language should be celebrated (...). Those students at the end of their academic career in public school can speak English, French, and their first language. That's an amazing asset."

Zudem wird herausgestellt, dass das Aufnehmen neuer Kulturen in die kanadische Kultur eine Bereicherung für die kanadische Gesellschaft sei. Einige Lehrpersonen ziehen die Integrationsphilosophie als eine Erklärung für schulischen Erfolg von Kindern mit Migrationshintergrund heran: „So it [success in school of immigrants; J.L.] depends on the national philosophy of the country."

Es zeigt sich in den Interviews eine positive Einstellung gegenüber Migranten/innen, die die kulturellen Unterschiede akzeptiert und wertschätzt, solange die Rechte des Einzelnen nicht verletzt werden. Im Mittelpunkt stehe, allen Beteiligten eine positive Erfahrung zu ermöglichen. Die Zusammenarbeit mit Übersetzer/innen gehört zur alltäglichen Arbeit. Die Lehrpersonen sollen entsprechend anerkennend mit einer heterogenen Schülerschaft und ihren Familien umgehen können. „I've heard someone say, if you can't do that, you're not at the right school. In this school you have to be really sensitive and accommodating to everyone's needs. And you come together and you make it work in some way."

Die Lehrpersonen beschreiben es als ihre Aufgabe, Kinder ihrer Schule dahinzuführen, mit der großen Heterogenität reflektiert umgehen zu können. Kulturelle Feste und Traditionen werden in der Schule aufgegriffen und gefeiert. Ziel sei es, einen respektvollen Umgang in der Schule und auch in der Gesellschaft zu erreichen. Die Kinder sollen in der Schule für Heterogenität sensibilisiert werden und mit Hilfe von Informationsgewinn, z.B. über die Tradition verschiedener

---

3    Alle hier angeführten Interviewzitate von Lehrpersonen stammen aus der Studie Löser (2009).

Feste, zu einer eigenen Meinung gelangen, die andere Positionen respektiere: „And I think it comes down to tolerance and respect and acceptance and all." Dabei wird sich an inklusiven Prinzipien orientiert. Neben der ethnischen, kulturellen und sprachlichen Vielfalt werden durch die Lehrpersonen viele weitere Aspekte der Heterogenität angeführt. Die in den Interviews zum Ausdruck gebrachte pluralistische Grundhaltung, die eine ressourcenorientierte Sichtweise auf eine heterogene Schülerschaft mit sich bringt, stellt einen Konsens zwischen den interviewten Lehrkräften dar. Aufzuzeigen ist, dass „Kulturen" nicht als statisch, sondern durch die Lehrpersonen als dynamisch beschrieben werden. Die Mischung von Kulturen wird aus ihrer Sicht ermöglicht und ist erwünscht. Sowohl die Aufnahmekultur als auch die Herkunftskulturen werden in den Interviews überwiegend als prozessual und veränderbar beschrieben. Es werden Begriffe wie „*Tapestry*" und „*Canadian Mosaic*" verwendet, welche verdeutlichen, dass seitens der Mehrheitsgesellschaft die Bereitschaft für Veränderungen ermöglicht und Neues willkommen geheißen wird. Aus dieser Perspektive begründen die Lehrkräfte ihre anerkennende und wertschätzende Haltung für Kulturenvielfalt im bildungspraktischen und bildungspolitischen Kontext. Der schulischen Heterogenität wird folglich nicht mit der Idee der Exklusion, sondern mit der Idee der schulischen Inklusion begegnet.

## 5    „Celebrate Cultural Diversity" – Ein Fazit

Auf Grund der hohen Einwanderungszahlen ist Kanada seit Langem mit „Migration" in schulischen und gesellschaftlichen Kontexten konfrontiert. Anstatt – wie in Deutschland – das Konzept der Assimilation zu verfolgen, werden das Miteinander und gemeinsame Feiern von Sprachen- und Kulturenvielfalt als wesentliche Bestandteile der kanadischen Gesellschaft beschrieben (vgl. Geißler 2003). So konnte im Rahmen dieses Beitrags gezeigt werden, dass die kulturelle Vielfalt und die ethnischen Gruppierungen in Kanada als eine Bereicherung dargestellt werden, die zu *feiern* sind: *Celebrate Diversity* (vgl. ebd.; Harzig 2004). Die beschriebenen institutionalisierten Umgangsweisen im schulischen Kontext in Bezug auf Kinder mit Migrationshintergrund verdeutlichen, dass im schulischen Kontext entsprechend Feste aus verschiedenen Kulturen gefeiert, hervorgehoben und allen Kindern präsentiert werden. Im Diskurs zur Interkulturellen Bildung werden solche Praktiken häufig negativ bewertet und als essentialistisch angesehen, weil sie das Risiko der Ausgrenzung von der Mehrheitsgesellschaft in sich bergen (vgl. Allemann-Ghionda 2002, S. 490; Gogolin 2002a; Mecheril 2004). Vor dem oben beschriebenen Hintergrund ist an dieser Stelle jedoch das Fazit zu ziehen, dass es Kanada mit der Politik des Multikulturalismus gelingt,

sprachliche und kulturelle Differenzen ressourcenorientiert wahrzunehmen. Insbesondere die Rituale, z.b. das Herausstellen der Kulturenvielfalt, ermöglicht „es
den Staatsangehörigen (...), sich als eine nationale, pluralistische Gemeinschaft
vorzustellen" (Steiner-Khamsi 1992, S. 153). Es wird somit versucht, nicht Unterschiede zur Eröffnung neuer bzw. zum Ausbau bestehender Differenzlinien
negativ in den Vordergrund zu rücken, sondern eine nationale Identität zu schaffen, die auf Vielfalt aufbaut. Dies hat zu entsprechenden Auswirkungen auf bildungspolitischer und bildungspraktischer Ebene geführt, wie oben skizziert ist.
Hinzukommt, dass verschiedene Maßnahmen, z.b. die institutionalisierte Zusammenarbeit mit Übersetzerinnen und Übersetzern und/oder einem *Settlement
Worker,* die schulische Inklusion unterstützen. Nicht nur die Einstellung der
Lehrpersonen, sondern auch die Unterstützungssysteme für Lehrpersonen im
Umgang mit einer heterogenen Schülerschaft sind von Bedeutung. Gesell-
schaftspolitisch und bildungspolitisch wird eine ressourcenorientierte und wertschätzende Sicht auf eine pluralistische Gesellschaft und damit einhergehend
pluralistische Schülerschaft eingenommen (vgl. Löser 2009). Die Schülerschaft
mit Migrationshintergrund wird damit nicht im negativen Sinne als *anders* zur
Schülerschaft ohne Migrationshintergrund wahrgenommen, wie es bei vielen
nationalstaatlich verfassten europäischen Bildungssystemen zum Ausdruck
kommt (vgl. Diehm/Radtke 1999; Gogolin 2002a, b). Das Feiern von Kulturenvielfalt führt in diesem Kontext nicht zu der – im europäischen Kontext beschriebenen und befürchteten – Ausgrenzung von der Mehrheitsgesellschaft. Die
transatlantische Sichtweise birgt damit die Chance in sich, institutionalisierte
Umgangsweisen mit Einwanderung im schulischen Kontext aus einer neuen
Perspektive zu betrachten.

## Literatur

Allemann-Ghionda, C. (2002): Schule, Bildung und Pluralität: sechs Fallstudien im euro-
    päischen Vergleich. Bern.
Banks, J. A. (2004): Multicultural Education: Historical development, Dimensions and
    Practice. In: Banks, J.A./McGee Banks, C. A. (eds): Handbook of research on multi-
    cultural education. San Fransisco, S. 3-29.
Barth, H. J./Heimer, A./Pfeiffer, I. (2008): Integration durch Bildung – Best Practices aus
    zehn Ländern. In: Bertelsmann Stiftung (Hg.): Integration braucht faire Bildungs-
    chancen. Gütersloh, S. 69-132.
City of Toronto (2008a): City of Toronto Immigration & Settlement Portal.
    (http://www.toronto.ca/immigration/toronto_story_imm.htm,   Download   vom
    12.12.2008)
City of Toronto (2008b): City of Toronto Motto. (http://www.toronto.ca/protocol/
    motht.htm, Download vom 12.12.2008)

Diefenbach, H. (2004): Bildungschancen und Bildungs(miss)erfolg von ausländischen Schülern oder Schülern aus Migrantenfamilien im System schulischer Bildung. In: Becker, R./Lauterbach, W. (Hg.): Bildung als Privileg? Wiesbaden, S. 217-241.

Diehm, I./Radtke, F.-O. (1999): Erziehung und Migration. Eine Einführung. Stuttgart.

Esser, H. (2006): Sprache und Integration: Die sozialen Bedingungen und Folgen des Spracherwerbs von Migranten. Frankfurt am Main/New York.

Geißler, R. (2003): Multikulturalismus in Kanada – Modell für Deutschland? In: Aus Politik und Zeitgeschichte, B 26, S. 19-25.

Gogolin, I. (2002a): Interkulturelle Bildungsforschung. In: Tippelt, R. (Hg..): Handbuch Bildungsforschung. Opladen, S. 263-279.

Gogolin, I. (2002b): Sprachlich-kulturelle Differenz und Chancengleichheit – (un-) versöhnlich in staatlichen Bildungssystemen? In: Lohmann, I./Rillinger, R. (Hg.): Die verkaufte Bildung. Kritik und Kontroversen zur Kommerzialisierung von Schule, Weiterbildung, Erziehung und Wissenschaft. Opladen, S. 153-168.

Gogolin, I./Nauck, B. (Hg.) (2000): Migration, gesellschaftliche Differenzierung und Bildung. Opladen.

Gomolla, M./Radtke, F.-O. (2002): Institutionelle Diskriminierung: die Herstellung ethnischer Differenz in der Schule. Opladen.

Gomolla, M. (2005): Schulentwicklung in der Einwanderungsgesellschaft: Strategien gegen institutionelle Diskriminierung in England, Deutschland und in der Schweiz. Münster.

Harzig, C. (2004): Einwanderung und Politik: historische Erinnerung und politische Kultur als Gestaltungsressourcen in den Niederlanden, Schweden und Kanada. Göttingen.

Hormel, U./Scherr, A. (2005): Bildung für die Einwanderungsgesellschaft. Wiesbaden.

Kornmann, R./Kornmann, A. (2003): Erneuter Anstieg der Überrepräsentation ausländischer Kinder in Schulen für Lernbehinderte. In: Zeitschrift für Heilpädagogik, 54., S. 286-289.

Löser, J.M. (2008): Der „Settlement Worker in School" – Ein kanadisches Unterstützungsmodell für Familien mit Migrationshintergrund. In: Dirim, İ. et al. (Hg.): Ethnische Vielfalt und Mehrsprachigkeit an Schulen – Beispiele aus verschiedenen nationalen Kontexten. Frankfurt a.M., S. 55-65.

Löser, J.M. (2009): Schulischer Umgang mit kultureller und sprachlicher Heterogenität – Fallstudien im internationalen Vergleich. Dissertation.

Mayring, P. (2003): Qualitative Inhaltsanalyse. Grundlagen und Techniken, 8. Auflage, Weinheim/Basel.

Mecheril, P. (2004): Einführung in die Migrationspädagogik. Weinheim/Basel.

Meuser, M./Nagel, U. (1994): Expertenwissen und Experteninterview. In: Hitzler, R./Maeder, C. (Hg.): Expertenwissen. Die institutionelle Kompetenz zur Konstruktion von Wirklichkeit. Opladen, S. 180-192.

OECD (2006): Where Immigrant Students Succeed. Paris.

OECD (2007): International Migration Outlook. SOPEMI 2007 Edition. Paris.

Ontario Ministry of Education (1993): Antiracism and Ethnocultural Equity in School Boards: Guidelines for Policy Development and Implementation. Ontario.

Ontario Council of Agencies Serving Immigrants (2005): Settlement Workers in Schools (SWIS) – background information. (http://atwork.settlement.org/sys/atwork_library_ detail.asp? doc_id=1003365, Download vom 28.08.2007)

Rutkowsky, P. (2008): Vielfalt ist unsere Stärke: Das „Equitable Schools Program" des Toronto District School Board. In: Bertelsmann Stiftung (Hg.): Integration braucht faire Bildungschancen. Gütersloh, S. 133-141.

Statistics Canada; Minister of Industry (2003): 2001 Census: analysis series. Canada's ethnocultural portrait: The changing mosaic. (http://www12.statcan.gc.ca/english/ census01/products/analytic/companion/etoimm/pdf/96F0030XIE2001008.pdf, Download vom 01.04.2004)

Statistics Canada; Minister of Industry (2007): Immigration in Canada: A Portrait of the Foreign-born; Population, 2006 Census. (http://www12.statcan.ca/english/ census06/analysis/immcit/pdf/97-557-XIE2006001.pdf, Download vom 05.07.2008)

Steiner-Khamsi, G. (1992): Multikulturelle Bildungspolitik in der Postmoderne. Opladen.

Werning, R./Löser, J.M./Urban, M. (2008): Cultural and Social Diversity: An Analysis of Minority Groups in German Schools. In: The Journal of Special Education, 42., S. 47-54.

Wilson, D.N./Lam, T.C. (2004): Canada. In: Döbert, H. (Hg.): Conditions of school performance in seven countries. Münster/New York/München/Berlin, S. 14-64.

# Verzeichnis der Autorinnen und Autoren

Diehm, Isabell, Prof. Dr.; Universität Bielefeld, Fakultät für Erziehungswissenschaft, AG 10: Migrationspädagogik und Kulturarbeit. Arbeitsschwerpunkte: Erziehung und Migration, Kindheitsforschung, insbesondere im Bereich der frühen Kindheit, Erziehung und Geschlecht. Universität Bielefeld, Fakultät für Erziehungswissenschaft, Postfach 10 01 31, 33501 Bielefeld

Christmann, Nadine, Stellvertretende Schulleiterin einer Grundschule in Baden Württemberg und Doktorandin im Rahmen des Projektes „Heterogenität und Literalität im Übergang vom Elementar- in den Primarbereich im europäischen Vergleich" (Universität zu Köln); Arbeitsschwerpunkte: Umgang mit Heterogenität, Mehrsprachigkeit und Sprach(en)förderung im Elementar- und Primarbereich. Gartenstr. 17, 72764 Reutlingen

Govaris, Christos, Prof. Dr. lehrt Interkulturelle Pädagogik am Institut für Lehrerausbildung der Universität Thessalien in Volos, Griechenland. Arbeitsschwerpunkte: Soziale Ungleichheiten und Bildungsungleichheiten in multikulturellen Gesellschaften, Integrationsprozesse von Migrantenkindern, Didaktik in der multikulturellen Schule. Universität Thessalien, Argonafton & Filellinon, 38221 Volos

Graf, Kerstin, Grundschullehrerin und Doktorandin im Rahmen des Projektes „Heterogenität und Literalität im Übergang vom Elementar- in den Primarbereich im europäischen Vergleich" (Universität zu Köln); Arbeitsschwerpunkte: Zweitspracherwerb von Kindern mit Migrationshintergrund, Sprachförderung und Sprachdiagnostik im Elementar- und Primarbereich, Übergang Kindergarten-Grundschule, ethnographische Bildungsforschung. Lortzingstr. 8, 50931 Köln

Hortsch, Wiebke, Dipl.-Päd., wiss. Mitarbeiterin an der Universität zu Köln, Institut für Vergleichende Bildungsforschung und Sozialwissenschaften; Arbeitsschwerpunkte: Umgang mit heterogenen Lerngruppen im Elementar- und Primarbereich europäischer Bildungssysteme, Mehrsprachigkeit und Sprach(en)förderung für Kinder mit Migrationshintergrund, Interkulturell vergleichende Ethnographieforschung. Universität zu Köln, Humanwissenschaftliche Fakultät, Gronewaldstr. 2, 50931 Köln

Huf, Christina, Dr., Vertretung einer Professur für Grundschulpädagogik an der
Goethe Universität Frankfurt; Arbeitsschwerpunkte: Grundschulpädagogik,
Ethnographische Schul- und Unterrichtsforschung, Kindheitsforschung,
Frühkindliche Bildung und Erziehung im internationalen Vergleich. Goethe
Universität Frankfurt, Institut für Pädagogik der Elementar -und Primarstu-
fe, Senckenberganlage 15, 60054 Frankfurt

Jäger, Marianna, Dr. phil.; Pädagogische Hochschule Zürich; Arbeitsschwerpunkte: lebensweltliche Ethnographie, Schulethnographie, Kulturanalyse,
Ethnologie der Kindheit und Jugend, Kinder- und Jugendkulturen, Über-
gangsriten im Lebenslauf. Marianna Jäger, Berghaldenstr.30, CH-8053 Zürich

Kuhn, Melanie, Dipl.-Päd., wiss. Mitarbeiterin, Universität Bielefeld, Fakultät
für Erziehungswissenschaft, AG 10: Migrationspädagogik und Kulturarbeit.
Arbeitsschwerpunkte: Migrationspädagogik, Elementarpädagogik, Professi-
onstheorie, Soziale Ungleichheit, Ethnographie. Universität Bielefeld, Fakultät für Erziehungswissenschaft, Postfach 10 01 31, 33501 Bielefeld

Löser, Jessica, Dr., bis vor kurzem wiss. Mitarbeiterin, Leibniz Universität Han-
nover, Institut für Sonderpädagogik, Abteilung Pädagogik bei Lernbeein-
trächtigungen. Arbeitsschwerpunkte: International vergleichende Sonderpädagogik und Erziehungswissenschaft, Inclusive Education, Interkulturelles
Lernen. Derzeit im Referendariat

Luciak, Mikael, Dr. ist Universitätsassistent am Institut für Bildungswissenschaft
der Universität Wien. Forschungsschwerpunkte: International vergleichende
Heilpädagogik, Disability Studies, Inklusive Pädagogik, Interkulturelle Pä-
dagogik und Schulische Bildung ethnischer Minderheiten (insbes. Roma).
Universität Wien, Institut für Bildungswissenschaft, Universitätsstraße 7,
A-1010 Wien

Machold, Claudia, Dipl.-Päd., wiss. Mitarbeiterin, Universität Bielefeld, Fakultät
für Erziehungswissenschaft, AG 10: Migrationspädagogik und Kulturarbeit.
Arbeitsschwerpunkte: Erziehungswissenschaftliche Migrations-, Rassis-
mus- und Kindheitsforschung, Differenzsensible und rassismuskritische Pädagogik, Qualitative Sozialforschung. Universität Bielefeld, Fakultät für
Erziehungswissenschaft, Postfach 10 01 31, 33501 Bielefeld

Panagiotopoulou, Argyro, Prof. Dr., Universität zu Köln, Institut für Vergleichende Bildungsforschung und Sozialwissenschaften; Arbeitsschwerpunkte: Frühkindliche Bildung und Erziehung, Sprachentwicklung und sprachliche Bildung, Migration und Umgang mit Heterogenität, vergleichende Ethnographien im Elementar- und Primarbereich europäischer Bildungssysteme. Universität zu Köln, Humanwissenschaftliche Fakultät, Gronewaldstr. 2, 50931 Köln

# Interkulturelle Pädagogik

Georg Auernheimer (Hrsg.)

**Schieflagen im Bildungssystem**

Die Benachteiligung der Migrantenkinder
4. Aufl. 2009. 230 S. (Interkulturelle
Studien Bd. 16) Br. EUR 24,95
ISBN 978-3-531-17069-5

Die ‚Schieflagen im Bildungssystem',
Interpretationen der PISA-Studien und bildungspolitische Schlussfolgerungen, werden in dieser überarbeiteten und aktualisierten Textsammlung diskutiert. Vor allem die Bildungssituation von Migrantenkindern wird ergänzend beleuchtet und verschiedene Erklärungsansätze geboten, um bildungspolitische und pädagogische Handlungsalternativen aufzuzeigen.

Georg Auernheimer (Hrsg.)

**Interkulturelle Kompetenz und pädagogische Professionalität**

3. Aufl. 2010. 262 S. (Interkulturelle
Studien Bd. 13) Br. EUR 24,95
ISBN 978-3-531-17463-1

Ingrid Gogolin / Ursula Neumann (Hrsg.)

**Streitfall Zweisprachigkeit –
The Bilingualism Controversy**

2009. 338 S. Br. EUR 29,90
ISBN 978-3-531-15886-0

Die Frage, ob die Zweisprachigkeit von Migranten eine positive, individuelle wie gesellschaftlich nützliche Kompetenz ist, war und ist umstritten. Der Band dokumentiert den interdisziplinären und internationalen Austausch über neueste Forschungsergebnisse zu dieser Frage – und bietet die Chance zur Versachlichung der Auseinandersetzungen über den ‚Streitfall Zweisprachigkeit'.

Sara Fürstenau / Mechtild Gomolla (Hrsg.)

**Migration und schulischer Wandel: Elternbeteiligung**

2009. 182 S. Br. EUR 16,90
ISBN 978-3-531-15378-0

‚Elternbeteiligung' thematisiert die Bedeutung der Zusammenarbeit mit Eltern im sprachlich und sozio-kulturell heterogenen Kontext. Es geht u.a. um die strukturellen Rahmenbedingungen des Verhältnisses von Schule und Familien, die Rolle der Eltern für Schulerfolg, unterschiedliche Formen und professionelle Kompetenzen für eine erfolgreiche Kooperation, Bildungsstrategien zugewanderter Eltern und den Wandel von Elternpartizipation im Kontext aktueller Bildungsreformen.

Sara Fürstenau / Mechtild Gomolla (Hrsg.)

**Migration und schulischer Wandel: Unterricht**

2009. 174 S. Br. EUR 16,90
ISBN 978-3-531-15376-6

Der Band ‚Unterricht' konzentriert sich auf eine aktuelle Einführung zur Unterrichtsentwicklung im Umgang mit Heterogenität und gibt einen Überblick über leistungsfördernde und egalisierende Unterrichtsformen.

Erhältlich im Buchhandel oder beim Verlag.
Änderungen vorbehalten. Stand: Juli 2010.

**www.vs-verlag.de**

**VS VERLAG**

Abraham-Lincoln-Straße 46
65189 Wiesbaden
Tel. 0611.7878-722
Fax 0611.7878-400

If you have any concerns about our products,
you can contact us on
**ProductSafety@springernature.com**

In case Publisher is established outside the EU,
the EU authorized representative is:
**Springer Nature Customer Service Center GmbH**
**Europaplatz 3, 69115 Heidelberg, Germany**

Printed by Libri Plureos GmbH
in Hamburg, Germany